Die Fabrik von innen

Richard M. Pfeffer hat Politikwissenschaft und Sinologie studiert; anschließend war er Assistenz-Professor für Politische Wissenschaft an der Johns Hopkins University; nach Veröffentlichung dieses Buches, das das Mißfallen seiner Kollegen erregte, wurde sein Vertrag dort nicht verlängert. Z.Z. arbeitet er als Rechtsanwalt bei einer Rechtshilfe-Organisation in Baltimore.

Richard M. Pfeffer

Die Fabrik von innen

Erfahrungen eines Außenstehenden

Übersetzung aus dem Amerikanischen von
Klaus Gabbert und Beate Waldow

Campus Verlag
Frankfurt/New York

Die amerikanische Originalausgabe erschien 1979 bei Columbia University Press, New York/Guildford, Surrey, unter dem Titel *Working for Capitalism.*

Die deutsche Ausgabe wurde mit Einverständnis des Autors um Teil III *(Work and the Capitalist System: Six Books Considered)* gekürzt.

CIP-Kurztitelaufnahme der Deutschen Bibliothek

Pfeffer, Richard M.:
Die Fabrik von innen: Erfahrungen e. Aussen=
stehenden / Richard M. Pfeffer. Übers. aus d.
Amerikan. von Klaus Gabbert u. Beate Waldow.
– Frankfurt/Main ; New York : Campus-Verlag,
1981.
Einheitssacht.: Working for capitalism <dt.>
Teilausg.
ISBN 3-593-32861-5

Umschlaggestaltung: Eckard Warminski, Frankfurt/Main
Umschlagfoto: dpa, Frankfurt/Main
Satz: Coposatz, Seeheim-Jugenheim
Druck und Bindung: Fuldaer Verlagsanstalt, Fulda
Printed in Germany

Inhaltsverzeichnis

Vorbemerkungen

Dieses Buch hat fast vier Jahre lang mein Leben bestimmt. Es hat mein Verhältnis zu anderen Menschen und Ereignissen durchdrungen und ist umgekehrt von ihnen beeinflußt worden.

Mitte des Jahres 1974 unterbrach ich zeitweilig meine Lehrtätigkeit an der Johns Hopkins Universität und ging in die Fabrik. Im Februar 1975 kam ich an die Universität zurück, um dort in aller Ruhe meine Betriebserfahrungen zu verarbeiten und um nachzulesen, was zum Problem der Arbeit bereits veröffentlicht worden war. Außerdem wollte ich dieses Manuskript überarbeiten und endgültig fertigstellen. Es kam anders. Denn während meiner Studien 1977 und 1978 mußte ich heftig darum kämpfen, weiterbeschäftigt und nicht ihretwegen rausgeschmissen zu werden. Diese Frage wurde zu einem öffentlichen und heiß umstrittenen Konflikt an der Universität.

Daß ich dieses Buch trotz der Auseinandersetzungen habe schreiben können, liegt an den vielen Leuten, die mich unterstützt und mir geholfen haben – vor allem denjenigen, die ich unten nennen werde.

Auf keinen Fall hätte ich dies Buch schreiben können ohne die Männer und Frauen, mit denen ich in der Fabrik zusammengearbeitet habe.

Ohne meine Frau, die in die ganzen Auseinandersetzungen mit hineingezogen wurde, ohne ihre ständige Unterstützung und Geduld mit mir hätte ich das alles nicht ausgehalten.

In die Fabrik wäre ich gar nicht erst hineingekommen ohne die gefälschten Beschäftigungsnachweise meines Onkels Charlie (für den ich als Kind ein paarmal in seinem Lebensmittelladen gearbeitet hatte, bevor er Pleite machte) und die meines guten Freundes Allan Chasanoff, der mir oft half, meine wirren Gedanken über Arbeit und Leben zu ordnen.

David Harvey machte einige wertvolle Vorschläge zu einem Zeitpunkt, als das Buch noch im Anfangsstadium steckte. Ebenso halfen mit einige ehemalige Studenten, vor allem Andrew G. Walder, Stephen C. Smith und Carolyn Hock, und ein paar alte Freunde aus der Sinologie, Jim Peck, Molly Coye und Rod Aya.

Die Freundschaft von Richard Cone, Jane Harrison und David Harvey und ihr großzügiger Beistand während der Auseinandersetzungen um meine Weiterbeschäftigung halfen mir über diese Zeit hinweg. Die grenzenlose Hilfe von Tom Thompson, den AStA-Vorsitzenden Dave Chesanow und Jerry Spada und der Studentenaktivisten Rita Chang, Kevin Cleary, Mark Hertsgaard, Liam Schwartz, Chris Taylor und Mary Waters hat meine Erwartungen um vieles übertroffen.

Ähnliche Bedeutung hatte die Bekanntschaft mit Stelios und Pauline Spiliadis, mit Joy Joffe und Rosemary Maguire, und es war für mich sehr wichtig, daß ich täglich mit Evelyn Scheulen, Evelyn Stroller und Catherine Grover reden konnte und sie mir halfen, das Manuskript zu tippen.

Zum Schluß möchte ich dem verstorbenen Harry Braverman und der Monthly Review Press, Richard Sennett und Jonathan Cobb, Barbara Garson, Richard Balzer, Studs Terkel und den Autoren von „Work in America" danken, daß ich sie so ausführlich zitieren und kommentieren durfte.

Baltimore, Maryland
März 1978

Ric Pfeffer

Vorwort

Ich konnte aus diesem Buch nicht mehr machen, als die amerikanische Gesellschaft aus mir gemacht hat. Sie hat mich sozialisiert, sie ist der Rahmen meiner individuellen Erfahrungen und meiner Persönlichkeit. Bis zu einem gewissen Grade ist dieses Buch deshalb auch eine persönliche Aussage.

Aber ich denke, es ist viel mehr als das. Zum einen ist es ein bescheidener Versuch, die Kluft, die man Teilung der Arbeit nennt, zu überbrücken. Die Arbeitsteilung trennt Kopf- und Handarbeiter voneinander. Als ich beschloß, sieben Monate meines Forschungsjahres 1974/75 auf einem Gabelstapler zu verbringen, griff ich dieses System der Teilung an. Dieser Angriff ist Thema dieses Buches, weil die praktische Erfahrung in der Fabrik mir ein neues Verständnis von dem gab, was Arbeit in Amerika heißt, von der Beziehung zwischen Arbeit und gesellschaftlichem Leben und von der amerikanischen Gesellschaft als Ganzem.

Vor 1970 hatte ich niemals einen Gedanken auf den Charakter der Arbeit in den Vereinigten Staaten oder auf ihre Bedeutung für die amerikanische Gesellschaft verschwendet. Niemals in meiner Schulzeit oder während meines Studiums an den sogenannten Eliteuniversitäten wie Yale University, Harvard School und Harvard Law School hat eines meiner Seminare das Thema „Arbeit“ und ihre Bedeutung gehabt. Wenn man darüber mal nachdenkt, ist das schon eine gewisse Entlarvung unseres Schulsystems. Erst kurz bevor ich in die Fabrik ging, fing ich an, die soziale und menschliche Bedeutung der Arbeit zu erfassen.

Dieser zaghafte Versuch wurde vertieft und angereichert durch die Arbeitserfahrung in der Fabrik. Ich begreife jetzt, daß Arbeit ein äußerst wichtiger, wenn nicht sogar der wichtigste Aspekt im gesellschaftlichen Leben ist.

Arbeit ist nicht nur eine Sache, die bloß am Rande und mehr zufällig etwas mit der Gesellschaft zu tun hat. *Die Qualität der Arbeit bestimmt das Wesen der Gesellschaft und wird umgekehrt von ihr bestimmt. Deshalb werden wir auch das Wesentliche der gesellschaftlichen Struktur und die Hauptziele der Gesellschaft erst dann begreifen können, wenn wir das Wesen der Arbeit verstehen, und wenn wir die wesentliche Struktur und die Zielsetzungen einer gesellschaftlichen Organisation erfassen, dann werden wir ebenfalls ein größeres Verständnis für die Qualität der Arbeit bekommen.*

Dieses Buch über Arbeit in den Vereinigten Staaten ist deshalb also auch ein Buch über die amerikanische Gesellschaft. Diese Aussage hört sich banal an. Aber vielen von uns mag es unbehaglich sein bei dem Gedanken, daß Arbeit und gesellschaftliches Leben einander widerspiegeln und sich gegenseitig bedingen. Das Problem ist, daß – wenn die hier dargestellten Schilderungen von Arbeit und die enge Verknüpfung von Arbeit und Gesellschaft akzeptiert werden – wir dann Schlußfolgerungen über Amerika ziehen müssen, die sich mit denen decken, die wir zur Arbeit formulieren. Kurz gesagt: Wenn Arbeit in Amerika so zerstörerisch ist, wie es hier dargestellt wird, und wenn die Qualität der Arbeit in jeder Gesellschaft wichtige Hinweise auf das Wesen der jeweiligen Gesellschaft gibt, dann muß auch das Leben in Amerika in einem strukturellen Sinne zerstörerisch sein.

Mir ist inzwischen klar geworden, daß nahezu jedes Ideal und jede Institution in den Vereinigten Staaten dem Recht einer kleinen Minderheit untergeordnet sind, große Profite zu machen. Diese Unterordnung und die daraus resultierende Verächtlichmachung unserer Werte und unseres Lebens sind auffällig und unübersehbar nur an unseren Arbeitsplätzen. Die Arbeit ist deshalb genau der richtige Ansatzpunkt, um das Wesen dieser Gesellschaft zu untersuchen, gerade weil es dort in aller Schärfe zum Vorschein kommt.

Die unbestreitbare und allgemein akzeptierte Wahrheit über die Arbeit in den Vereinigten Staaten ist, daß im großen und ganzen die Arbeit extrem entfremdet, entmenschlicht und sinnentleert ist für die, die sie ausführen. Zur näheren Erläuterung will ich nur anführen, daß jemand ganz einfach sagte, daß Arbeit von Natur aus ein notwendiges Übel sei, das wir jeweils nach dem Stand der Technologie aushalten müssen.

Andere sagen: Nein, die Arbeit in unserem System ist unmenschlicher als nötig. Deshalb könnten und sollten wir Reformen durchführen, die die Arbeit für uns Menschen befriedigender machen würde. Zusammengefaßt heißt das, daß diese vorherrschenden Meinungen davon ausgehen, daß die Qualität der Arbeit in den USA schlimmstenfalls überhaupt nicht, bestenfalls ein wenig innerhalb des Systems verbessert werden kann. Ihre allgemeine, leise Botschaft ist, daß keine andere Form der sozialen Organisation Hoffnung auf eine radikale Verbesserung der Arbeit bietet.

Mit diesen weitgehend unbestrittenen, konventionellen Meinungen stimme ich ganz und gar nicht überein. Das heißt, daß ich mit den Ideen, die die meisten Leute über Arbeit haben, nicht einverstanden bin. Was die Möglichkeit angeht, die Arbeit menschlicher zu gestalten, würde ich natürlich radikale Reformen unterstützen, aber ich glaube nicht daran, daß der Arbeitsplatz durch Reformen innerhalb des amerikanischen Systems verändert werden kann.

Wir haben große Schwierigkeiten, uns vorzustellen, daß Arbeit ganz anders sein kann, daß die Technologie in anderer Art und Weise entwickelt und angewandt werden kann und daß Amerika überhaupt sehr anders sein könnte. Wir haben diese Schwierigkeit, weil unsere Erfahrung und unser Bewußtsein eingeschränkt sind, weil wir nur innerhalb der Grenzen denken, die uns unsere gegenwärtige soziale Existenz setzt. Unsere gesellschaftliche Sozialisation prägt unser Verständnis davon, wie wir zu dem Menschen wurden, der wir heute sind. Darüber hinaus blockiert es unsere Vorstellungskraft, anders zu werden und den Weg dahin zu finden. Das ist natürlich nicht ungewöhnlich. Die meisten Menschen ihres Zeitalters haben immer geglaubt, daß die Gesellschaft, in der sie lebten, nicht nur repräsentierte, was sie war, sondern in gewissem Sinne auch das einzig Vorstellbare war. Die vorherrschende Skala der Meinungen in jeder Zeit hat deshalb als das Haupthindernis gewirkt, die gesellschaftliche Realität zu verstehen. Ebenso ist es hier bei uns in Amerika: Die Skala der üblichen Meinungen über Arbeit und Menschlichkeit wirkt heute als das größte Hindernis, unsere eigene soziale Situation zu begreifen.

Mit dem Schreiben dieses Buches habe ich den Versuch unternommen, die Realität auf eine ganz andere Art darzustellen, die ich selbst erst ganz langsam zu erfassen beginne. Ich habe versucht, etwas zu schreiben, das mir und anderen helfen könnte, unser Leben besser in die Hand zu nehmen. Deshalb habe ich mich auch bemüht, die Arbeit einerseits nicht zu abstrakt und theoretisch zu beschreiben, um auch Nichtakademiker zu interessieren, und andererseits nicht zu beschränkt und unmittelbar, weil einem dann nichts mehr dazu einfällt, wie unser Leben verändert werden kann.

Es liegt zum großen Teil begründet in der allgemeinen praktischen Erfahrung, die das eigentliche Raster dafür ist, wesentliche Aspekte unseres gesellschaftlichen Lebens aufzunehmen und zu reflektieren. Meine Essenz ist, daß die meist unmerklichen Meinungsmuster im kleinen, im täglichen Arbeitsleben verstanden werden müssen. Das ist das Entscheidende, denke ich, denn Wesen und Struktur des täglichen Lebens sind gesellschaftlich bedingt, nicht zufällig. Und wenn das tägliche Leben uns zu dem formt, was wir sind, und wenn wir diese Wahrheit nicht begreifen, ihre

Ursprünge, Ziele und Zwecke nicht erfassen, dann können wir nicht hoffen, sie zu ändern und uns zu ändern.

Mein eigener Anspruch, mich zu ändern, entwickelte sich langsam über Jahre hinweg, in deren Verlauf ich (und mit mir unzählige andere) tief desillusioniert und skeptisch wurden gegenüber amerikanischer Politik, amerikanischen Führern und amerikanischen Wertvorstellungen, amerikanischen Institutionen. Ich fing an, mich zu fragen, ob Politik, so wie sie hier gewöhnlich und in engerem Sinne verstanden wird, wirklich das Problem war. Ich begann zu fragen, ob das Problem nicht tiefer liegen könnte, nämlich in unserer Ökonomie und in dem Klassensystem. Die Kultur, die Ideologie und die Institutionen sind nur Wirkstoffe davon und bewerkstelligen ihre Aufrechterhaltung.

Diese fragende Einstellung, hervorgerufen durch meine eigenen Erfahrungen während der sechziger Jahre, wurde noch intensiviert durch meine beruflichen Studien und durch meine Lehrtätigkeit über die Volksrepublik China. Die chinesische Revolution machte mir zwei Dinge klar: Erstens, daß ein radikal anderes Verständnis von der Existenzweise dieser Welt und zweitens eine andere Art, die Gesellschaft zu organisieren, überhaupt möglich war. Da ich in den Vereinigten Staaten lebte und über die VR China Studien betrieb, bewirkte mein sich langsam änderndes Wahrnehmen des Lebens in den Vereinigten Staaten ein verändertes Begreifen des chinesischen Systems, wie umgekehrt ebenso: Mein Begreifen des chinesischen Systems veränderte mein Verhältnis zu den Vereinigten Staaten. Verspätet, in den frühen siebziger Jahren, kam ich zu dem für mich schockierenden Ergebnis: Der Erfolg, den China erfuhr, indem es eine gerechte und gleichberechtigte Gesellschaft aufbaute, könnte sehr eng mit dem Sozialismus verknüpft sein; und das fundamentale Versagen der Vereinigten Staaten, eine solche Gesellschaft aufzubauen, könnte sehr eng mit dem Kapitalismus verbunden sein.

Meine Reise nach China Anfang des Jahres 1972 war ein Wendepunkt in meiner Entwicklung. Der einen Monat dauernde Aufenthalt forderte mich intellektuell, politisch, ideologisch und psychologisch heraus. Ich wurde mir zum erstenmal meines Individualismus bewußt und begann ernsthafter nach dessen Haupttriebfeder zu suchen: dem Liberalismus und Kapitalismus. Ich fing an, darüber nachzudenken, wie Gesellschaften wie die chinesische oder die der Vereinigten Staaten aufgebaut, aufrechterhalten und verändert werden. Und, konfrontiert mit der chinesischen Parole „dem Volke dienen“, begann ich mich nicht nur ernsthaft zu fragen, wem im chinesischen System gedient wird, sondern auch, wem dient das amerikanische System. Indem ich die beobachtbare

Integration der Politik und Ökonomie in China erfuhr, verstand ich, im Gegensatz zu dem, was man mich bislang gelehrt und was ich gedacht hatte, daß beide in jedem System nur Aspekte eines integrierten Ganzen sind, die sich miteinander verbinden, sich gegenseitig formen und deshalb nicht losgelöst voneinander begriffen werden können.

Bis zu diesem Zeitpunkt war mein Leben charakteristisch für das, was die Chinesen einen „Drei-Tore-Kader" nennen: Das ist jemand, der durch das Tor der Familie, durch das Tor der Schule und dann durch das Tor der Arbeit gegangen und dabei unberührt geblieben ist von jeglicher Erfahrung der Art von Arbeit, wie sie die meisten Gesellschaftsmitglieder ausüben. Der Mangel an dieser Erfahrung, so begriff ich, trennte mich wirklich vom Leben der meisten Amerikaner ab, und mein Lehren und Forschen an der Johns Hopkins Universität reflektierte die Abkehr von dieser dominierenden sozialen Realität.

Ich fing auch an, die liberalen Analysen und vorgeschlagenen Heilmittel für die tiefen und grellen Fehler der amerikanischen Gesellschaft für untauglich und ideal verbrämend zu halten. Nachdem mir dies alles vage bewußt war, begann ich, nach einem besseren Rüstzeug zu suchen, um China und die Vereinigten Staaten zu verstehen. Früher hatte ich Mao Tse Tungs *Ausgewählte Schriften* gelesen, und jetzt ging ich, unschlüssig und ängstlich, zu den Werken von Karl Marx über. Zögernd deshalb, weil ich die amerikanische Botschaft eingebleut bekommen hatte, die in unseren Schulbüchern, in unseren Massenmedien und in unseren Köpfen geschrieben steht, daß Marx immer und immer wieder widerlegt worden ist. Ängstlich deshalb, weil mir in meiner politischen und beruflichen Sozialisation klargemacht worden war, daß die Ideen von Marx nicht zu akzeptieren, ja geradezu gefährlich seien und daß, auf dem Hintergrund eines noch bösartigen, unterschwelligen Antikommunismus, diejenigen, die den Marxismus ernst nehmen, in Gefahr sind, lächerlich gemacht, verleumdet und bestraft zu werden.

Als ich 1972 anfing, Marx zu lesen, und mich bemühte, seine tiefen und gründlichen Analysen zu verstehen, ging mir ein Licht auf. Das unserem kapitalistischen System zugrundeliegende Wesen, das von der liberalen Ideologie und von der liberalen Gesellschaftslehre verborgen wird, wurde mir zunehmend klarer. Ich las Marx und wurde bestätigt. Dort wurde erklärt, was ich bis dahin nur vermutet hatte – daß Amerikas fundamentales Problem der Kapitalismus ist. Diese Erkenntnis formte auch mein Empfinden, daß mein eigenes Arbeitsleben an der Universität zu abgelöst war von dem der Mehrheit der Amerikaner, als daß ich die Probleme hätte verstehen können, die das Brandmal des Kapitalismus für sie bedeutet. Ohne ein besseres Verständnis ihrer Probleme war ich unfähig, irgendeinen Beitrag zu deren Lösung zu schaffen. Deshalb – aus intellektuellen und politischen Gründen – fühlte ich, daß ich mich mit der amerikanischen Arbeiterklasse und ihren Problemen mehr vertraut machen müsse. Zwei andere Gründe steckten noch hinter meiner Entscheidung, in einer Fabrik zu arbeiten. Erstmal wollte ich mich selbst testen. Ich wollte ausprobieren, wie ich in einer Situation reagieren würde, wo mein gewohnter Elitestatus als Professor, Gelehrter und Kosmopolit nicht zum Tragen kommen würde. Und zweitens mußte ich aus beruflichen Gründen ein neues Buch veröffentlichen, wenn ich nicht an der Johns Hopkins Universität untergehen wollte, an der ich kein lebenslängliches Auskommen hatte. Es gab da aber noch ein anderes Problem mit meinem Entschluß, in der Fabrik zu arbeiten. Ich hatte schlicht Angst davor – Angst vor dem Unbekannten und Angst davor, zu versagen. Und ich hatte gleichfalls Angst davor, die Fabrikarbeit durchzustehen, weil unklar war, was dieser mögliche „Erfolg" für meine Zukunft an der Universität bedeuten könnte. In einer Fabrik zu arbeiten, selbst unter dem akademisch-soziologischen Etikett der „Teilnehmenden Beobachtung", war keine Methode, mit der ich meinen Kollegen aus der Politischen Wissenschaft hätte imponieren können. Außerdem befürchtete ich noch, daß das Buch, das ich zu schreiben gedachte, mit den Ansichten eben jener Kollegen kollidieren würde, die dann aber die Entscheidung darüber zu treffen hätten, ob das Buch veröffentlicht wird oder nicht und damit auch über meine berufliche Zukunft entscheiden würden.

Ich war sehr beunruhigt von all diesen Geschichten und versuchte deshalb, meine Ängste einzugrenzen, indem ich mir meine Chancen ausrechnete. Ich beantragte Ende 1973 Unterstützung für das kommende Jahr, mehr der Legitimierung meines Projekts als seiner Finanzierung wegen. Alternativ dazu beantragte ich auch ein Jahr Forschungsurlaub mit halber Bezahlung. Mein Antrag auf Unterstützung wurde abgelehnt, aber mein Forschungsjahr wurde von dem Außenseiter an der Johns Hopkins Universität, dem Dekan für Wissenschaft und Kunst, George Owen, bewilligt, dem ich dafür sehr dankbar bin. Ich weiß nicht, ob ich andernfalls den Mut aufgebracht hätte, ohne diese Sicherheit meine akademische Laufbahn zu unterbrechen. Mit diesem Forschungsjahr im Rücken in einer Fabrik zu arbeiten und dann ein Buch darüber zu schreiben, gab mir etwas finanzielle Sicherheit und, was noch wichtiger war, gab mir eine schwache, akademische Legitimität.

Als im Frühjahr 1974 das Semester zu Ende war, begann ich mit der Jobsuche. Einmal auf dieser Fährte, fing ich an, Material für dieses Buch zu suchen und mir darüber Gedanken zu machen. Ganz zu Anfang traf ich zwei Entscheidungen. Erstens beschloß ich, ein Tagebuch als Rohmaterial für dieses Buch zu führen. Zweitens entschied ich, daß ich, obwohl im wesentlichen fremd in der gesellschaftswissenschaftlichen Literatur über Arbeit, meine Erfahrungen mit der Fabrikarbeit aufschreiben wolle, bevor ich mich in die Literatur über die Problematik der Arbeit eingelesen hätte.

Nachdem ich diese Entscheidungen getroffen hatte, sah ich mich mit mehreren Problemen konfrontiert, die ich nicht vorausgesehen hatte. Um ein genaues Tagebuch führen zu können, mußte ich in der Lage sein, mir Notizen über Ereignisse und Gespräche während des Arbeitstages zu machen. Bei der Jobsuche war das kein Problem, da ich ja nach jedem Interview kurz was aufschreiben konnte. Aber bei der Arbeit würde ich jeden Tag etwas Abgeschiedenheit brauchen. Zum Glück mußte ich in dem Job, den ich schließlich bekam und sieben Monate bis zu meinem Rausschmiß behielt, Müll in einer Presse abladen, die in einer abgeteilten Halle der Fabrik stand. Dieser Raum gab mir die erforderliche Abgeschiedenheit. Ebenso glücklich fügte es sich, daß der Mülljob es erforderlich machte, daß ich Protokoll führen mußte über die Anzahl der Müllcontainer, die ich täglich in der Presse ablud, was mir eine unverdächtige Gelegenheit gab, tägliche Ereignisse zu notieren. Wann immer es nötig war, schrieb ich mir wichtige Vorfälle und Bruchstücke von Gesprächen auf der Rückseite derselben Karten auf, auf deren Vorderseite ich die Anzahl der abgeladenen Container notierte. An vielen Tagen füllte ich sechs oder sieben solcher Karten aus mit zwanzig oder dreißig solcher Notizen. Wenn ich die Karte ausgefüllt hatte, faltete ich sie zusammen und stopfte sie in meine Hosentasche. Jeden Abend, wenn ich zu Hause war, brauchte ich dann 30–60 Minuten, um die Notizen abzutippen, zusammenzustellen und zu kommentieren, solange sie noch frisch im Gedächtnis waren. Als ich dann im Februar 1975 rausflog, hatte ich fast 300 Seiten getippter Notizen.

Dieses Buch behandelt Vorfälle in der Fabrik, in der ich arbeitete und die ich als repräsentativ für die amerikanische politische Ökonomie der Arbeit betrachte. Es ist eine Untersuchungsarbeit, denn ich hatte und habe keine saubere, voll ausgewiesene Theorie darüber, wie all diese Teilstücke des Kapitalismus miteinander zusammenhängen. Was ich aber versuche zu schildern, ist, wie lebenswichtig und wie gleichzeitig schwierig es ist, das System als Quelle des Problems zu begreifen, das uns in so subtiler Weise zurechtbiegt. Das Buch, das letztlich dabei herausgekommen ist, bleibt angreifbar in einer ganzen Reihe von Mißverständnissen und

Kritikpunkten. Aus verschiedenen Gründen beschloß ich schon sehr früh in meiner Fabrikzeit, die Beziehung zu meinen Kollegen auf den Arbeitsplatz und auf die Gewerkschaftstreffen zu beschränken. Ich hatte keine Kontakte zu Arbeitern nach der Arbeit, obwohl es mehrere Gelegenheiten dazu gegeben hätte. Dieser Entschluß grenzte meine Erfahrungen ein. Er könnte von einigen Lesern mißverstanden werden als ein offensichtlicher Mangel an Zuneigung und Achtung gegenüber meinen Kollegen. Ein solches Mißverständnis fände ich sehr bedauerlich. In Wirklichkeit mochte ich viele Menschen, mit denen ich zusammenarbeitete, sehr gern und achtete sie hoch; ich schätzte die rauhen Sitzungen bei Pausen und Mahlzeiten und sehne mich häufig nach dem Sinn für Kameradschaft zurück, der zerbrechlich, aber real in der Fabrik vorhanden war. Meine Versuche, die Arbeitsteilung zu überwinden, gelangen mir nur teil- und zeitweise. Jetzt trennt mich diese Entscheidung wieder von meinen Kollegen.

Ein zweites, damit zusammenhängendes Bedauern ist, daß ich vor meinen Kollegen meine Identität verbergen mußte. Ich verbarg sie, um die Stelle zu behalten, ebenso wie ich in diesem Manuskript die Identität der anderen Arbeiter zu ihrem eigenen Schutz geheimgehalten habe. Ich bin sicher, falls es jemals herausgekommen wäre, daß ich ein beurlaubter Professor war, wäre ich sofort gefeuert worden. Und wenn nicht, wenn ich also eine solche Enthüllung überstanden hätte, aber meine Hintergründe und Absichten bekannt geworden wären, dann hätten mich die Arbeiter wahrscheinlich anders behandelt. Unter diesen Umständen sehe ich nach wie vor keinen besseren Weg, der mich zu dem gewünschten Ziel gebracht hätte.

In der Fabrik agierte ich in drei verschiedenen Rollen. Die Annahme jeder dieser Rollen wirft ihre eigenen Fragen auf. Zum einen war ich Arbeiter, der erst lernen mußte, seine Arbeit zu tun. Meine Rolle als Arbeiter bestimmte mein Arbeitsleben während der ganzen Fabrikzeit, aber sie war besonders dominant in den ersten paar Monaten. Diese Tatsache wird im ersten Teil beschrieben, der die Arbeit selbst zum Thema hat.

In der Fabrik hatte ich auch noch die Rolle des Beobachters, des Intellektuellen und „Sozialwissenschaftlers" inne. Ich tat nicht nur meine Arbeit. Ich versuchte, auch noch zu forschen, zu untersuchen, zu berichten und zu verstehen, was es heißt, zu arbeiten: was und wie mein Job war und warum; was er von mir abverlangte und mir antat; wie bestimmte Jobs mit anderen Jobs zusammenhingen und bestimmte Arbeiter von anderen in ihrer Arbeit abhängig waren; wie das Management arbeitete; wie die Gewerkschaft arbeitete; und wie diese und jene Augenscheinlichkeiten mit dem

Kapitalismus zusammenhängen, dessen Aspekte sie waren. Meine Rolle als Untersucher, als Forscher spiegelt sich im ganzen Buch wider.

Schließlich, als Arbeiter und Gewerkschaftsmitglied und einfach als Mensch spielte ich auch noch die Rolle des Aktivisten in der Fabrik. Während der Zeit in der Fabrik war ich mit bedeutsamen Arbeitsproblemen und mit der Aussicht eines neuen Tarifvertrags und Gewerkschaftswahlen konfrontiert, und ich hätte beschließen können, mich aus derlei Geschichten rauszuhalten. Ich entschied mich anders. Wenn ich mir auch nicht sicher bin, daß ich einen richtigen Entschluß gefaßt hatte, so bin ich mir doch sicher, daß die Entscheidung – wie auch immer sie ausgefallen ist – dieses Manuskript stark beeinflußt hat. Der zweite Teil berichtet also darüber, was ich in nicht geringem Maß aufgrund meiner Aktivistenvolle gelernt habe.

Jede dieser drei Rollen läßt sich kritisieren. In Anbetracht meiner Rolle als Fabrikarbeiter z. B. haben einige meiner Freunde mich angegriffen, daß ich in einer Zeit der hohen Arbeitslosigkeit jemandem den Job weggenommen hätte, der ihn nötiger gebraucht hätte. Ich kann diese einfache, aber schlimme Wahrheit nicht abstreiten. Ich kann nur hoffen, daß das, was ich hier schreibe, in einem ganz kleinen Sinne dazu beitragen wird, daß diese unsere Gesellschaft langfristig eine Änderung erfahren wird, die die von Menschen gemachte Not der Arbeitslosigkeit abschaffen wird.

Die meisten der ernsthaften Kritikpunkte, die ich erwarte, setzen jedoch nicht an meiner Rolle als Arbeiter an, sondern als Intellektueller und als aktiver Gewerkschafter in der Fabrik. Sie lassen sich in zwei Fragen zusammenfassen, die das Spektrum des Elitären und des falschen Vertrauens aufgreifen. Erstens, ob es nicht „herablassend“ sei, daß ich, kaum in die Fabrik gekommen, von den erfahrenen Arbeitern nicht nur lernen, sondern ihnen auch beibringen wollte, ihre Arbeit zu begreifen. Und zweitens ist da die Frage, wieso ich als jemand, der sowieso beabsichtigte, die Fabrik wieder zu verlassen und nach einer gewissen Zeit wieder in seinen gewohnten, auf ihn wartenden Job zurückzukehren, das Recht hätte, aktiv in die Betriebspolitik einzugreifen.

Obwohl ich beide Fragen als bohrend empfinde, ist die zweite doch die schwierigere. Herablassend habe ich mich sicher nicht verhalten. Einerseits weiß ich, daß ich mehr von meinen Kollegen und ihrer Erfahrung gelernt habe als sie von mir. Zum Beispiel erfuhr ich einiges darüber, was es in der Realität mit den doch recht abstrakten Begriffen der „Arbeitsteilung“ und den „Produktionsverhältnissen“ auf sich hat. Andererseits weiß ich, was immer ich meinen Kollegen und anderen zurückgeben kann, ist ironischerweise das Ergebnis der Arbeitsteilung in den Vereinigten Staaten. Sie hat es mir ermöglicht, meinen Intellekt zu entwickeln und zu trainieren, sie hat mich dazu ermutigt, einen größeren Überblick über die Gesellschaft zu gewinnen; zwar habe ich einmal gewagt, ihrem Geheiß zuwiderzuhandeln, aber sie hat mir dann doch nicht die Rückkehr an die Universität unmöglich gemacht, sondern hat mir im Gegenteil Gelegenheit gegeben, über dieses Zuwiderhandeln nachzudenken und über diese Erfahrung mit der Fabrikarbeit zu schreiben. Und ich bin überzeugt davon, daß viele meiner Betriebskollegen sich genauso verhalten hätten, wenn sie auf meiner Seite dieser großen sozialen Trennung gestanden hätten.

Was die zweite Frage angeht, ob ich das Recht hatte, unter diesen Umständen im Betrieb politisch aktiv zu werden, so steckt mehr Sprengkraft in dieser Frage, denn – klar – da ich nicht in derselben Lage war wie meine Mitarbeiter, nahm ich nicht dieselben Risiken auf mich. Deshalb war ich freier, für eine Verbesserung unserer Arbeitsbedingungen einzutreten. Wenn ich z. B. meine Kollegen aufforderte, ein Angebot der Geschäftsleitung für einen neuen Vertrag nicht zu akzeptieren, und damit einen Streik riskierte, oder wenn ich die Arbeiter ermutigte, die Gewerkschaft zu verändern, so waren die möglichen Konsequenzen solchen Handelns – z. B. die Lohneinbußen während des Streiks oder gar der Jobverlust wegen Rädelsführerschaft – für mich allerdings leichter zu ertragen gewesen als für viele andere Arbeiter.

Das ist nur zu wahr. Dennoch: Das Problem meiner Aktivitäten muß in einem breiteren Zusammenhang gesehen werden. Sich auf das einzelne Individuum zu beschränken ist ein Fehler, den ich selber manchmal begangen habe. Zu behaupten, ein einzelner könne den Gang der Ereignisse entscheidend beeinflussen, läuft auf eine Glorifizierung des Individuums hinaus – ob nun als Lob oder Verdammung. Was immer ich als Aktiver tat, so war es nur ein kleiner Teil der Situation, in der noch viele andere agierten. Ob ich nun was tat oder nicht, die Kräfte, die die Fabrik beherrschten, hätten ebenso gehandelt, um ihre Herrschaft aufrechtzuerhalten. Wäre ich passiv gewesen, hätte das nur bedeutet, daß eine Person weniger sich ihnen widersetzt hätte. Angesichts der Halbwahrheiten, der Propaganda, der unverblümten Lügen, die nicht gerade spärlich auf die Arbeiter einprasselten, wäre es da moralisch und politisch vertretbarer gewesen, mit meinem Hintergrund und meiner Erfahrung auf eine Entlarvung der Kräfte zu verzichten, die die Fabrik regierten, also inaktiv zu sein und zu schweigen? Wohl kaum. Auf jeden Fall wären meine Argumente nicht allein deshalb richtiger gewesen, wenn meine Interessen und meine Zukunftsmöglichkeiten dieselben gewesen wären wie die der anderen Arbeiter. Wenn ich genauso abhängig vom Job gewesen wäre wie sie, dann wäre ich zweifellos viel zu eingeschüchtert gewesen, um zu sagen, was ich begriffen hatte. Aber hätte ich automatisch richtiger gelegen mit meinem Verständnis? Ich denke nicht. Trotz der unterschiedlichen Risiken habe auch ich einiges aufs Spiel gesetzt, sowohl innerhalb als auch außerhalb der Fabrik. Erstens war ich offenkundig so aktiv in der Fabrik wie nur noch eine kleine Handvoll anderer Arbeiter. Das machte mich zur bevorzugten Zielscheibe für Vergeltungsmaßnahmen. Zum anderen, wenn ich auch weniger abhängig davon war, den Fabrikjob zu behalten als die meisten meiner Mitarbeiter, so habe ich die Aussicht, ihn zu verlieren, doch nicht auf die leichte Schulter genommen. Während der meisten Zeit in der Fabrik war es sehr wichtig für mich, die Stelle zu behalten. Es war sehr wichtig für mein Leben aus intellektuellen, politischen, psychologischen und aus Karrieregründen. Das sollte dieser Prolog klarmachen. Wenn z. B. nach vier Monaten Fabrikarbeit mein Arbeitgeber eine meiner fingierten Arbeitsbescheinigungen und Referenzen als Fälschung entlarvt hätte, hätte ich sofort den Job verloren. Das hat mir oft große Angst gemacht. Darüber hinaus stimmt es zwar, daß ich mit der Zeit mit meiner Schreibarbeit an ein Ende kam und ich auch einigermaßen bereit war zu gehen und den Jobverlust nicht so sehr als großes Desaster interpretieren mußte, so muß ich noch heute wieder in der Universität Risiken auf mich nehmen, die mit den Gründen zusammenhängen, weshalb ich in die Fabrik gegangen bin, und mit der Rolle, die ich dort spielte, und mit dem, was ich dort gelernt habe.

Denn in der Tat, gleich nachdem dieses Manuskript sowohl von der Columbia University Press als auch von der Monthly Review Press zur Veröffentlichung angenommen war, hat doch die Mehrheit der Abteilung Politische Wissenschaft dafür gestimmt, mir die Weiterbeschäftigung zu versagen. Und sie versagten mir die Weiterbeschäftigung explizit aus dem Grunde, weil sie dieses Buch nicht gut fanden, ohne, wie eigentlich üblich, die Ergebnisse meines Stipendiums durch neutrale Wissenschaftler anderer Universitäten bewerten zu lassen.

Mein Antrag, ein Ad-hoc-Komitee einzurichten, um solche auswärtigen Referenzen einzuholen, wurde vom Akademischen Rat der Fakultät Kunst und Wissenschaften abgelehnt. Begründung war die „Entscheidungsautonomie der Fakultät", die meinen Antrag ja bereits abgelehnt hatte. Nur nach einem erschöpfenden und für die Johns Hopkins Universität beispiellosen Kampf, der im Frühjahr 1977 begann und Mitte November endete, wurde schließlich doch ein Ad-hoc-Komitee gebildet.

Im Verlaufe dieser Auseinandersetzung gab es ein Studentenreferendum, an dem sich mehr als 60 % der Studenten der Johns Hopkins Universität beteiligten. 1268 stimmten dafür, 53 dagegen, mir ein faires Hearing zu gewähren; ungefähr 25 % der gesamten Professorenschaft richteten eine Petition an den Akademischen Rat, um solch ein Komitee einzurichten; privat versicherten mir Universitätsvertreter, daß ich eine Stellung außerhalb der Abteilung für Politische Wissenschaft bekäme, wenn ich als förderungswürdig befunden würde; der Akademische Rat nahm meinen Fall aus eigener Initiative wieder auf und blieb in einem Votum bei Stimmengleichheit wieder stecken; und zwei hochgestellte Universitätsverwaltungsbeamten stellten ihre Posten zur Verfügung.

Gerade jetzt, in dem Moment, wo ich dies hier schreibe, ist das Ad-hoc-Komitee einberufen worden, aber ich kenne meine Chancen für eine Weiterförderung nicht. Die Zusammensetzung des Komitees, seine Beratungen und Empfehlungen an den Akademischen Rat sind alle geheim. Es ist aber kein Geheimnis, daß aufgrund des Aufsehens, das mein Fall auf diesem extrem ruhigen und beschränkten Campus erregt hat, aufgrund der Art meiner Untersuchung und meiner Politik, aufgrund der Geldknappheit auf dem akademischen Arbeitsmarkt, es nur allzu wahrscheinlich sein wird, daß ich in naher Zukunft arbeitslos sein werde. Wenn Risikobereitschaft also der Maßstab ist für Ehrlichkeit, dann glaube ich, daß ich wirklich Ehrlichkeit an den Tag gelegt habe. Wie dem auch sei und was immer meine Fehler sein mögen, ich habe getan, was ich glaubte, tun zu müssen. Dieses Buch ist jedenfalls das Resultat einer totalen Erfahrung.

Es ist natürlich nicht alles in dieses Buch aufgenommen worden, was in der Fabrik passiert ist. Es ist aufgebaut auf einer grundsätzlichen Kritik unserer Politischen Ökonomie der Arbeit und nimmt einen kritischen Standpunkt gegenüber liberalen Institutionen und ihrem damit zusammenhängenden Einfluß auf die Arbeit ein. Ich meine mit liberalen Institutionen auch solche wie die Wahlen, von denen wir immer denken, daß sie die am wenigsten autoritären und die höchst demokratischen Mechanismen unseres Systems sind. In Wirklichkeit sind sie höchst komplizierte Kontrollmechanismen. Aufgrund dieses Akzents lasse ich diesen Einrichtungen, zu denen auch Gewerkschaften, Tarifverträge und z. B. Beschwerdeeinrichtungen zählen, keine Gerechtigkeit widerfahren, denn diese zweiten Aspekte sind bereits besser bekannt und werden im allgemeinen sehr ehrfurchtsvoll behandelt.

In meiner Kritik an Gewerkschaften, Tarifverträgen und Beschwerdeeinrichtungen vernachlässige ich die andere Seite dieser Einrichtungen. Sie sind aber das Resultat von teilweise erfolgreichen Arbeitskämpfen. Und ihre Einrichtung bedeutete zu dieser Zeit einen wirklichen Fortschritt, ebenso wie ihre weitere Existenz heute noch einige sehr wichtige Sicherheiten für den Arbeiter darstellen.

Um den Fall der Gewerkschaften aufzugreifen, selbst wenn alle so schlecht sind wie die, die ich kennengelernt habe – was nicht der Fall ist –, so sollte meine harte Kritik an ihnen nicht so verstanden werden, als befürwortete ich ihre Abschaffung. Im Gegenteil: Da Gewerkschaften die einzig machtvollen Massenorganisationen sind, die die Arbeiter haben, bin ich für die Ausweitung der Gewerkschaften, aber für die Ausweitung von veränderten, von anderen Gewerkschaften, die hart für alle Interessen der Arbeiter kämpfen und die Arbeiter ermutigen, ihre Interessen in der Gewerkschaft und bei der Arbeit selbst zu vertreten.

Auf keinen Fall habe ich versucht, ein ausgewogenes Buch zu schreiben. Ich habe versucht, ein Buch zu schreiben, von dem ich und andere lernen können, wie es bei uns aussieht, damit wir es ändern können. Die Bedingungen in der Fabrik, die dort offener zutage treten als irgendwo anders in unserer Gesellschaft, sind auch nicht ausgewogen. Nur wenige haben das Sagen und sind im allgemeinen gut bedient, während die meisten beherrscht werden und in bedrückenden Jobs arbeiten, um leben zu können. Daran ist nichts „natürlich" oder technologisch bestimmt. Wie es heute ist, war es nicht immer und wird es auch nicht bis in alle Ewigkeit bleiben. Diese Zustände sind von Menschen gemacht, und sie können und müssen verändert werden durch die gemeinsamen Aktionen von Männern und Frauen.

Die meisten Arbeiter in unserer Gesellschaft können nicht dafür arbeiten, um ihr Leben einen Deut zu verbessern, denn sie wissen nicht, warum ihr Leben so ist und daß sie es durch kollektives Handeln verändern könnten. Sie arbeiten nur, um leben zu können – nicht für höhere Zwecke und ohne Befriedigung. Und das wird so lange so bleiben, wie die Arbeiter immer noch versklavt sind, sowohl materiell wie ideologisch. Sie arbeiten eben für den Kapitalismus.

Teil I
Der Arbeitsablauf

Auf Jobsuche

„Sicherheit ist ansteckend – sorgt für eine Epidemie!“

„Höflichkeit ist ansteckend – sorgt für eine Epidemie!“
„Sicherheit zuerst!“

Diese Sprüche stammen von Plakaten an den Sperrholzwänden, die dort Seite an Seite mit den Werbeanzeigen für das Firmenprodukt hingen: Trenchcoats, die offensichtlich nur von schönen Menschen getragen werden. Aber niemand in dem überfüllten Personalbüro nahm Notiz davon, während wir alle dasaßen und warteten.

Die meisten waren zwischen 18 und 25 Jahre alt, einige auch so um die 40. Fast alle waren Schwarze, die meisten Frauen, und viele waren richtig fett. Ein schöner Mensch war jedenfalls nicht dabei. Falls jemand von uns eingestellt werden sollte, dann, um für die Schicken und die Wohlhabenden zu produzieren und für jene, die sich dafür halten.

Es war bekannt, daß die Londontown Company in der Produktion ausschließlich Frauen beschäftigte. Diese Firma war berühmt-berüchtigt dafür, daß sie die niedrigsten Löhne der ganzen Stadt zahlte. Männer, die eher auswählen können, wollen solche Stellen nicht. Und sie bekommen sie auch nicht mehr, seitdem bekannt ist, daß Frauen flinker an Nähmaschinen sind als Männer.

Es waren ungefähr 20 Leute, die an jenem Morgen auf ihre Einstellungsgespräche warteten. Sie sprachen nicht miteinander bis auf eine Gruppe junger Schwarzer, die sich zu kennen schien. Die meisten lasen auch nicht, nur zwei von ihnen blätterten in alten Ausgaben des *U.S. News and World Report*, die wohl von der Firma dort ausgelegt worden waren. Wenn ein Neuer eintrat, erzählte ihm niemand von den nun folgenden Prozeduren, und selbst wenn mehrere Neuankömmlinge sich hinsetzten, ohne zuallererst am Schalter nach den Bewertungsformularen gefragt zu haben, kümmerte sich niemand darum.

Die meisten starrten einfach vor sich hin. Ihre Blicke trafen sich nur selten. Sie lächelten nicht und reagierten auch nicht auf die wenigen, die Kontakt suchten. Ihre Blicke waren leer und starr. Sie befanden sich dort nur aus einem Grunde: einen Job zu finden. Und sie mußten warten, bis sie zum Einstellungsgespräch aufgerufen wurden. Sie hatten alle schon oft vorher gewartet, in anderen Personalbüros, auf andere Jobinterviews. Sie waren auch früher schon aufgerufen worden. Und die meisten hatten wahrscheinlich auch schon vorher gearbeitet.

Ich erfuhr, daß niemand wußte, wieviele und welche Stellen in der Fabrik frei waren. Keiner wußte etwas Genaues über den Lohn und über die Arbeitsbedingungen. Und ich wunderte mich darüber, daß auch niemand sehr interessiert daran zu sein schien.

Ich hatte meinen Bewerbungsbogen schon am Tag vorher ausgefüllt, so daß ich nur eineinhalb Stunden dazusitzen und zu warten brauchte. Die meisten vor mir wurden mit ihrem Vornamen, ich mit meinem vollen Namen aufgerufen. Die Frau, die die Einstellungsgespräche führte, war eine Weiße, und sie war sehr freundlich. Sie hinterließ bei mir den Eindruck, als sorge sie sich um mein Wohlergehen.

Sie erklärte, daß alle freien Stellen mit zwei Dollar pro Stunde bezahlt würden, mit einem Bruttobetrag von 4000 Dollar im Jahr bei einer 40-Stunden-Woche. Ich nickte nur und traute mich nicht, weitere Fragen zu stellen aus Angst, mich dann als Hoch- bzw. Tiefstapler zu entlarven. Sie schaute sich meine gefälschten Papiere an, in denen stand, daß ich in Long Island, New York, die High-School absolviert, fünfzehn Jahre lang als Lieferwagenfahrer für einen Lebensmittelgroßhändler und dann fünf Jahre lang für eine Baufirma als Hilfsarbeiter gearbeitet hatte. Sie fragte mich, ob ich Maschinen warten oder Raupenschlepper fahren könne. Ich mußte passen.

Nachdem sie mich ausgefragt hatte, fing sie an herumzutelefonieren. Sie rief im Warenlager an, aber da war gerade niemand. Sie verlangte keinen Geschicklichkeitstest von mir, aber der war wohl auch nur dafür da, angehende Produktionsarbeiterinnen zu testen.

Gegen Schluß des Interviews fragte mich die Frau, wieso ich nach Baltimore gekommen sei. Freunde, die das Einstellungsgespräch und seine Fangfragen kannten, hatten mich präpariert. Ich antwortete, daß meine Frau hier Verwandte hätte. Das schien ihr zu genügen. Sie beendete das Gespräch und meinte, sie würde sich weiterhin um die Stelle im Lager kümmern, und ich würde von ihr hören. Ich habe nie wieder was von ihr gehört, aber ich habe mich auch nicht mehr um diese Möglichkeit gekümmert.

Diese Erfahrung mit der Londontown Company war in vieler

Hinsicht typisch für die Wochen, die mit der Jobsuche verstrichen. In gewisser Weise waren sie die Vorboten für das, was dann noch kommen sollte. An anderen Tagen der Arbeitssuche ging ich anders vor. Ich suchte mir Anzeigen aus den Zeitungen heraus, meldete mich zuerst telefonisch und stellte mich dann persönlich bei den großen Firmen in der Hoffnung vor, daß sie auch Ungelernte einstellten.

Meine erste Erfahrung bei der Jobsuche machte ich mit einer anonymen Anzeige in der *Baltimore Sunday Sun.* Ich hatte angerufen, um zu erfahren, was das überhaupt für eine Firma ist und wo sie ist, und erfuhr, daß die Firma Bio Quest hieß und sich in einem Industriegebiet befand, das ungefähr zwanzig Minuten außerhalb der Stadt lag. Ich fuhr raus und wartete im Foyer fast zwei Stunden auf ein Bewerbungsformular, das ich endlich in einem Büro oben ausfüllte. Dann folgte ein ungefähr fünfminütiges Gespräch mit einem Herrn, den ich schon am Telefon gesprochen hatte und der mir nun eröffnete, daß alle offenen Stellen schon belegt wären.

Am nächsten Tag fuhr ich raus zur riesigen Werksanlage der Bethlehem Steel Company. Ich war nicht vorbereitet auf das öde, fast verkohlte mondähnliche Gelände, das mich erwartete, obwohl ich vor einigen Jahren in Gary, Indiana, schon mal ein Stahlwerk besichtigt hatte. Das Personalbüro war überfüllt von Männern, die vor irgendwelchen Tischen Schlange standen. Ich bekam einen Bewerbungsbogen und füllte ihn mit einigen Schwierigkeiten aus. Schwierigkeiten hatte ich mit Fragen wie: „Wieviel Geld wollen Sie verdienen?“ Solange ich nicht wußte, welche Stellen frei waren, solange konnte ich darauf auch nicht antworten. In der Schlange für die Abgabe meines Bewerbungsformulars erfuhr ich dann, daß das Werk Leute für die Kohleöfen suchte, eine heiße und sehr gefährliche Arbeit.

Ich brauchte aber gar nicht erst ängstlich zu werden, denn als ich endlich an der Reihe war, erzählte mir die Frau, die die Bögen in Empfang nahm, daß sie zwar einstellten, aber noch Leute von der Februar-Warteliste. Sie erklärte mir weiter, falls ich nicht innerhalb der nächsten zwei Monate angerufen würde und trotzdem meine Bewerbung immer noch aufrechterhalten wollte, müßte ich nochmal wiederkommen und ein anderes Formular ausfüllen.

Auf dem Rückweg von Bethlehem Steel hielt ich noch bei der hiesigen Fabrik von General Motors. Obwohl das Personalbüro leer war, beachtete mich keiner der Angestellten. Meine Frage nach einer Einstellung schien eine ungebührliche Störung zu sein. Vielleicht deshalb, weil General Motors gerade Arbeiter entlassen hatte und keine einstellte. Die Angestellten im Personalbüro behandelten Arbeitssuchende in der üblichen Art und Weise: sie ließen einen fühlen, wie unbedeutend und belanglos man für sie war.

Alles in allem brauchte ich ganze zweieinhalb Wochen, bevor ich Erfolg hatte und einen Job fand. In dieser Zeit fühlte ich mich zunehmend „arbeitslos“ im eigentlichen Sinne des Wortes. Auch ohne die ökonomische Not, die diesen Zustand normalerweise begleitet, empfand ich ihn schon als beschwerlich genug. Was würde er mir erst ausmachen, wenn ich den Lohn verzweifelt nötig hätte, um meine Familie zu ernähren? Ich versuchte es mir vorzustellen. Die Ängste, ein Versager zu sein, würden überhand nehmen.

In diesen zweieinhalb Wochen ertappte ich mich schon nach kurzer Zeit dabei, daß ich die Jobsuche nur noch als Nebensache betrieb. Ich hatte plötzlich 1000 andere Sachen zu tun. Ich wollte nicht wieder abgewiesen werden. Aber es war nicht nur die Angst vor einer erneuten Zurückweisung, die mir zu schaffen machte. Es war auch die Angst, eine Stelle angeboten zu bekommen und mich dann nicht rational entscheiden zu können, ob ich sie nun nehmen sollte oder nicht. Wie trifft man eine solche Entscheidung, fragte ich mich, wenn man ohnehin nicht genau weiß, was einen dort erwartet. Andererseits war mir klar, wenn ich erst einmal eine Stelle angenommen hätte, dann würde ich mich gebunden fühlen und nicht mehr weiter suchen. Aber dann dachte ich mir, was es eigentlich für einen Unterschied macht, ob ich nun den oder irgendeinen anderen Job nehme. Hatten die Arbeitslosen, die ich in den Einstellungsbüros getroffen hatte, ausgesehen, als ob das von irgendeiner Bedeutung für sie wäre? Ich war mir nicht sicher.

Doch diese Gefühle, die mich bewegten, wurden sowieso von Tag zu Tag unwichtiger. Während ich nach einem guten Job suchte, schälte sich als zentrale Erfahrung immer klarer und deutlicher heraus: „Wir brauchen dich nicht! Es gibt so viele, die so sind wie du. Sie sind dankbar für das, was du bekommen kannst.“ Natürlich sprach das kein Angestellter in den diversen Personalbüros jemals aus. Aber es war, als ob all diese einzelnen Erfahrungen von einer einzigen, mächtigen und unsichtbaren Hand organisiert würden, um jedem Stellungssuchenden vollkommen klarzumachen, daß er als einzelner Arbeiter machtlos und sogar wertlos ist.

Mehrere Unternehmer, mit denen ich am Telefon sprach, schienen von meiner Beständigkeit beeindruckt zu sein, wenn ich ihnen mitteilte, daß ich bei meinen vorigen Stellen 15 und 5 Jahre gearbeitet hatte. Aber es war ihnen dann peinlich, mir zu sagen, daß ihre freien Stellen nur mit 2 Dollar die Stunde bezahlt würden. Einer erklärte mir sogar ganz selbstbewußt, daß das nicht genügen würde, eine Familie zu ernähren. Sie suchten, wie sie selbst verkündeten, nach jüngeren, unverheirateten Leuten, die noch eingearbeitet werden müßten und sich mit solchen Löhnen zufrieden gäben. Ich kapierte.

An dem Wochenende, bevor ich endlich einen Job bekam, war ich sehr gereizt. Als ich in der Wochenendausgabe die Anzeigenseite für ungelernte Arbeiter überflog, fand ich nur wenige Angebote. Ich beschloß, es als Lagerarbeiter zu versuchen, wenigstens für eine Zeit lang. Am nächsten Morgen fuhr ich eine halbe Stunde aus der Stadt raus zum Maryland-Cup-(Sweetheart-Cup-)Werk, das freie Stellen im Lagerbereich inseriert hatte. Ich betrat das Einstellungsbüro, las im Aushang, was ich dort zu tun hatte, füllte das Formular mit dem dicken Bleistift aus, der ein Überbleibsel aus den Zeiten meiner High-School-Tests war. Dann setzte ich mich hin und wartete mit den anderen, meist jüngeren Schwarzen.

Ich wurde hereingerufen zu einer kurzen und erfreulichen Unterredung. Man erklärte mir, daß es sich um eine Stelle im Lager handelte, die mit 2,84 Dollar bezahlt würde. Der Haken bei dem Job war, daß das Lager, das sich jetzt noch in der Nähe meiner Wohnung befand, bald nach Columbia, Maryland, umgesiedelt werden würde. Diese Umsiedelung war der Grund dafür, daß Stellen frei waren, denn eine Reihe von den dort zur Zeit arbeitenden Lagerarbeitern wollten lieber kündigen als täglich diese Entfernung in Kauf nehmen. Ich beteuerte, daß mir das Pendeln nichts ausmachen würde. Er schickte mich runter zum Vorarbeiter des Lagers, der mich auch sofort nach dem Pendeln fragte. Auch er schien mit meiner Antwort zufrieden zu sein und schickte mich weiter zu einer körperlichen Untersuchung in eine von der Firma finanzierte Privatklinik in der Stadt. Dort wurde ich routinemäßig auf Seh- und Hörvermögen sowie auf Blutdruck und Leistenbruch untersucht und mußte eine Urinprobe abgeben. So weit, so gut. Sollte ich jetzt wirklich einen Job kriegen, fragte ich mich aufgeregt und versuchte gleichzeitig, mich nicht zu früh zu freuen.

Da ich nicht alle meine Hoffnungen nur auf dieses Werk konzentrieren und außerdem noch herausfinden wollte, wie es bei Arbeitsvermittlungen zugeht, ging ich auf dem Heimweg von der Klinik noch bei der Silver Employment Agency vorbei. Diese Agentur lag in einem Armenviertel, und alle Menschen, die mit mir auf das Gespräch warteten, waren junge Schwarze, die so aussahen, als ob sie sich das erste Mal auf dem Arbeitsmarkt bewegten. Der Interviewer war ein Weißer, die Sekretärinnen waren Schwarze. Durch eine Glaswand, die den Interviewer von den Sekretärinnen trennte, konnten wir den Interviewer beobachten, nicht aber seinen jeweiligen Gesprächspartner. Der saß außerhalb des Blickfeldes, war unsichtbar, obwohl offensichtlich ein Teil der Szene.

Ich wartete eine Stunde auf mein Gespräch. In dieser Zeit registrierte ich überrascht, daß ich mir inzwischen auch den leeren Blick angewöhnt hatte. Und während ich so vor mich hinstarrte, fühlte ich mich auch leer, etwas abwesend, als ob ich nicht wirklich etwas mit dieser peinlichen und langweiligen Prozedur zu tun hätte. Als ich von der Sekretärin aufgerufen wurde und in das Büro des Interviewers eintrat, sagte er mir als erstes: „Sie sehen aus wie ein Lehrer.“ Ich versuchte, mich von dem Mordsschrecken zu erholen, den mir dieser Spruch eingejagt hatte, und erwiderte leichthin: „Hoffentlich lebe ich auch so lange.“ Und um das Gespräch von diesem Thema wegzubringen, fuhr ich fort: „Die meisten sagen, ich sähe aus wie der Arnie vom Fernsehen.“ Aber von dem hatte er noch nie etwas gehört. Damit waren die Vorgeplänkel auch schon beendet, und er schlug mir vor, mich am nächsten Tag bei Alban Tractor Co. als Gabelstaplerfahrer zu bewerben, wo ich in der Nachmittagsschicht von 15–23 Uhr für 3,20 Dollar die Stunde arbeiten könnte.

Ich äußerte mein Interesse an dieser Stelle, und so schickte er mich wieder in den Hinterraum, wo eine Sekretärin mich den Vertrag mit der Stellenvermittlung ausfüllen ließ. Nach diesem Vertrag verpflichtete ich mich, der Agentur für den Zeitraum von 15 Wochen eine Dauervermittlungsgebühr von insgesamt 300 Dollar zu zahlen, die der Arbeitgeber gleich von meinem Wochenlohn abziehen würde. Für den Fall, daß ich weniger als 90 Tage beschäftigt wäre, war ich gezwungen, statt der Dauervermittlungsgebühr eine sogenannte Aushilfsvermittlungsgebühr zu zahlen. Deren Höhe hing ab von meinem Verdienst und davon, ob ich die Befristung des Arbeitsverhältnisses selbst verschuldet hätte. Falls nicht, oder auch bei eigener Jobaufgabe „aus berechtigten Gründen“, betrug die Aushilfsvermittlungsgebühr entweder 20 % meines Gesamtlohnes oder 75 % von 300 Dollar – je nachdem, was weniger war. Aber falls ich, was wahrscheinlicher war, innerhalb dieses Zeitraums „aus eigenem Verschulden“ entlassen würde oder den Job grundlos aufgäbe, dann müßte ich die Dauervermittlungsgebühr von 225 Dollar zahlen.

Der Vertrag war eine reine Erpressung, aber ich wollte einen Job, und persönlich konnte ich diese Vertragsbedingungen überstehen. Fügsam unterschrieb ich also die Erpressungsurkunde und ging.

Nach einem kurzen Imbiß ging ich zurück zum Maryland Cup und harrte erwartungsvoll der Dinge, die da kommen sollten. Ich wartete lange, weil die Sekretärin sich nicht entschließen konnte, dem Personalchef meine geringfügige Anwesenheit mitzuteilen. Endlich kam er heraus und fragte, auf was ich eigentlich wartete. Ich erzählte es ihm, und seiner Antwort entnahm ich, daß ich den Job bekommen hatte. Endlich eine Stelle! Er schickte mich irgendwohin, wo meine Papiere fertiggemacht werden sollten und wo ich einen Haufen Informationen bekam. Inmitten dieses Riesenstapels Broschüren war auch ein Brief, der vom Präsidenten der Maryland Cup unterzeichnet war, von einem gewissen Mort Gliden, der mich in der großen „Maryland-Cup-Familie" willkommen hieß. Dieser Mort war augenscheinlich ein weiteres Mitglied dieser Familie. Ich war jedenfalls beglückt, ihr endlich angeschlossen zu sein.

Mit den vorbereiteten Papieren wurde ich in einen anderen Teil des Werkes geschickt, wo ich für meinen Werksausweis fotografiert und wo noch einmal mein Gehör getestet wurde. Für den Hörtest gab man mir Kopfhörer, die in einer Zelle hingen, und wies mich an, sofort auf einen Knopf zu drücken, sobald ich Töne verschiedenster Frequenzen hören würde. Ich konzentrierte mich so auf die kaum hörbaren Töne, daß ich meinen Atem anhielt, um ja alles mitzubekommen. Ich wollte diesen Job ganz dringlich, war mir aber nicht sicher, ob ich den Test bestanden hatte. Ich wußte dann überhaupt nicht mehr, ob ich wirklich Töne gehört oder mir nur die Ohren geklingelt hatten. Ich verließ die Zelle ziemlich niedergeschlagen, davon überzeugt, daß alles umsonst gewesen war. Aber der Prüfer sah sich mein Testbild an und versicherte mir, daß ich ein sehr gutes Gehör hätte, das sogar noch für sehr hohe Frequenzen empfänglich wäre. Ich war sehr erleichtert: noch hatte ich den Job.

Gegen Ende des Tages hatte ich eine Stelle, bei der ich kommenden Montag anfangen sollte, fest – und eine andere bei der Stellenvermittlung in Aussicht. Bei beiden Jobs müßte ich Gabelstapler fahren, was mir recht war. Der Job bei Maryland Cup würde mich bald zwei Stunden Fahrtzeit am Tag kosten, aber für den bei der Alban Tractor müßte ich nicht nur pendeln, sondern auch noch Nachtschicht machen, eine Aussicht, die weder mich noch meine Frau Elinor heiter stimmte. Auf das Drängen meiner Frau hin ging ich deshalb am nächsten Morgen noch zu Blancs*. Freunde von uns, die sich auskannten, hatten erzählt, daß Blancs regelmäßig Leute einstellt, weil das Personal stark fluktuiert und weil die Firma expandiert. Also probierte ich es eben.

* Blancs ist nicht der richtige Name der Firma, bei der ich schließlich arbeitete. Auf Anraten meines amerikanischen Verlegers habe ich einen anderen Namen benutzt.

Das Einstellungsbüro von Blancs war ein weitläufiger Raum, vollgestellt mit Schulbänken für Erstklässler. Zwölf bis fünfzehn Leute warteten schon, als ich ankam, die meisten waren schwarz, jung und männlich. Wieder einmal füllte ich ein Bewerbungsformular aus und übergab einer Sekretärin meine Arbeitsbescheinigungen. Während ich wartete, bis ich an der Reihe war, hatte ich mein allererstes Gespräch mit einem anderen Jobsucher, obwohl ich immerhin schon seit fast drei Wochen auf Arbeitssuche war. Es war ein Schwarzer, ungefähr in meinem Alter. Er war eigentlich Gießereiarbeiter, aber schon seit sechs Monaten arbeitslos, und hatte keine Ahnung, was für Stellen bei Blancs frei waren. Es war ihm sowieso alles egal, er würde alles nehmen. Er war vor mir dran. Nach wenigen Minuten kam er zurück mit einer Zuweisung zu einer der Fabrikswerkstätten. Dann wurde ich aufgerufen.

Der Personalchef, so um die 55 Jahre alt, war ein sehr stattlicher Mann wie alle seinesgleichen. Von allen möglichen Fragen, die er mir hätte stellen können, stellte er nur eine: „Wieso hat Ihre Frau einen anderen Namen als Sie?“ Meine Antwort schien ihn zufriedenzustellen, denn augenblicklich stürzte er sich in eine kurze, knappe Einführungsrede darüber, wieso er sich manchmal wie Gott fühlte. Er fuhr dann fort, daß er einen Mann, den er soeben als Gabelstaplerfahrer eingestellt hätte, nun doch nicht einstellen könnte, weil der die körperliche Untersuchung nicht bestanden hätte. Sein Blutdruck war nicht in Ordnung, und er wäre als Staplerfahrer herzschlaggefährdet. Ob ich die Stelle nehmen wollte, mit 3,47 Dollar die Stunde? Ich nahm natürlich begeistert an. Es war reine Tagschichtarbeit – und Blancs lag nur 15–20 Minuten von zu Hause entfernt. Außerdem war der Lohn der beste, der mir bislang angeboten worden war.

Mr. Smith, so hieß der Personalchef, schickte mich dann mit einem Besucherabzeichen und einem Zuweisungszettel zum Pförtner am Haupttor. Der gab mir eine Plastikbrille, die ich aufsetzen sollte, wenn ich auf das Werksgelände ging. Ich wartete dort fünfzehn Minuten, bis ich von einer strengen Sekretärin abgeholt wurde. Ich lief hinter ihr her in ein hohes, einstöckiges Gebäude hinein. Von dort ging es dann in den Bürotrakt, der voll klimatisiert und vom Rest des Gebäudes etwas abgetrennt war.

Dort saß ich dann und wartete fast eine Stunde auf den Abteilungsleiter. In dieser Zeit wechselte niemand ein Wort mir mir. Ich war heillos nervös, weil ich nicht wußte, was auf mich zukam. Ich schaute mich um und registrierte, daß hier offensichtlich das Büro für Störfälle war, wo Geräteteile zur Reparatur und zum Einbau entgegengenommen wurden. Der Mann, auf den ich so sehnlich wartete, kam schließlich mit zwei anderen gutgekleideten Herren, denen er offenbar den Laden zeigte. Er war sehr groß und imposant, hatte rötlich-blondes Haar und einen anständigen Schmerbauch, den er mit einer Haltung vor sich her trug, als hätte er bei der Marine gedient. Er strahlte Selbstvertrauen, Geschäftigkeit, Zweckmäßigkeit, Coolness und Ehrgeiz aus. Als er mich erblickte, meinte er ganz kurz, er sei in wenigen Minuten frei für mich. Ich war's zufrieden.

Eine halbe Stunde später kam er dann und informierte mich über die Arbeit. Im wesentlichen sollte ich für die Produktionsabfälle verantwortlich sein, das heißt, Müllkästen aufladen und auskippen. Etwas nervös fragte ich, wie lange ich brauchen würde, bis ich den Gabelstapler fahren könnte. Ron Merritt, der Abteilungsleiter, antwortete ganz leichthin, daß ich das in fünfzehn Minuten lernen könnte, weil ich ja schon Lastwagen gefahren hätte. Ich war ziemlich skeptisch. Er wies mich dann noch darauf hin, daß ich verpflichtet wäre, Überstunden zu machen, wahrscheinlich sogar jeden Tag einige, entweder vor acht Uhr oder nach halb fünf. Ich müßte auch samstags arbeiten, das Werk wäre schließlich die ganze Woche über in Betrieb, und die Überstunden würden anderthalbfach, samstags sogar doppelt bezahlt. Er betonte ausdrücklich, daß ich jeden Tag pünktlich zu erscheinen hätte, denn Blancs legte keinen Wert auf „Teilzeitbeschäftigte".

Obwohl ich nicht gerade begeistert war über die Aussicht, auch samstags arbeiten zu müssen, ließ ich mir das nicht anmerken. Merritt schloß das Gespräch mit der Erklärung ab, daß im Sommer an heißen Tagen einige Müllbestandteile „sehr reif" werden könnten und deshalb jeden Tag in die Abfallpresse ausgeleert werden müßten. An manchen Tagen würde ich dann eben länger arbeiten müssen, bis halb sieben oder auch bis acht Uhr. Das war's – ich wurde wieder zu Mr. Smith geschickt, der mir einen Termin für die körperliche Untersuchung gab, am nächsten Tag um halb zwei. Mr. Smith ermahnte mich ebenfalls, pünktlich zu sein, und ich könnte dann am nächsten Montag anfangen.

Als ich das Büro verließ, hatte ich Angst vor allem und jedem: z. B. davor, mich ungeschickt anzustellen und den Gabelstapler zu beschädigen; schwere Lasten zu heben, weil ich überhaupt nicht wußte, ob ich das kann; mich zu verletzten; als Schwindler enttarnt zu werden. Der Job schien wirklich harte Arbeit zu bedeuten, und das lag eigentlich nicht in meinem Konzept. Aber dann entschloß ich mich, die Arbeit anzunehmen. Es war zumindest ein Anfang.

Ich beratschlagte mit mir, ob ich nun noch zu der von der

Stellenvermittlung getroffenen Vereinbarung mit Alban Tractor gehen sollte. Ich ging hin, wenn auch nur um der Erfahrung willen. Es war ein ganz angenehmes Gespräch mit dem Herrn von Alban Tractor. Er war der einzige in der ganzen Zeit, der sich die Mühe machte, mir auch mal etwas von Aufstiegschancen zu erzählen. Er hatte wohl viele junge Gabelstaplerfahrer und fand es gut, wenn ich als Älterer und Beständigerer dazu käme. Ich tat so, als hätte ich nur ein Problem: „Wissen Sie, das einzige, was mir nicht gefällt, ist diese dritte Schicht. Meine Frau ist überhaupt nicht damit einverstanden, wenn ich nachts arbeite." Das war ja auch nicht völlig erlogen. Er gab zu, daß die Nachtschicht sehr hart wäre. Es war mir ein bißchen peinlich, ihn so zu verschaukeln, denn ich hatte mich doch schon längst entschlossen, die Stelle bei Blancs anzunehmen, sofern ich die körperliche Untersuchung bestand. Wir beendeten unser Gespräch, indem ich ihm zusagte, mich später noch einmal bei ihm zu melden, was ich auch tat.

So hatten sich innerhalb von zwei Tagen meine Jobaussichten vollständig geändert: nach fast drei erfolglosen Wochen nun drei Angebote auf einmal. Bei allen sollte ich Gabelstapler fahren. Jedes Angebot hatte einige Vorteile, aber auch einige spezielle Nachteile. Als ich abends nach Hause kam und die Probleme mit meiner Frau durchsprach, hatten wir einen ernsthaften Krach. Elinor freute sich zwar mit mir, daß ich endlich einen Job bekommen hatte, der mir zusagte, aber sie war entsetzt über die Vorstellung, daß ich sogar samstags arbeiten und tägliche Überstunden machen sollte. Ich konnte sie gut verstehen, denn das bedeutete: sie müßte zusätzliche Hausarbeit übernehmen, und ich wäre weniger mit ihr zusammen. Und dann hatte ich auch noch geplant, daß mein 10-jähriger Sohn Soren aus meiner ersten Ehe im kommenden Schuljahr bei uns leben sollte. Das hieß für Elinor, sich um meinen Sohn vor und nach der Schule kümmern zu müssen, solange ich noch bei der Arbeit war. Ich wußte nicht, was ich auf ihre Einwände entgegnen sollte, die mir nur zu gut verständlich waren. Wir kamen schließlich überein, daß ich um keinen Preis einen Job annehmen sollte, bei dem ich auch Nachtschicht hätte. Elinor schien über diesen Kompromiß erleichtert zu sein, aber mir war völlig klar: bei welchem Job auch immer, mein Familienleben würde in Zukunft sehr beeinträchtigt sein. Ich wußte, daß Millionen von Amerikanern diese Übergriffe auf ihr Familienleben dulden und aushalten müssen, aber dieses Wissen machte es uns auch nicht leichter. Wenn Kinder da sind und beide Eltern arbeiten, wie das bei uns der Fall war, dann ist es besonders schwer.

Am nächsten Nachmittag ging ich zu Blancs mit einer neuen Sorge, weil eine neue Entscheidung zu treffen war. Das Versicherungsformular, das ich für Blancs ausfüllen mußte, drohte nämlich, meine wahre Existenz an den Tag zu bringen. Ich war natürlich über die Johns Hopkins University versichert, aber wenn ich das zugab, flöge der ganze Schwindel auf. Also schrieb ich nur, daß ich nirgends versichert wäre. Das war ein Spiel mit hohem Einsatz.

Der Pförtner bei Blancs, bei dem ich um fünf vor halb zwei pünktlich eintraf, dirigierte mich zum Betriebsarzt. Zwei Männer warteten bereits, mit einem von ihnen hatte ich mich auch am Vortag unterhalten. Sie waren beide freundlich. Ich machte noch einen Seh- und Hörtest, und von da ab warteten wir. Wir waren bald zu acht, und wir warteten insgesamt mehr als eine Stunde. Ich wurde ziemlich wütend darüber, daß man uns nochmal so lange hinhielt. Ich faßte es als persönliche Beleidigung auf, als ob man mir noch einmal demonstrieren wollte, wie unwichtig ich war. Schließlich kam der Arzt. Ich erfuhr später, daß er niemals vor drei Uhr im Dienst erschien. Er nahm uns in Vierergruppen mit in sein Sprechzimmer. Wir mußten uns ausziehen und uns in einer Reihe aufstellen. Er prüfte unser Herz mit dem Stethoskop und tastete dann nach möglichen Leistenbrüchen. Der Reihe nach nahm er dazu unsere Hoden in die Hand, ohne sich zwischendurch die Hände zu waschen. Ich war kurz davor, mich zu beschweren, schluckte meinen Ärger aber runter. Niemand von uns machte den Mund auf. Anschließend sollten wir auf zweifarbige Plastikstreifen urinieren. Wir erledigten das gemeinsam über der Pinkelrinne im Lokus, wo ich merkte, daß die anderen ebenso sauer über die Behandlung waren wie ich. Auf eine ganz höfliche Weise ging der Arzt mit uns um wie mit törichten Viechern. Einer von uns moserte: „Das ist ja wie beim Militär."

Gegen Schluß der Untersuchung schaute sich der Arzt meine Hände an und bemerkte dabei meinen verletzten Finger. Er ließ mich daraufhin eine Verzichterklärung unterschreiben, die Blancs von jeder Verantwortung freisprach, solange ich dort arbeitete und mich bei der Arbeit noch weiter an diesem Finger verletzte.

Nach der Untersuchung gingen wir wieder zu Mr. Smith ins Personalbüro. Dort erhielten wir einen Stapel Informationsmaterial über die Arbeit bei Blancs, unter anderem auch eine Kopie unseres Arbeitsvertrages. Mr. Smith ermahnte uns: „Stecken Sie den Vertrag sorgfältig weg und bewahren Sie ihn gut auf!" Herrje, auch er behandelte uns wie kleine Kinder. Dazu gehörte auch, daß er uns einige Vorschriften über Sicherheit, Sicherheitsschuhe, Verletzungsberichte usw. runterleierte, ohne uns dabei anzusehen. Zuallererst fragte er: „Noch irgendwelche Fragen?" Wir wollten nichts mehr wissen, wir hatten genug.

Meine Jobsuche war vorüber. Ich hatte in dieser Zeit einiges gelernt. Erstens, daß durchweg alle Firmen ihre potentiellen Angestellten zunächst einmal warten lassen. Das einzige, was nämlich zählt, ist die Zeit der Firma. Zweitens gibt es – ungeachtet aller Erziehungsunterschiede und auch der verschiedenen Ansichten über das Arbeiten zwischen mir und den meisten anderen Amerikanern – eine allgemeine Erfahrung: die Stellungssuche ist ein höchst demütigender Prozeß. Ich hatte mir wirklich nicht vorstellen können, nach nur drei Wochen auch das letzte Angebot zu akzeptieren. Ich hatte eine leise Ahnung von dem bekommen, was alle jene, die ich leeren Blicks in den Personalbüros hatte sitzen sehen, nur zu gut wissen: daß nämlich die Macht, existentielle Entscheidungen über ihr Arbeitsleben zu fällen, in ganz anderen Händen liegt. Der Kern dieser Erfahrung bei der Arbeitssuche ist, daß du als Person überhaupt nicht zählst, daß du über das, was du tun wirst, überhaupt nicht bestimmen kannst. Du darfst nur akzeptieren oder ablehnen. Vollkommen machtlos, wie sie sind, ist es nicht erstaunlich, daß die Arbeitsbewerber darauf mit leeren Blicken reagieren. Denn sich selbst und seine Würde von diesen Verhältnissen abzutrennen, ist eine der wenigen Möglichkeiten des Selbstschutzes, die einem verbleiben.

Wenn das meine Erfahrung bei der Jobsuche war, wie würde dann die der Arbeit selber aussehen? Ich würde es bald wissen. In drei Tagen, am Montag, dem 8. Juli, um acht Uhr morgens sollte ich anfangen.

Die beiden ersten Wochen: Einarbeitungszeit

Die beiden ersten Wochen bei Blancs verbrachte ich hauptsächlich damit, mich der Arbeitsroutine anzupassen. Ich versuchte in Windeseile, die verpaßten Jahre Arbeitersozialisation und Maschinenerfahrung nachzuholen. Ich mußte mit einer Reihe von aufregenden Ereignissen fertig werden, traf mit „ungewohnten" Kollegen zusammen und versuchte, mit den intensiven Gefühlen, die diese Geschichten in mir hervorriefen, umzugehen.

Ich meldete mich zu meinem ersten Arbeitstag nach einem entnervenden Wochenende, an dem ich meiner Angst vor den Dingen die da kommen sollten, nachgehangen hatte. Als ich meinen Dienstausweis vom Pförtner bekommen hatte, ging ich zu Ron Merritts Büro in der Wartungsabteilung, wo mein Abteilungsleiter mich dem Meister Sam Leonard vorstellte. Der ließ mich dann ein paar Minuten stehen und stellte mich dann wiederum dem derzeitigen Müllfahrer Bryan Morton vor. Morton sollte mich einarbeiten. Als Sam ihm sagte: „Zeig Ric den üblichen Kram", fragte er zurück: „Also auch gleich mit dem Stapler fahren lassen?" Sam meinte ja. Durch diese Frage hatte Morton, wie er mir später anvertraute, die Verantwortung für irgendeinen Schaden, den ich mit dem Gabelstapler hätte anrichten können, auf Sam abgeschoben.

In dem kurzen Gespräch mit Sam wurde mir gleich das oberste Gebot eingebleut: „Paß auf die Ringe auf", eine Parole, die Morton im Laufe des Vormittags dauernd wiederholte. Kolbenringe in allen Größen wurden in diesem Werk produziert, täglich etliche Tausende. Die Ringe, die noch bearbeitet werden mußten, lagen einfach auf dem Boden rum oder waren, über das ganze Werk verteilt, auf allen möglichen Regalen gestapelt. Von dem hohen Sitz des Gabelstaplers sah das aus wie ein Meer von gestapelten Kolbenringen, durchkreuzt von etwa vier Meter breiten Schneisen, die aber auch nicht völlig freigehalten wurden. Und überall zwischendrin vereinzelte Arbeitstische und Maschinen, an denen nur die Köpfe der Arbeiter zu sehen waren.

Morton begann mit der Einarbeitung, indem er mir zeigte, wo ich morgens und abends bei Arbeitsbeginn bzw. -schluß mich einzutragen hatte. Dann ging er mit mir zur Ersten-Hilfe-Abteilung, um mir die Schutzbrille zu besorgen, die ich jederzeit und im ganzen Werk zu tragen hatte. Schließlich brachte er mich zu dem Gabelstapler, den ich fahren sollte. Die Gabel war gebrochen, wie er mir sagte, so daß wir den ältern und größeren nehmen mußten, der keine Automatik hatte. Dieser Stapler mit der Nr. 116 hatte einen Vorwärts- und einen Rückwärtsgang, sowie einen weiteren für Steigungen und schwere Lasten. Mit anderen Hebeln ließen sich Höhe und Neigungsgrad der beiden Gabelblätter einstellen. Nachdem er mir vorgemacht hatte, wie das Ding zu bedienen war, ließ Morton mich auf den Fahrersitz klettern. Den ganzen Tag über beobachtete er mich und gab mir weitere Anweisungen, Ratschläge und Warnungen. Aber so ungefähr von zehn Uhr an fuhr ich fast nur noch alleine. Die allergröbsten Kenntnisse hatte ich nun kapiert, aber damit begannen für mich vier Probleme, von denen sich einige mit der Zeit erledigten, die anderen aber bestehen blieben.

Zuerst mußte ich lernen, mit der Gabel umzugehen, was vor allem Praxis und damit Erfahrung erforderte. Dazu reichten zwar 15 Minuten nicht aus, wie der Abteilungsleiter gemeint hatte, aber der einfache Mechanismus wurde schnell genug zur Routine. Den Stapler richtig zu fahren, war jedoch eine Kunst, und ich brauchte einige Monate, bis ich meine Schwierigkeiten damit überwunden hatte. Ich mußte mit mehreren Problemen fertigwerden bei der Handhabung der Gabeln. Verglichen mit einem Auto, hat der Gabelstapler einen enorm kleinen Wendekreis. Er kann sich sozusagen auf dem Fleck drehen. Das bedeutet jedoch, daß das Heck des Gabelstaplers ausscheren kann, während, wenn man nicht aufpaßt, die anderthalb Meter langen Gabeln vorne alles niedermähen, was ihnen in den Weg kommt. Dazu kam noch, daß die Sicht nach vorn sowieso weitgehend versperrt war, auch wenn die Gabeln nicht beladen waren. Hatte ich vorne eine Mülltonne drauf, dann konnte ich so gut wie gar nichts sehen. Deshalb, und um besser manövrieren zu können, mußte der Stapler häufig rückwärts gefahren werden. Es dauerte seine Zeit, bis ich mich daran gewöhnt hatte – und auch dann blieb das Rangieren schwierig genug, weil die Zwischenräume auf beiden Seiten zwischen den vollgepackten Gabeln und den Wänden, Maschinen, Arbeitern oder Materialstaplern oft kaum mehr als zwei Zentimeter breit waren.

Zweitens mußte ich lernen, mich innerhalb dieses Gewirrs von Gängen, Schneisen und Gebäuden zurechtzufinden. Es gab da ganz bestimmte Routen, die zu meinen etwa 20 Mülltonnen führten. Diese Mülltonnen hatten ungefähr die Größe eines Mittelklassewagens. Sie standen über das gesamte Werksgelände verstreut, sowohl in den Hallen als auch unter freiem Himmel. Das Werksgelände sah etwa so aus: Mitten hindurch lief eine 250 Meter lange Fahrbahn, und die verschiedenen Hallen waren im wesentlichen zu beiden Seiten dieser Fahrbahn hintereinandergebaut. Die Mülltonnen innerhalb der Gebäude waren dort jeweils an einem der zahlreichen Seitengänge abgestellt, teils ganz gut erreichbar, teils in völlig unzugänglichen Ecken. Am ersten Tag ging ich in diesem

Labyrinth völlig unter, hatte überhaupt kein Orientierungsvermögen mehr und befolgte nur Mortons Anweisungen. Gegen Mittag meinte ich, in etwa 15 Gebäuden gewesen zu sein und wußte zu diesem Zeitpunkt überhaupt nicht, wie ich jemals auch nur die Hälfte meiner Mülltonnen wiederfinden sollte. Sam hatte gesagt, es würde ungefähr eine Woche dauern, bis man sich zurechtfinden könnte. Und Morton beruhigte mich: „Du machst das doch schon ganz gut. Bis Mitte der Woche kennst du dich aus.“

Drittens mußte ich lernen, wie der Abfall aus den herangekarrten Tonnen in die Presse zu kippen war und wie ich deren 12-t-Container so zu füllen hatte, daß er später rausgenommen, abgeladen und leer zurückgebracht werden konnte. Um die Mülltonnen zu leeren, mußte ich mit dem Stapler die kurze, enge Rampe zur Presse hinauffahren, gleichzeitig Gabel und Behälter hochwinden, dann oben auf der Rampe den Stapler anhalten, die Gabel nach vorne zum Container hin kippen, schließlich von meinem Sitz herunterklettern und, weil es keinen richtigen Mechanismus dafür gab, mit einem Holzscheit den Verschlußbügel der Entladungsklappe losschlagen, damit der Abfall in den Container rutschen konnte. Oft war der Inhalt der Mülltonnen ungleichmäßig aufgehäuft und kam nicht ins Rutschen, dann mußte ich mit eigener Kraft nachhelfen. Weitere Schwierigkeiten gab es, weil die Mülltonnen verschieden groß waren; weil der Gabelstapler, den ich fuhr, keine Handbremse hatte und deshalb auf der schrägen Rampe nur mit eingelegtem Gang abgestellt werden konnte; und weil auch der Zündschlüssel fehlte, so daß der Motor stattdessen mit einer Feile an- und abgestellt werden mußte, ein Notbehelf, der in den entscheidenden Momenten immer wieder versagte.

Viertens mußte ich lernen, die überall herumstehenden Regale mit den Kolbenringen zu umfahren. Die Regale kippten leicht um, die Kolbenringe bekamen schnell Dellen oder verbogen sich. Wurden sie zu sehr beschädigt, dann mußten sie wieder eingeschmolzen und neu gegossen werden – das konnte dann Tausende von Dollar kosten. Deshalb hatte ich an meinem ersten Arbeitstag am meisten Angst vor diesen Kolbenringen. Ich erinnere mich daran noch ganz genau. Der Gedanke, in so ein Regal reinzufahren, während ich sorgfältig den Gabelstapler rangierte, machte mich den ganzen Tag über nervös. Die Sorge um diese Kolbenringe hatte sich in mir so tief eingeprägt und war so überwältigend, daß ich mich um die Sicherheit der Fußgänger kaum kümmerte. „Du mußt halt hupen, dann gehen sie dir schon aus dem Weg“, hatten mir mehrere Kollegen gesagt. Ich hatte im wesentlichen bei meinem Job dafür zu sorgen, daß die Mülltonnen leer waren. In den sieben Monaten, die ich dort arbeitete, habe ich mindestens 3 000 Mülltonnen geleert. Und das ist schwieriger, als man meint. Ich will das Risiko in Kauf nehmen, Prügel zu beziehen, wenn ich den Arbeitsgang einmal beschreibe. Eine Mülltonne, die ich jeden Morgen leeren mußte, stand vor einem Gebäude auf der der Presse gegenüberliegenden Straßenseite. Um dahin zu kommen, fuhr ich mit einem leeren Austauschbehälter die Straße lang bis zum Haupttor; dort links an einem Kolbenlager vorbei und dann in eine engere Schneise ein, passierte die Werkstankstelle, ein weiteres Kolbenlager, und kam endlich zu einem der sieben oder acht großen Rolltore, durch die ich mit meinem Gabelstapler überhaupt fahren konnte. Weiter: Vor dem Tor in Gegenrichtung wenden; dann rückwärts hindurch; anschließend eine Vierteldrehung nach links, aber vorsichtig, um nicht an die Torpfosten zu knallen oder was immer noch im Weg rumstand; etwa 20 Meter rückwärts in einen engen Gang hinein, an dessen Seiten Regale mit Kolben völlig wackelig aufgestellt waren; Gabeln anheben, um herumliegenden Kolben auszuweichen; Gabeln herunterlassen, um die Lichtschranken für das Rolltor nicht aufzuspießen; rückwärts eine Rampe runter und in eine knappe Ecke links neben der vollen Tonne, die aufzuladen war; dann folgte eine schwierige Kehrtwendung in einen Seitengang, um dort den leeren Behälter abzustellen; jetzt wieder vorsichtig zurück, um nicht die acht Säulen und die Regale an beiden Seiten des Ganges umzufahren; eine scharfe Wende, um an den vollen Trichter heranzukommen; währenddessen die Gabel herunterlassen, um sie anschließend unter den vollen Behälter zu schieben; die Gabel kippen und wieder anheben, um den Behälter hochzunehmen; wieder zurück bis zu dem Wendeplatz; drehen und ein paar Meter den Gang entlang, den ich gekommen war; den vollen Behälter abstellen; den leeren Behälter holen; aufladen; dorthin zurück, wo er hingehörte; wenden und vorwärts, den leeren Behälter absetzen, rückwärts in die Ecke, immer hübsch vorsichtig; nach links zur Rampe und zur Eingangsschneise fahren; den vollen Behälter aufladen und weiterfahren; Gabeln rauf und runterlassen, um sowohl die Regale wie die Deckenlampen heil zu lassen; eine scharfe Kehrtwendung aus dem Rolltor hinaus; dann die Hauptfahrbahn mit dem beladenen Stapler entlang bis zum Haupttor; eine Linkswendung durch ein anderes Rolltor in das Gebäude hinein, wo die Müllpresse stand; den Hauptgang durch die Endkontrollabteilung entlang; links herum am Ende des Ganges; vorwärts weiter und durch ein weiteres Innenrolltor; eine scharfe Rechtswendung rein in den Müllpressenraum; die Rampe hoch bis vor die Müllpresse; Handschuhe anziehen; den Müllbehälter leeren; die Presse anstellen, bis das Material gepreßt in den Container geht; die Presse ausstellen; etwas chemikalische Salze in den leeren Behälter kippen, um den Müllgeruch zu entfernen; Handschuhe ausziehen; den Stapler anschmeißen und die Rampe runterfahren: und dann los zum nächsten Müllbehälter.

Dieser Arbeitsprozeß fand mit einigen Abweichungen, ungefähr zwanzigmal am Tag statt. Man brauchte durchschnittlich ungefähr zwanzig Minuten. In den ersten Tagen brauchte ich mehr als eine dreiviertel Stunde. Obwohl nicht alle Mülltonnen so verzwickt zu erreichen waren, so hatte doch jede ihre ganz speziellen Schwierigkeiten und erforderte einige Routine. Allerdings waren in der Tat einige Tonnen mindestens so kompliziert zu handhaben, wie ich es soeben beschrieben habe.

Ich kann es mir fast schenken, es noch zu erwähnen, aber an diesem ersten Tag fühlte ich mich total ausgelaugt und gehetzt. Ich konnte mich kaum zu den beiden zehnminütigen Pausen zwingen, die uns während der Arbeitszeit um 9.30 Uhr und um 14.30 Uhr zustanden. Während der halbstündigen, unbezahlten Mittagspause (ab 12.20 Uhr) hatte ich gar keinen Hunger. Bis dahin hatten wir erst sieben oder acht Müllbehälter auf- und abgeladen, und ich wußte, anschließend mußten wir noch die beiden Kantinen reinigen und die dann noch übriggebliebenen Müllcontainer leeren. Ich mußte mich richtig zwingen, die gesamte Mittagspause auszunutzen, von der ich 25 Minuten in einer der überfüllten, rauchigen Cafeterias verbrachte und die letzten fünf Minuten in der Wartungsabteilung, wo ein paar Kollegen einige hastige Kartenrunden spielten.

Nach dem Mittag fingen Morton und ich an, die leeren Kartons wegzuräumen und die sieben oder acht Abfalleimer sowie die Mülltonnen in jeder Cafeteria auszuwaschen. Obwohl die Cafeterias seit Samstag nicht mehr geputzt worden waren, war das Saubermachen dort nicht weiter unangenehm. Bei den Abfalleimern mußten die Einsätze herausgenommen werden und in die großen Mülltonnen ausgeleert werden. Alle vollen Müllbeutel, Kartons und Abfalleimer mußten in die Mülltonnen geleert werden, die draußen vor den Cafeterias standen. Beide Cafeterias mußten ausgefegt und sauber sein bis ungefähr 14 Uhr, wie Morton mir erklärte. Dann konnten wir uns daran machen, den Rest der noch wartenden Mülltonnen auf dem Werksgelände zu versorgen.

Der Nachmittag kam mir etwas leichter vor als der Vormittag, weil ich da schon ein Gefühl für die Arbeitsschritte entwickelt hatte. Einige Männer kamen auf mich zu, um ein paar Worte zu wechseln, einer von ihnen war mein Vorgänger. Er meinte, das wäre ein Job, in dem man nicht weiterkommen kann und den man auch schlecht wieder los wird. Seiner Meinung nach mußte man sein eigenes System und sein eigenes Tempo für diese Arbeit entwickeln. Kurz danach riet Morton mir, während der Arbeitszeit nicht zu viel mit anderen Kollegen zu sprechen, es sei denn, ich wäre meinem Zeitplan voraus.

Der Rest des Nachmittags verlief dann ganz angenehm. Es war heiß und ziemlich schwül, aber das störte mich nicht weiter. Ich trank viel Wasser und schwitzte. Während der letzten Stunden arbeitete ich meistens allein vor mich hin. Morton sagte mir nur noch, welche Behälter aufgeladen werden mußten. Immer wenn ich dann einen ausgekippt hatte, tauchte er von irgendwoher auf, um mir den Weg zum nächsten zu zeigen. Gegen 16 Uhr machten wir Schluß, und er fing an, unsere Zeitkarten auszufüllen. Die Arbeit endete offiziell um 16.20 Uhr. Aber nach 16 Uhr schlugen wir nur noch die Zeit tot, standen bei der Presse herum und unterhielten uns. Morton hatte vor fast einem Jahr auf dem Gabelstapler angefangen und sollte nun nach meiner Einarbeitung eine Stufe höher kommen und in der Maschinenwartung arbeiten. Ich bedankte mich bei Morton für seine Hilfe, aber ihm schien das peinlich zu sein. „Ich habe nur getan, was Sam mir aufgetragen hat", war sein Kommentar. Wir trennten uns kurz nach Feierabend, nachdem er mir noch einen freien Spind gezeigt hatte. Letzte Tat an meinem ersten Tag: in der Erste-Hilfe-Abteilung ein Paar Sicherheitsschuhe in Auftrag zu geben, die ich von meinem Lohn bezahlen mußte.

Alles in allem war es ein anstrengender, aber doch erträglicher Tag gewesen. Es hätte bedeutend schlimmer kommen können. Ich hatte beobachtet, wie Morton seine Arbeit hinkriegte: mit geringem Aufwand derart wirksam, daß er dem Zeitplan immer wieder voraus war und sich dann einige Minuten verdrücken konnte.

Am nächsten Tag fing ich an, wie in Zukunft üblich: nur montags von 8–16.30 Uhr, aber Dienstag bis freitags von 6–16.30 und samstags von 6–14.30 Uhr. Es sähe nicht so aus, als ob ich noch darüber hinaus arbeiten müßte, sagte mir Morton, da ja Überstunden doppelt bezahlt würden, und „die Firma nicht ausgerechnet einen Müllfahrer doppelt löhnen will". Gott sei Dank! 56 Stunden in der Woche waren mir mehr als genug.

Morgens um 6 Uhr anzufangen, fand ich gut, obwohl ich deshalb fünf Tage in der Woche um 4.40 Uhr aufstehen und das Haus verlassen mußte, ohne meine Frau und meinen Sohn gesehen zu haben. Es war noch kühl morgens zu dieser Zeit, das Werk war weitgehend leer und die Arbeit fiel noch leichter, als wenn schon soviel los war. Außerdem, wenn ich morgens in den ersten Stunden schon viel schaffte, hatte ich das Gefühl, den Tag gut zu überstehen. Bis 8 Uhr war es schon drückend heiß. Die Ventilatoren in den Hallen brachten etwas Lüftung, und es war auszuhalten, solange ich fuhr. Aber ich war sowieso viel zu sehr in meine Arbeit vertieft, als daß ich auf die Hitze achtgegeben hätte. Gegen 11 Uhr waren 5 Stunden herum, und ich sehnte die Mittagspause herbei, obwohl ich mit dem Fahrzeug inzwischen gut zurechtkam.

Sogar Morton bestätigte das. Ein Firmenfremder, der mich beim herumfahren beobachtete, sagte spontan zu mir: „Gute Arbeit." Das ging mir runter wie Honig.

Ich fand mich jedoch noch nicht so richtig in diesem Labyrinth zurecht. Als ich noch etwas Zeit hatte, über meine Arbeit nachzudenken, überlegte ich mir, wieso wir die Mülltonnen an den engsten Stellen nicht am frühen Morgen bearbeiteten, solange nicht alle Maschinisten, Lastwagenfahrer und andere Gabelstaplerfahrer unterwegs waren. Dieser Gedanke war der Beginn meiner eigenen Arbeitseinteilung. Aber das wurde mir erst später klar.

Ich verbrachte meine Mittagszeit mit einem dieser muskulösen jungen Schwarzen, der mit mir gemeinsam die körperliche Untersuchung hatte über sich ergehen lassen. Er kam aus Alabama, und wir unterhielten uns über die Unterschiede zwischen dem Norden und Süden, den er weniger gewalttätig fand. Nach dem Essen rief mich Marbles, einer von der Gewerkschaft, der als Pförtner arbeitete, an seinen Tisch und sagte mir, daß mein Vertrauensmann am 20. dieses Monats zu mir kommen würde, um mich in die Gewerkschaft aufzunehmen. Ich sagte o.k., obwohl mein Pausenkumpan mir abriet. Er hatte keine Lust, 25 Dollar Aufnahmegebühr und monatlich 8,50 Dollar Mitgliedsbeitrag auszugeben.

Gegen 3 Uhr war unser Container an der Müllpresse so voll, daß wir keinen weiteren Müll mehr in die Presse kippen konnten. Danach fuhren wir nur so ein bißchen herum und setzten uns dann draußen auf die Bänke, die an der Fahrbahn standen, mit noch einigen Kollegen, die ebenfalls in der Hitze darauf warteten, daß dieser Arbeitstag zu Ende ging. Für viele war die Arbeit schon vor der Zeit getan, und die Männer saßen und standen herum, plauderten und achteten von Zeit zu Zeit darauf, ob ihr Meister kam.

Während wir so saßen, kam ein mir unbekannter Mann und sagte mir freundlich, daß ich die Gabeln meines Fahrzeugs nicht richtig runtergelassen hätte. Ich ging hin und tat es. Als Morton dazu kam, pflaumten ihn die anderen Kollegen an, daß er mir hätte sagen müssen, wie leicht man über die halbhohen Gabeln stolpern kann. „Wieso", meinte Morton, „das habe ich ihm doch gesagt". Ich konnte mich daran nicht erinnern, hakte nach, aber er blieb dabei. Ich sagte nichts mehr dazu, begriff aber, daß Morton eben nie einen Fehler macht.

Der nächste Tag war ebenfalls ein sehr heißer Tag mit Temperaturen so um 33°. An diesem Morgen begann ich, mir die Route, die Zufahrtswege und die Extratücken jedes Abfallbehälters einzeln aufzuschreiben – ohne Zweifel eine intellektuelle Methode, die Arbeit anzupacken. Ein paarmal fuhr ich mich mit dem Stapler fest, kam nicht vor und nicht zurück, dann ärgerte ich mich über mich selber und mußte Morton um Hilfe bitten. Oft war ich auch wütend über irgendwelche „andere", die die Kolbenringe mitten im Gang liegen ließen und dann so taten, als ob sie von nichts wüßten. Manchmal hätte ich am liebsten total frustriert die Arbeit hingeschmissen. Morton konnte anscheinend den Stapler überallhin manövrieren. Ich konnte das nicht. Für mich war es häufig Zeit und Mühe wert, wenn ich, bevor ich losfuhr, den Weg erstmal abcheckte. So lernte ich mögliche Hindernisse aus dem Weg räumen und hatte dann eine weitgehend unbehelligte Zu- und Abfahrt. Das Regalrücken war nervenaufreibend genug, und wenn ich sie von den Fahrern umstellen lassen wollte, waren die natürlich nicht begeistert, weil sie schließlich ihre eigene Arbeit hatten.

An dem Morgen, wie an so manchem anderen, ging mir alles schief. Zuerst schmiß ich einige Kolbenringe runter. Die Kolben lagen nicht da, wo sie liegen sollten, aber Morton hatte gerade geschrien „paß auf", als ich schon mit dem linken Hinterrad an das Regal dotzte, auf dem die Kolbenringe aufgestapelt waren. Morton war ärgerlich, aber nach meinem ersten Schrecken war ich ein bißchen erleichtert, weil ich ja den Zorn der Götter erwartet hatte nach all diesem Getue, das jedermann um die zerbrechlichen Ringe gemacht hatte. Wir hoben sie auf, anscheinend unbeschädigt, und räumten den Rest aus dem Weg. Pflichtbewußt meldete ich Sam den Vorfall, der die Sache gelassen hinnahm.

Kurz danach fuhr ich durch das Rolltor, das zur Müllpresse führte – und auf einmal rasselte die Metalltür herunter und krachte auf das Schutzgestell über meinem Sitz. Offensichtlich hatte sich der herabhängende Kettenzug in den beiden Gabeln verheddert, so daß ich beim Weiterfahren an der Kette ruckte. Glücklicherweise hatte sich die Tür nicht verkeilt, und mit ein wenig Hilfe von Kollegen konnte ich die Gabeln freimachen, nachdem wir die Tür wieder hochgezogen hatten. Ich überlegte mir, ob ich nicht besser einen Plastikschutz über die Gabeln legen sollte, damit mir das nicht wieder passierte.

Gleich darauf flog mir bei einer scharfen Kehrtwendung der Müllcontainer, den ich geladen hatte, von der Gabel. Ich war zu Tode erschrocken bei dem Gedanken, daß irgendjemand ja ernsthaft hätte verletzt werden können oder irgendetwas schwer beschädigt. Ich hatte nicht daran gedacht, die Gabeln schräg zu stellen, um einem Übergewicht des Containers beim Wenden vorzubeugen. Ich nahm mir vor, in Zukunft vorsichtiger zu sein.

Zur Mittagszeit hatte ich mich von dem Schrecken etwas erholt, und nach der Pause arbeitete ich schneller, reibungsloser und rationeller weiter. Der Nachmittag verging schnell. Gegen Feierabend hatte ich 22 Behälter ausgeleert, das war so der Durchschnitt an einem Tag. Wenn ich 40 Behälter in die Presse ausgeleert hatte, mußte ich Sam Bescheid sagen, der dann wiederum Robb Tyler Inc., den Containerdienst, anrief. Die schickten dann einen Lastwagen, der den Container auflud, leerte und wieder zurückbrachte.

In diesen ersten Tagen war alles neu für mich, jede einzelne körperliche Aufgabe, die Handarbeit, meine Rolle als Müllfahrer – einfach alles. Meine Reaktionen auf diese Aspekte des Jobs waren intensiv. Mit jeder Mülltonne, die ich leerte, kam ich mir fühlbar vollkommener vor und wuchs das Gefühl, den Job zu beherrschen. Weit davon entfernt, mich zu plagen, machte mir die körperliche Arbeit Vergnügen, und ich freute mich darüber, nach so vielen Jahren wieder ein Bewußtsein für meinen Körper zu kriegen. Deshalb mochte ich auch nicht irgendwo herumstehen und so tun, als hätte ich gerade viel zu viel Arbeit. Ich beschloß sogar, Mortons Zeitplan so zu modifizieren, daß ich mehr Zeit hatte, meine Arbeit sorgfältiger und ordentlicher zu machen. Weil es eine neue und nicht dauerhafte Lebenserfahrung war, machte mir diese Arbeit Spaß, ungeachtet der Frustrationen, der Ängste und des Zeitaufwandes. Aber das sein Leben lang zu tun, bedeutete, soviel war mir klar, das eigene Leben nach Müllcontainern zu bemessen, und das schien mir in diesen Tagen noch unvorstellbar.

An meinem zweiten Arbeitstag hatte ich ein paar ganz einfache Sachen über den Gabelstapler gelernt: wieviel Luft auf die Reifen muß, die jeweils über Nacht immer wieder platt wurden, wo und wie ich den Gabelstapler auftanken mußte. Ich sollte bald den regulären Gabelstapler wieder bekommen, weil der kleiner war, und vermutlich leichter zu handhaben, eine Handbremse und ein automatisches Getriebe hatte. Aber im Rückblick tut es mir nicht leid, daß ich auf dem schwerfälligen, älteren Gabelstapler gelernt habe. Das machte ungefähr so einen Unterschied, als wenn ich beim Baseball zuerst mit einem schweren, bleigefüllten Schläger spielen mußte und anschließend mit einem regulären Schlagholz. So etwa fühlte ich mich, als ich vom 116-er zum regulären Gabelstapler überwechselte, der in der Tat sehr viel leichter zu handhaben war.

Vom vierten Tag an verließ ich mich mehr auf meine eigenen Notizen als auf Morton, was die Route und Einzelheiten über jeden Container anging. Weil ich nicht mehr so sehr auf seine Hilfe angewiesen war, konnten wir mehr über die Arbeit bei Blancs sprechen. Morton erzählte mir, daß die Gewerkschaft lausig wäre

– „völlig auf der Seite der Firma“, sagte er. Die Gewerkschaftsversammlungen, die einmal im Monat sonntagvormittags stattfanden, bezeichnete er als „große Scheiße“. Es hatte einen kurzen Streik im letzten November gegeben, und es könnte noch in diesem Jahr zu einem weiteren kommen. Warum die Gewerkschaft so hinter mir und meinem Beitritt her war, erklärte er so: wenn ich noch während meiner zweimonatigen Probezeit gefeuert werden würde, dann hätte sie bereits ihr Geld aus mir herausgeholt.

Kurze Zeit später am selben Tag schickte Sam uns los, um einen leeren Müllbehälter zu holen. Den sollten wir zu einigen Männern rüberbringen, die Straßenabfall zusammenfegten. Wir sollten warten, bis er voll war, und ihn dann ausleeren. Zuerst nahm ich diese Unterbrechung meiner Arbeit übel, weil ich mich für meine Arbeit verantwortlich fühlte. Morton jedoch schien diese Unterbrechung überhaupt nichts auszumachen. Für ihn war Arbeitszeit eben Arbeitszeit. Und er wußte eben besser als ich, daß unser Meister natürlich unser Boß war: was Sam sagte, wurde gemacht, und so lange wir Sams Befehle ausführten, konnte uns nichts passieren.

Auch der Freitag verlief ziemlich ruhig. Die einzig erwähnenswerten Ereignisse waren, daß Morton mir den Schlüssel für die Müllpresse im Beisein von Sam aushändigen wollte, um die Übergabe in meine Verantwortlichkeit offiziell zu machen; und daß ich Sam mitteilte, daß der große Müllcontainer von der Chrom-Abteilung sehr schwierig zu leeren wäre. Morton hatte auch Schwierigkeiten mit diesem Behälter gehabt, aber er hatte sich nie beschwert. Er war der Meinung, daß das nur an dem großen Gabelstapler liegt und daß es wieder anders wäre, wenn wir den regulären Stapler wieder hätten. Aber ich hatte in der Zwischenzeit Angst, mich beim Leeren des Containers zu verletzten. Sam reagierte auf meine Beschwerde so, daß er Morton allein zu sich rief und ihn bequatschte. Morton unterstützte mich offensichtlich nicht. Er sagte natürlich, daß er es immer geschafft hätte, den Container zu leeren. Daraufhin holte Sam mich rein und fragte: „Wie kommt es denn eigentlich, daß Morton den Container ausleeren kann und Sie nicht?“ Er wollte dann den Müllcontainer am nächsten Tag selber begutachten. Ich sagte zu Morton, daß er mich ja wohl hätte unterstützen müssen, nannte ihn ein „Arschloch“ und war sauer auf ihn für den Rest des Tages.

Am Samstag mußte ich alle Müllbehälter statt in den üblichen 10, in acht Stunden leeren. Glücklicherweise bot Morton mir an, mit einem anderen Gabelstapler auszuhelfen. Die fünf oder sechs Mülltonnen, die er ganz gemütliche leerte, verringerten meine Arbeit beträchtlich. Es schien ihm leid zu tun, daß er mich am Tag zuvor so im Stich gelassen hatte, und so hatten wir einen ganz guten Tag miteinander. Zur Mittagszeit stellte er mich ganz offiziell den Leitern der beiden Kantinen vor. Als ich mit ihm rausging, erzählte er mir zum erstenmal, daß ich Mittagessen und die anderen Pausenmahlzeiten umsonst bekäme, – die Vergünstigungen des Müllfahrers. Er griff sich auch die Spitzhacke und klopfte den hartgewordenen Zement los, der sich auf dem Boden des übelriechenden Müllcontainers aus der Chromabteilung festgesetzt hatte und der es so schwierig machte, ihn auszuleeren.

Morton kannte seine Arbeit gut. Obwohl er seine Vorstellungen oder sogar Anweisungen überhaupt nicht klar ausdrückte, brachte er mir doch bei, wie die Routinearbeiten zu erledigen waren und wie man mit besonderen Problemen fertigwerden konnte, die immer mal wieder auftraten. Er gab mir auch den mehr allgemeinen Ratschlag, keine Arbeit zu übernehmen, die nicht zu meinem Aufgabenbereich gehörte. Wenn ich das nämlich anfinge, würde mich bald jeder nach Kräften ausnutzen. Morton war mein einziger Lehrer, und er unterrichtete mich gut, in erster Linie eben durch die Praxis, indem ich die Arbeit tat. Aber mit Problemen, die nicht schon in dieser ersten Woche bei der Arbeit aufgetreten waren, würde ich in Zukunft nicht umzugehen wissen. Soviel war mir klar.

Mit dieser Gewißheit redete ich Morton am Samstag zu, Sam gegenüber zu erwähnen, daß der Gabelstapler an Schwung verlor. Als ich das das erstemal bemerkte, fragte ich mich, woran das liegen könnte. Ich verstand überhaupt nichts von Maschinen, aber ich wollte dieses totale Unverständnis nicht gerade vor meinem Meister ausbreiten. Auf der anderen Seite wollte ich auch nicht einfach warten, bis der Gabelstapler völlig seinen Geist aufgab, wenn es vielleicht nur eine kleine Sache war, die schnell erledigt werden konnte. Es konnte ja auch sein, daß ich den Gabelstapler falsch bedient hatte, vielleicht hatte ich ihn zu niedrigtourig gefahren oder so. Aber ich kam dann mit Morton überein, daß das nicht der Fall sein könnte. Mich beunruhigte die Vorstellung, am Montag hier wieder einzutrudeln, dann mehr oder weniger auf mich selbst gestellt zu sein und einen Gabelstapler vorzufinden, der keinen Mucks mehr machte. Deshalb hielt ich, kurz nachdem Morton die Sache Sam gegenüber erwähnt hatte, vor Sams Büro und erzählte ihm, daß wir Schwierigkeiten mit dem Fahrzeug hätten. Sam antwortete lässig, daß wir wohl mit allem Schwierigkeiten hätten, so als ob ihn das Problem mit dem Gabelstapler überhaupt nichts anginge. Aus seiner Perspektive gab es sicher drängendere Pannen und Verantwortlichkeiten, aber aus meiner Sicht des neuen und unerfahrenen Arbeiters war nichts dringlicher als ein funktionierender Gabelstapler. Aber meine Bedürfnisse waren ganz klar denjenigen meines Meisters untergeordnet. An dem Tag begann ich zu argwöhnen, daß Reparaturen an dem Fahrzeug erst dann gemacht würden, wenn es überhaupt nicht mehr funktionierte. Die Sorgen darüber verließen mich das ganze Wochenende über nicht.

Das Wochenende begann Samstags nachmittags um 3 Uhr, wenn ich von der Arbeit nach Hause kam. Es ging vorüber wie nichts, ohne daß ich richtig Zeit hatte, mich zu erholen, aus dem Trott rauszukommen. Das verstärkte nur noch den überwältigenden Eindruck des Alltags. 56 Arbeitsstunden pro Woche, plus 3 Stunden unbezahlter Mittagspause, plus täglich 50 Minuten Fahrzeit und eine weitere halbe Stunde für das tägliche Baden nach der Arbeit – das machte jede Woche 67 Stunden, die für die Arbeit draufgingen. Ich mußte zwei Stunden früher aufstehen als meine Frau und das an fünf Tagen in der Woche, verließ das Haus, ohne sie oder meinen Sohn gesehen zu haben. Wenn ich dann nach Hause kam, mich badete und eine halbe Stunde lang die Tagesnotizen tippte, war ich nach dem Abendessen zu müde, um noch irgendetwas anderes zu machen als in die Röhre zu gucken bis halb neun oder neun. Dann schlief ich meistens ein.

So konnte man wahrhaftig keine Ehe und kein Familienleben führen. Außer in den Supermärkten, die zu jeder Tages- und Nachtzeit geöffnet sind, konnte ich keine Besorgungen mehr machen, konnte nicht zum Arzt gehen oder irgendetwas anderes tun. Ich sah mich außerstande und hatte auch keine Lust mehr, Zeitungen zu lesen, obwohl ich seit Jahren jeden Tag an die „New York Times" gewöhnt war. Ich fühlte mich zerrissen, diese wenigen wertvollen Stunden des Wachseins mit meinem Sohn oder mit meiner Frau oder mit mir allein zu verbringen. Ich sah mich gezwungen wie Millionen anderer amerikanischer Arbeiter auch, mit einer drastisch beschränkten und komprimierten Freizeit zu leben. Ich mußte mir die Augenblicke der persönlichen Befriedigung förmlich von der Zeit rauben, die ich nicht an andere verkauft hatte. Und meine Familie hatte schwer damit zu kämpfen, sich mit einer Situation zurechtzufinden, die immer mehr drohte, mich zu einem abwesenden Vater und zu einem abwesenden Ehemann zu machen.

Nach dem verkürzten Wochenende fing die zweite Arbeitswoche wie erwartet an. Der Gabelstapler war hinüber. Und das war nur der Anfang einer Woche, die für mich zu einer der schlimmsten wurde. Ich schlug die Zeit tot, bis der Gabelstapler von den Mechanikern der Firma repariert war; ich wanderte herum, sah mir die Müllbehälter an und fragte mich, wann ich wohl endlich mit der Arbeit anfangen könnte. Bei der Frühstückspause sprach ich mit einem schwarzen Arbeiter mittleren Alters, der schon ein paar Jahre bei der Firma war. Er war sauer und unzufrieden mit seinem Los und sagte, Überstunden wären die einzige Möglichkeit, die Arbeit zu schaffen, mit 40 Stunden käme er nie hin. Deshalb hätte er bisher auch bei jeder passenden Gelegenheit für einen Streik gestimmt und hoffte, daß wir in diesem Jahr nochmal streiken würden.

Um halb elf konnte ich mit der Arbeit anfangen. Ich arbeitete den ganzen Tag selbständig vor mich hin. Außer diesem Ausfall passierte nichts mehr. Die Arbeit ging ganz gut. Ich leerte ungefähr siebzehn Tonnen, was angemessen ist für einen Montag, dem gemütlichsten Tag der Woche, was den Müll angeht.

Der Dienstag fing trügerisch gut an. Aber als ich durch das Rolltor bei der Müllpressenhalle fuhr, muß sich der Kettenzug abermals irgendwie im Gabelstapler verhakt haben. Die Tür krachte wieder auf das Schutzgestänge über meinem Sitz, aber diesmal war alles bös blockiert und verklemmt. Ich versuchte, sie loszukriegen, aber trotz der freundlichen Hilfe des betreffenden Meisters klappte das nicht. Ich rief dann Sam an, um es ihm zu berichten, und er reagierte wie ein Mistkerl: „Wie erklärst du es dir eigentlich, daß alles sowas passiert, seitdem du da bist?“ Dazu fiel mir dann absolut nichts ein, sondern ich konnte ihm nur beteuern, daß ich an dieser verklemmten Tür keine Schuld hätte. Aber mitten im Satz hängte er ein. Ich ging rüber in sein Büro, um mit ihm zu reden, wo er mich sitzen und lange warten ließ, sich mit anderen Sachen beschäftigte und nur ab und an zwischendurch mit mir sprach. Ich sagte ihm, daß ich meine Arbeit täte und weder faul noch besonders schwach wäre. „Und was ist mit dem Müllcontainer aus der Chromabteilung?“, gab er mir zurück, „Morton ist schon seit einem Jahr da und hat sich niemals beschwert“, und dann forderte er mich knallhart auf: „Wenn dir die Arbeit nicht paßt, dann sag es mir gefälligst jetzt.“ Ich fühlte mich ungerecht behandelt, weil er mir zwei Sachen in die Schuhe schob, für die ich nichts konnte. Mir fiel nichts Besseres ein, als mich mit Morton rauszureden. Ich wurde ausfallend gegen Morton, der gar nicht da war, und das war blöd und unfair. Ich sagte: „Morton ist dümmer als die Polizei erlaubt.“ Das machte Sam noch wütender, und er entgegnete: „Er hat aber immer gut für mich gearbeitet.“ Ich nahm das dann zurück und gab zu, daß Morton mir wirklich gut gezeigt hätte, wie die Arbeit läuft, aber ich müßte eben den alten, schweren Gabelstapler fahren. „Viele der Mülltonnen und Container lassen sich schwer leeren, und ich habe mich nicht beschwert. Der Container aus der Chromabteilung ist aber zu unhandlich und deshalb ein Sicherheitsrisiko.“

Sam gab zu, daß die Müllbehälter, sobald sie unsachgemäß gefüllt sind, ganz schwer zu kippen sind. Ich antwortete ihm: „Das weiß ich wohl. Aber mit dem Container aus der Chromabteilung ist das noch was anderes.“ Dann schob er diesen Punkt beiseite und fragte mich: „Was ist denn mit diesem Gabelstapler? Kommt er nicht richtig in Gang? Wahrscheinlich rutscht die Kupplung durch.“ Wieder schien er mich zu tadeln. Ich war skeptisch und gleichzeitig wütend: „Kannst du mir mal erzählen, wie ich in nur sechs Tagen diesen alten Karren ruiniert haben soll“? Er antwortete darauf, daß die Maschine wohl im Leerlauf zu schnell wäre, und daß ich deshalb wahrscheinlich mehr kuppeln müßte, als ich eigentlich sollte: „Du hättest mir das sagen müssen mit dem Leerlauf.“ Ich antwortete ihm, daß ich niemals vorher einen Gabelstapler gefahren hatte und mich auf andere Dinge in der ersten Woche konzentrieren mußte. Aber er blieb dabei: „Du bist schon Auto gefahren und Moped und müßtest es eigentlich wissen“, und so ging es weiter hin und her.

Sam beendete dieses Gespräch endlich, indem er mir klarmachte, daß er herausfinden würde, warum das alles passiert war. Er wies meinen Vorwurf des Sarkasmus zurück. Ich sagte ihm: „Wenn du irgendjemanden fragst, warum das alles jetzt passiert ist, seitdem ich da bin, dann kann da niemand drauf antworten. Das ist keine Frage.“ Mich kotzte das alles ziemlich an, zeigte es aber nur halb. Warum, so fragte ich mich, wollte er unbedingt mir die Schuld an diesen Vorfällen geben? Und war es wirklich wahr, daß alle diese Mißgeschicke erst angefangen hatten, seit ich da war?

Egal, ich war deprimiert für den Rest des Tages. Sam schickte einen Mann rüber, um den Kettenzug zu lösen, und der sagte mir, daß der Gabelstapler, den ich fuhr, höher war als die anderen und daß deshalb die Leine hängengeblieben war. Um Wiederholungsfälle zu vermeiden, hängte er die Kette höher. Etwas später am selben Tag wurde auch noch der Müllcontainer abgeholt, was mich wiederum Zeit kostete.

Diese Vorfälle im Zusammenhang mit Sams Ärger drückten meine Stimmung. Trotzdem merkte ich, daß ich unabhängig von solchen Unterbrechungen die Arbeit in der angemessenen Zeit schaffen konnte. Das war also nicht das Hauptproblem. Die größte Schwierigkeit schien zu sein, solche endlosen Folgen von Unterbrechungen psychisch zu verkraften. Viele dieser Zwischenfälle lagen außerhalb meiner Kontrolle: Ausfälle des Fahrzeugs, zusätzliche Arbeit, Zwangspausen, Behinderungen. Und keinem konnte man richtig die Schuld geben, auch mir nicht. So läuft das also, stellte ich bei mir selber fest. Kaum dachte ich, ich hab's drauf, ging schon wieder etwas schief. Und immer, wenn ich gerade Probleme hatte, war der Meister zu beschäftigt, um sich damit auseinanderzusetzen, obwohl es seine Aufgabe gewesen wäre. Aber er war nicht zu beschäftigt, um sich die Geschichte zu merken und sie später gegen mich zu verwenden.

Im Laufe des Tages versuchte ich herauszukriegen, an welchen Schwierigkeiten ich selber schuld war. Ich hatte sicher z. B. marginal dazu beigetragen, daß die Kupplung kaputtging. Ich hatte wohl auch die Neigung, mich mehr zu beschweren als andere. Wahrscheinlich wollte ich immer eine Extrawurst gebraten haben, indem ich mich über die Arbeit so oft beschwerte. Ich beschloß, mich selbst zu disziplinieren, mich ruhig zu verhalten und bescheidener zu sein. Als ich über diese Probleme mit einem Kollegen sprach, machte der mir nochmal in aller Deutlichkeit klar, daß ich überhaupt keine Rechte während der Probezeit hätte und daß auf der anderen Seite mein Meister mir immerhin noch keine Verwarnung gegeben hätte. Ich bewegte mich auf dünnem Eise während dieser 60-tägigen Probezeit, und als ich an dem Abend nach Hause kam, meinten Elinor und ich, ich sollte es eben ruhig drauf ankommen lassen, gefeuert zu werden.

Der nächste Tag war eine Atempause. Es gab nur wenige Probleme. Die Arbeit lief gut von der Hand. Um elf Uhr hatte ich mein Morgenpensum fast erledigt und vertrödelte ein wenig Zeit, was mir in diesen ersten Wochen noch schwer fiel. Ausgerechnet bei meinen letzten Wendemanövern vor der Mittagspause fuhr ich leicht gegen eine Mauer, die eigentlich so aussah wie alle anderen, bis eine Frau herauskam, die mir erklärte, daß auf der anderen Seite der Mauer Kolbenringe auf Nägeln hingen. Ich wurde wieder daran erinnert, daß man einfach nicht wissen kann, woher die Probleme plötzlich kommen. Stete Aufmerksamkeit ist nötig, aber die Arbeit muß so routiniert getan werden, daß diese Wachsamkeit schwer beizubehalten ist.

Im Laufe des Tages sprach ich mit zwei Kollegen. Einer, ein junger Gewerkschafter, warnte mich, daß ich vor bestimmten Arbeitern wie z. B. Marbles auf der Hut sein müßte. Marbles war der Betriebsrat, der mich schon mal aufgesucht hatte. „Diese Typen", meinte er, „spionieren für die Firma". Der andere gab mir einen Rat, als ich über meine Probleme mit Sam sprach, den ich immer und immer wieder zu hören bekam: nämlich alle Meister geflissentlich zu meiden. Dieser Mann stellte fest: „Sam will immer wieder seine Macht und Autorität ausprobieren, ob nun der Arbeiter im Recht ist oder nicht." Teils aufgrund meiner eigenen Erfahrung und teils, weil ich gespannt auf die Antwort war, fragte ich: „Was wollen sie denn noch von uns? Etwa unser Blut?" „Sie wollen alles", war die Antwort.

Sie und Wir. Was immer auch die Beziehungen zwischen Management und Arbeiter sein mögen, mir wurde so klar wie nie zuvor, daß sie wirklich gegen uns handelten. Es gab *Sie*, und es gab *Uns*. Und in der Mitte meiner zweiten Arbeitswoche merkte ich, daß viele meiner Kollegen diese Spaltung der Arbeitswelt ganz genauso sahen.

Am nächsten Morgen war ich fest entschlossen, so gut zu arbeiten, daß mein Meister mich überhaupt nicht bemerken sollte. Nachdem ich drei Behälter geleert hatte, fuhr ich rüber in das Ersatzteillager. Ich hatte da den Müllkasten schon vor den Gabeln, als mir einer der Männer sagte, die in der Nähe ihre Frühstückspause verbrachten, daß an meinem linken Vorderrad die Schrauben fehlten. Ich stieg vom Gabelstapler herunter mit einem sehr lauen Gefühl im Magen. Alle sechs Muttern waren weg. Ein anderer meinte, sie wären wohl gestohlen worden, ein dritter überlegte, ob nicht der Mechaniker, der das Rad angebracht hatte, einfach vergessen hätte, die Schrauben wieder anzuschrauben. Ein vierter hielt das sogar für Sabotage, vielleicht sogar direkt gegen mich. Auf jeden Fall war der Gabelstapler ein Sicherheitsrisiko und konnte nicht gefahren werden.

Ich fürchtete mich davor, es Sam zu sagen, der so gegen 7.40 Uhr kommen würde. Auf den Vorschlag von einem der Arbeiter ging ich den Weg nochmal zurück, um nach den Schrauben zu suchen. Ich fand auch zwei oder drei, und die waren ganz offensichtlich von dem fahrenden Gabelstapler abgesprungen. Der zuständige Mechaniker gab mir noch ein paar dazu, obwohl er nicht glaubte, daß sie passen würden. Sie paßten auch nicht. So hatte ich keine Alternative mehr.

Als Sam kam, ging ich rüber in sein Büro und erzählte es ihm. Er drehte sich um, ohne einen Ton zu sagen und ging weg. Später, als ich mit einem der Mechaniker sprach, hörte ich, daß Sam mich wieder für das Problem verantwortlich gemacht hatte. Ich wäre wohl zu schnell gefahren und würde die alte Maschine zu hart rannehmen, was beides nicht stimmte und geradezu lächerliche Erklärungen für das Verschwinden der Schrauben waren. Sam wollte offensichtlich jemandem die Schuld zuschieben. Tatsache war aber, daß der Gabelstapler nicht anständig gewartet worden und in einer lausigen Verfassung war.

Aber ich wußte andererseits auch, daß ich nicht ganz frei von Schuld war. Früh an dem Morgen, als ich gerade eine Mülltonne aufgeladen hatte, hatte ich so ein Geräusch gehört, als ob etwas Metallenes auf den Boden fällt. Ich hatte dieses Geräusch nicht beachtet, weil ich annahm, daß ich über ein Stück Metall gefahren war. Dann, als ich rund um die Mülltonne aufräumte, sah ich zwei große Schrauben rumliegen und überlegte mir, daß die wohl das Geräusch verursacht hätten. Ich hatte mir dann weiter keine Gedanken darüber gemacht, und die Dinger in den Müll geschmissen. Wenn ich mehr Erfahrung mit Maschinen gehabt hätte, hätte ich gewußt, was das für Schrauben sind, und hätte meine Räder inspiziert. Ich brauche wohl nicht extra zu sagen, daß ich das weder Sam noch irgendeinem anderen erzählt habe. Aber wie können sich überhaupt sechs Muttern gleichzeitig lösen? Dafür konnte ich doch nun wirklich nichts.

Aber Selbstgerechtigkeit half mir an diesem Tage auch nicht weiter. Es wurde immer schlimmer. Zunächst stellte sich heraus, daß die Vorderradfelge beschädigt war und nicht wieder repariert werden konnte, weil das Loch für die Radnabenbolzen vergrößert war. Einer der Mechaniker versicherte mir, daß diese Geschichte nicht plötzlich passiert sein könnte und daß die Schrauben sich langsam gelöst haben müßten. Ich mußte erst auf einen werksfremden Spezialisten warten. Als er endlich kam, war sein erster Kommentar: „Ist ja nicht mehr viel übrig vom Rad.“ Aber damit hatte er wohl den Zustand unseres gesamten Maschinenparks im Auge. Später, kurz nachdem mein Gabelstapler wieder lief, brach ein anderer zusammen.

Ich mußte den Rest des Tages also so rumbringen. Es war gar nicht so einfach, bei der Arbeit nicht zu arbeiten. Ich trödelte auf dem Werksgelände herum, und da ich viele der Arbeiter nicht kannte, fühlte ich mich so ausgestoßen wie ein Aussätziger. Ich machte mir erneut Sorgen, daß sie mich feuern würden. Als dann mein Abteilungsleiter, Ron Merritt, mich zu sich rief, dachte ich: „Jetzt ist es soweit.“ Aber es war noch nicht so weit. Er wollte nur wissen, ob ein Schlüsselbund, der gefunden worden war, mir gehörte. Es war meiner. Ich bedankte mich und faßte sofort das Verlieren der Schlüssel als symptomatisch für meine Desorientierung auf.

Das einzig Gute an diesem „arbeitsfreien“ Tag war, daß ich mehr mit anderen Arbeitern sprechen konnte. Da ich mich mies fühlte, sehnte ich mich nach ihrer Sympathie und ihrem Rat. Mehrere beruhigten mich: „Sam kann dich nicht für die Schrauben verantwortlich machen“, aber mein Eindruck war, daß er es tat, und das machte mich ganz unsicher. Denn ein bißchen fühlte ich mich schon mitverantwortlich für die verlorenen Muttern, also unfähig und angreifbar. Und gerade in dieser Situation kam auch meine Angst hoch, als Schwindler entlarvt zu werden. Wenn ich in der Vergangenheit Schwierigkeiten mit Autoritäten hatte, die ihre Macht ausspielen konnten, so hatte ich mich auf meine Kompetenzen und meine Fähigkeiten und auf meine Unabhängigkeit verlassen können. Bei diesem Job war ich sehr abhängig von Faktoren, die außerhalb meiner Reichweite lagen und oft noch jenseits meines Verständnisses und meines Fassungsvermögens.

Die Probleme, mit Machtträgern umzugehen, hatte offenbar nicht nur ich. Ein Arbeiter, der schon mehr als fünf Jahre bei der Firma war, sagte, er hätte ungefähr drei Jahre lang Ärger mit Sam gehabt, bis er sich schlicht und einfach dazu entschloß, immer das zu tun, was Sam will. „Wenn Sam sagt, spring vom Dach, dann tu ich das", meinte er, „weil ich dafür bezahlt werde, Sam zu gehorchen".

Darüber hinaus schien die Demoralisierung, die mich schon nach neun Tagen Arbeit überkam, weit um sich gegriffen zu haben. Am selben Tag gab es nämlich eine Diskussion über die Arbeitsbedingungen, an der mehrere Leute teilnahmen, und da meinte ein Kollege, der schon mehr als zwanzig Jahre bei der Firma war: „Das sind genau zwanzig Jahre zuviel, aber jetzt ist es zu spät, noch etwas anderes zu machen." Über den Zustand der Maschinen sagte er: „Die ganze Zeit, in der ich bei der Firma bin, habe ich nur wenige Gabelstapler gesehen, die die Firma neu angeschafft hat. Stattdessen kaufen sie lieber gebrauchte Gabelstapler – und dann bekommt die Wartungsabteilung auch noch die abgelegten, ausrangierten Maschinen aus den anderen Abteilungen!" Zu der totalen Überfüllung meinte er: „Immer wenn die Firma expandiert hat, sind die räumlichen Zustände eher noch schlimmer geworden als vorher."

Diese Diskussion verstärkte langsam einen Verdacht, der von Tag zu Tag größer wurde. Bei den vorherrschenden Bedingungen ist es nicht in erster Linie wichtig, seine Arbeit gut zu machen. Sondern: Tu, was man dir sagt. Durchzukommen, das zählt, und das ist in der Tat das Wichtigste für die meisten Arbeiter. Im Gegenteil, wenn man versucht, seine Arbeit gut zu tun, ist man viel zu frustriert, und diese Mühe wird einem noch nicht einmal gedankt. Bringe deine Stunden herum! Engagier dich nicht zu sehr bei deiner Arbeit! Und versuche, die Arbeitswelt hinter dir zu lassen, sobald du aus dem Fabriktor trittst.

Das Ärgerliche ist nur der nächste Tag, der unweigerlich immer wieder bevorsteht. Und mein nächster Tag begann so, wie der vorige geendet hatte. Mein Gabelstapler war immer noch nicht repariert worden und keiner wußte, wann er wieder fahrtüchtig sein würde. Ich ging meine Strecke ab und überlegte mir, welche Mülltonnen ich zuerst leeren würde, und wartete dabei auf den Augenblick, an dem man mir meine Kündigung überreichen würde.

Um halb neun wurde ich von Sam ausgerufen und angewiesen, einen gemieteten Gabelstapler zu nehmen. Als ich fragte, ob mir nicht jemand zeigen könnte, wie das Ding bedient wird, zeigte Sam es mir selber, witzelte dabei etwas herum und meinte, ich hätte eben am Tag davor den Müll auf dem Rücken wegschleppen sollen. Das entspannte die Sache etwas. Ich gewöhnte mich ziemlich schnell an die neue Maschine, aber sie beeinträchtigte doch spürbar meine Routine. Andere Maschinen haben andere Eigenschaften und spezielle Mucken, verschiedene Wendekreise, verschiedene Breiten, andere Gabelgrößen und andere Mechanismen, die Gabeln zu bewegen. Da die Routine das A und O des Müllfahrers ist, ist solch eine Umstellung nicht nur etwas störend, sie erhöht auch die Unfallmöglichkeiten.

Außerdem war die Hupe von dem Mietfahrzeug nicht in Ordnung. Für kurze Zeit nahm ich den Ärger hin. Beim Fahren mußte ich immer befürchten, daß irgend jemand aus den verstellten Seitengängen hinaus und direkt vor den Stapler laufen könnte. Aber was sollte ich tun? Auf keinen Fall konnte ich Sam wieder mit dieser Sache kommen, sondern mußte selbst damit fertig werden.

Also fragte ich einen gewitzten Kollegen um Rat, und der hielt es für das Beste, Sam doch zu informieren, um ihm die Verantwortung zuzuschieben, falls was passiert. Mir war klar, daß er Recht hatte, und so sagte ich es Sam, als er mir gerade entgegenkam. Er erwiderte ganz lässig: „Fahr ruhig weiter. Mußt halt an der Kreuzung etwas vorsichtig sein." Ich fuhr so vorsichtig, wie es ging, aber in einer belebten Fabrikhalle mit allen möglichen Seitengängen ist das Fahren ohne Hupe schon an sich gefährlich. Beim Mittagessen meinte ein anderer, dem ich die Geschichte erzählte: „Das war richtig so, die Verantwortung dafür liegt bei Sam. Schließlich gibt es das Sicherheitskomitee der Gewerkschaft, das immer erst mal alle Maschinen checken soll, bevor sie benutzt werden." Ich überstand den Rest des Tages ohne weitere Mißgeschicke.

Am Samstagmorgen stand Elinor früh mit mir auf und fuhr mich zur Arbeit, weil sie den Wagen brauchte. Als ich ankam, erfuhr ich von Sam, daß ich gar nicht für diesen Samstag zur Arbeit eingeteilt war. Jetzt begriff ich erst, wieso er mich am Abend vorher gefragt hatte, ob ich nicht zwei Überstunden machen könnte. Trotzdem war ich froh über den freien Tag. Als ich wieder ging, fragte mich der Pförtner, wo ich denn hin wollte. Ich antwortete ihm, daß ich frei hätte, und war baß erstaunt darüber, daß sie einen Arbeiter, der das Werksgelände verläßt, ausfragen wie einen Schule schwänzenden Schüler.

So vergingen also meine ersten beiden Wochen bei Blancs. Die Fabrik stand kurz vor den zweiwöchigen Werksferien, in denen nur das Personal der Wartungsabteilung durcharbeiten mußte (Maschinenpflege, Reinigung, kleinere Umbauten) sowie die Neulinge, die noch kein Anrecht auf Urlaub hatten – wie z. B. ich. Würden sich die folgenden Wochen von den ersten beiden groß unterscheiden? Meine ersten Arbeitserfahrungen hatten den Eindruck von der Jobsuche noch verstärkt – zwei Seiten einer Medaille: Was du denkst oder fühlst, ist gänzlich unwichtig und uninteressant, weil die Hauptziele der Prozesse, denen du unterworfen bist, ohne deine Teilnahme festgelegt worden sind und in erster Linie dem Wohle anderer dienen. Du bist nichts und niemand – nur eine Arbeitskraft, die gebraucht wird. Als Arbeiter ist deine Hauptaufgabe: Tu deine Arbeit! Gehorche deinem Meister! In der Probezeit und als Noch-Nicht-Gewerkschaftsmitglied, als neuer Arbeiter bist du fast genauso macht- und rechtlos, genauso ohne Autonomie und Selbstbestimmung wie als Arbeitssuchender.

Daß die Arbeiter auf diese Bedingungen mit gleicher Münze reagieren, daß sie versuchen, sich die vorgegebenen Zweckdienlichkeiten auf ihre Weise anzueignen, ist nur zu verständlich. Bei ihnen heißt das: „sich durchkämpfen", also nach all den möglichen kleinen Wegen suchen, auf denen sich noch ein bißchen Selbstbestimmung behaupten läßt.

Die Tricks haben ihre Grenzen: Wie die Betriebsorganisation den Arbeitsablauf beherrscht

In ihren wesentlichen Zügen glich meine Tätigkeit der an fast allen Arbeitsplätzen; denn als Folge der überall in unserer Gesellschaft gleichen Produktionsorganisation zeichnen sich die allermeisten Jobs durch bestimmte gemeinsame Grundmerkmale aus. Gewisse Unterschiede in diesem Rahmen ergeben sich aus Eigenschaften der einzelnen Arbeiten, die vom Grad der Integration in den Produktionsprozeß abhängen. Die Tätigkeit des Müllfahrers zum Beispiel unterscheidet sich von der des Drehers dadurch, daß beide verschiedene Funktionen in der Produktion haben. Der jeder Arbeit eigene besondere Charakter und Rhythmus ist damit sowohl von der gesellschaftlichen Produktionsweise bestimmt als auch von der Art und Weise, wie die einzelne Tätigkeit in den jeweiligen Produktionsablauf eingegliedert ist.

Bei meiner Arbeit waren einige Merkmale und Besonderheiten von Anfang an deutlich zu sehen, etwa die Zeiten der stärksten Belastung oder die gegenseitige Störung von Produktion und Abfallbeseitigung. Andere waren zu Beginn nicht voraussehbar, oder ich habe sie übersehen. Schließlich gab es noch Arbeitsabläufe, die mir zwar auffielen, deren Funktion und Integration in den Gesamtprozeß mir jedoch noch nicht klar waren.

Die Abläufe und Eigenschaften der einzelnen Arbeiten können am ehesten als verschiedene Facetten eines einzigen integrierten Komplexes verstanden werden. Darin bestehen durchaus gewisse Variationsmöglichkeiten, doch ist deren Spielraum begrenzt, da sie alle der Herrschaft des Privateigentums unterworfen sind. Da diese Herrschaft die Form der Technologie wie auch den Produktionsprozeß und die jeweilige Tätigkeit bestimmt, wird auch der einzelne Arbeiter in überwältigendem Maß von seiner Arbeit beherrscht. Das ist der primäre Aspekt der Arbeit.

Als Antwort darauf ersinnt der Arbeiter Strategien und Taktiken, um im Rahmen dieser engen Grenzen alle Details seiner Tätigkeit zu beherrschen, soweit dies nötig und er dazu in der Lage ist. Das ist der sekundäre Aspekt der Arbeit. Selbst die Verhaltensmuster für soziale Beziehungen eines Müllfahrers in der Fabrik leiten sich aus den genannten Aspekten ab, was natürlich ebenso für andere Arbeiter gilt.

Ich war also Müllfahrer im Betrieb. Es braucht wohl kaum betont zu werden, daß es sich um eine niedrig bewertete Stelle handelt. In der elfstufigen betriebsinternen Hierarchie aller Tätigkeiten lag sie bei Stufe neun. Bei elf sind nur wenige Tätigkeiten eingestuft, doch gibt es viele in den Gruppen neun und zehn. Meist sind dies allerdings Jobs in der Produktion mit der Möglichkeit von Extrazuschlägen, was sie finanziell attraktiver macht. Der Müllfahrer bringt dagegen nur dann mehr als den Grundlohn nach Hause, wenn er Überstunden macht, und das wurde auch von mir fünfmal in der Sechs-Tage-Woche erwartet. Es gilt daher ständig, zwischen mehr Geld und längerer Arbeitszeit abzuwägen. Kein Wunder also, daß der Job des Müllfahrers zu den am wenigsten begehrten im Betrieb gehörte. Dafür wird er von anderen Kollegen nicht als erniedrigend angesehen, so wie etwa Facharbeiter auf die städtischen Müllmänner herabsehen. Mit einer Ausnahme gilt der Müllfahrer im Betrieb genauso viel wie jeder andere Arbeiter auch.

Diese Ausnahme ist die Folge einer informellen zweiten Ordnungsskala für Tätigkeiten im Betrieb – einer rassisch orientierten Hierarchie. Danach werden die begehrtesten Jobs weitgehend mit Weißen besetzt und stehen nur selten für Schwarze offen. Sämtliche Tätigkeiten der Gruppe elf und die meisten der Gruppen zehn und neun können somit praktisch als Jobs für Schwarze betrachtet werden, während fast alle Arbeitsplätze der Gruppen eins bis sechs „weiße Jobs" sind. So war ich der am niedrigsten bewertete Weiße in der Wartungsabteilung und einer der am schlechtesten eingestuften Weißen im Betrieb überhaupt, wenn man einmal von den Produktionsarbeitern absieht. Meine Stelle liegt damit im Grenzbereich zwischen „schwarzen" und „weißen" Arbeitsplätzen. Meine drei Vorgänger waren der Reihenfolge nach weiß, schwarz und weiß gewesen; davor waren es zumeist Schwarze.

Ich durchschaute schnell die Ambivalenz dieser rassistischen Zuordnung und entwickelte ihr gegenüber manchmal sogar einiges Selbstbewußtsein. Mein Status als „armer Weißer" am unteren Ende der Hierarchie störte mich im allgemeinen nicht. Im Gegenteil, ich fühlte mich häufig wohler unter schwarzen Kollegen, denn sie nahmen ihre Lage noch mit Humor und ließen zugleich Empörung offener spüren.

Als Müllfahrer hatte ich im Grunde jeden Tag dasselbe zu tun. Die täglichen Verrichtungen waren durch zwei Arten von Beziehungen gekennzeichnet, die entscheidend durch die Organisation der Produktion geformt waren: Der Umgang mit Material wie etwa Eisenringen oder Müllcontainern sowie das Verhältnis zu den Kollegen, die ihrerseits bei der Arbeit mit denselben oder anderen toten Dingen umgingen. Meine Beziehungen zu Kollegen waren direkt oder mittelbar von meinem und ihrem Umgang mit diesen Arbeitsmaterialien bestimmt. Blockierten zum Beispiel Eisenringe den Müllbehälter, so hatte sie ein anderer Arbeiter dort hingelegt. In diesem Fall hatte ich die Wahl, sie entweder selbst wegzuräumen, was nicht zu meinen Aufgaben gehörte, oder einen Meister beziehungsweise einen Kollegen darum zu bitten, das zu erledigen. War andererseits ein Müllcontainer voll und ein anderer Arbeiter mußte noch Abfall loswerden, so bat er mich entweder selbst, den Behälter auszukippen, oder er ließ mich über die Meister dazu anweisen.

Solange alles glatt geht, arbeitet der Müllfahrer allein für sich und kommt nur mit totem Material direkt in Berührung. Obgleich seine Arbeit die Bewegung von Gegenständen bedeutet und somit notwendigerweise auch eine wechselseitige soziale Beziehung darstellt, ist bei normalem Rhythmus eine direkte persönliche Zusammenarbeit praktisch nicht gegeben. Es entsteht der Eindruck, als wäre die Tätigkeit völlig individualistisch. Und bis zu einem gewissen Grade ist sie tatsächlich „individuellerer Natur“ als die meisten Jobs im Produktionsbereich. Innerhalb der durch organisatorische Vorgaben gesetzten Grenzen arbeitet der Müllfahrer in ungewöhnlich starkem Maß auf eigene Verantwortung und entwickelt seine eigenen Techniken, Taktiken und Strategien. Die direkte Kontrolle durch Vorgesetzte ist minimal und muß es zwangsläufig bleiben, da sich der Arbeitsbereich des Müllfahrers praktisch auf den gesamten Betrieb erstreckt.

Bei der gegenwärtigen Arbeitsteilung in den USA läßt der Job des Müllfahrers eine Qualifizierung nur innerhalb des beschränkten Arbeitsbereichs zu. Wie die meisten amerikanischen Arbeiter auch lernte ich nur etwas über meine unmittelbare Tätigkeit. Die Funktion des Müllfahrers erfordert nichts anderes, und weder die Gewerkschaft noch Firmenleitung und Vorgesetzte waren daran interessiert, daß man etwas über die übrigen Jobs im Betrieb erfuhr. Andere Teilbereiche der Produktion, ihre Organisation und Koordination, waren ein Mysterium und blieben im Dunkeln. Was Abfall ist, erfuhr ich dadurch, daß ich ihn beseitigen mußte. Dazu gehörten beispielsweise auch Verpackungskartons, die grundsätzlich in Ordnung waren, jedoch weggeworfen wurden, weil sie auf der falschen Seite beschriftet waren. Offenbar war es billiger, sie zu beseitigen, anstatt sie dem Hersteller zur Korrektur zurückzuschicken oder sie selbst zu korrigieren und für späteren Gebrauch im Betrieb zu lagern.

Kollegen, die bereits mehrere Jahre bei der Firma waren und verschiedene Jobs ausgeübt hatten, wußten natürlich viel mehr als ich über meine Teilbereiche der Produktion. Aber auch ihr Wissen war begrenzt auf eine Addition bruchstückartiger Erfahrungen aus der unmittelbaren Tätigkeit, die jedoch immer noch keinen zusammenhängenden Einblick in die Art und Weise gibt, wie die Produktion organisiert ist und aus welchen Gründen.

Geteilte Arbeit ist im allgemeinen repetitiv. So auch die Tätigkeit des Müllfahrers: nämlich Abtransport und Leerung der Müllcontainer. Aber im Vergleich mit anderen Arbeiten ist sie nicht annähernd so monoton, weil jeder Müllbehälter seine besonderen Eigenheiten hat und dementsprechend behandelt werden muß. Nichtsdestoweniger hat der Job etwas von einer Sisyphusarbeit an sich, denn der Müllfahrer steht jeden Tag Bergen von Abfall aus dem Betrieb gegenüber, Tag für Tag leert er die vollen Container aus, doch jeden Tag aufs Neue findet er sie wieder voll. So gewinnt er der Aufgabe, sie wiederum leeren zu müssen, immer weniger Sinn ab.

Bei einer solchen Tätigkeit ist es klar, daß sich im Arbeitsleben eines Müllfahrers wenig Spektakuläres ereignet. Weder die seltenen kleinen Verbesserungen und Erfolgserlebnisse, noch die immer wieder vorkommenden kleinen Fehler und Mißerfolge sind erwähnenswert; sie bleiben ohne Auswirkungen auf den Betroffenen. Dennoch macht gerade die schablonenhafte Häufung dieser kleinen Ereignisse die Atmosphäre des Arbeitslebens aus.

Die Arbeit des Müllfahrers strengt körperlich nicht sonderlich an, doch durch die lange Arbeitszeit kann sie ziemlich ermüdend sein – mindestens so sehr, daß ich zum erstenmal in meinem Leben das Gefühl hatte, wahrhaftig mein Brot zu verdienen. Die Verantwortung scheint zuerst psychologisch keine Rolle zu spielen. Dennoch wird unerbittlich ständige Aufmerksamkeit gefordert, die ebenfalls zur Erschöpfung führen kann, wenn sich Tag an Tag reiht, und das eine 56-Stunden-Woche nach der anderen. Dauernd muß man auf unvorsichtige Fußgänger aufpassen, die natürlich dieselben Gänge benutzen wie die Gabelstapler. Oft ist der Weg fast zugebaut, manchmal muß man sich in den Gängen durch ein wahres Hindernisfeld von eingeklemmten Containern hindurchmanövrieren, und schließlich muß man natürlich auch permanent darauf achten, daß einem nicht die ganze Ladung herunterfällt.

Der Arbeitsalltag brachte zahlreiche Schwierigkeiten mit sich, von denen einige durchaus zu überwinden waren, während ein paar mehr oder weniger unlösbar blieben. Die einfacheren Probleme bekam ich durch zunehmende Routine und Fertigkeit bei der Arbeit langsam aber stetig in den Griff. Die schwierigeren Probleme traten sehr unregelmäßig auf, und ich konnte fast überhaupt keinen Einfluß darauf nehmen. Ich mußte sie akzeptieren und einfach weiterarbeiten, als wäre nichts geschehen, was ein Gefühl der Unerträglichkeit hinterließ.

Die Müllpresse brachte einige Schwierigkeiten mit sich, mit denen ich irgendwann zurechtkam. Die Anlage setzt sich aus vier

Komponenten zusammen: erstens die Rampe als Auffahrt für den Gabelstapler; zweitens die schräge Kippe mit rechteckigem Querschnitt, in die ich den Müll ausleerte; drittens der daran anschließende Abladecontainer, der außerhalb der Werkshalle steht; viertens die Motorschaufel, die den Müll unerbittlich aus der Kippe in den Container schiebt und darin zusammenpreßt. Über der Rampe sind Neonlichter angebracht, und über der Kippe verläuft ein Rohr. Die auf beiden Seiten durch ein Geländer gesicherte Rampe besteht aus einer schrägen Auffahrt und einer Ebene vor der Kippe zum Anhalten des Staplers. Die Anlage war zwar speziell für die Müllbeseitigung mit dem Gabelstapler gebaut, doch ist sie eine ziemliche Fehlkonstruktion. Erstens ist die Rampe so eng, daß man mit dem Stapler kaum darauf manövrieren kann. Obwohl sie erst kurz zuvor verbreitert worden war, blieben auf beiden Seiten nur zentimeterbreite Spielräume. Zweitens ist die Kippe zu eng, so daß größere Abfallstücke wie Fässer regelmäßig stecken blieben. Drittens hängen die Neonröhren und das Rohr zu niedrig. Der größte Müllbehälter kam beim Hochhieven immer in gefährliche Nähe des Rohres, selbst wenn er nicht – wie meistens – überfüllt war. Schließlich ist das ebene Stück der Rampe so kurz, daß der Stapler mit den Hinterrädern gerade noch auf der Schräge steht. Beim Anheben der Gabel kippte er daher oft ein Stück zurück, weshalb ich den Container zum Ausgleich etwas nach vorn schieben mußte und das Auskippen zu einem regelrechten Balanceakt wurde.

So entnervend und unnötig all diese Mängel an der Müllpresse auch waren, sie konnten doch ausgeglichen werden. Das erforderte Geduld, zusätzliche Vorsicht und hin und wieder auch verstärkten körperlichen Einsatz. Mit zunehmender Erfahrung lernte ich zum Beispiel, die größten Müllbehälter so zu jonglieren, daß sie noch einige Zentimeter Abstand zu dem Rohr über der Kippe hatten. Ich wußte bald, welche Container zu nahe an das Rohr kamen, und war mit ihnen besonders vorsichtig. Das war auch nötig, denn einige Male, als ich zerstreut und unaufmerksam war, scheuerte der Container daran, und ich dankte dem Himmel, daß das Rohr nicht brach. Ebenso sah es mit den übrigen Schwierigkeiten an der Müllpresse aus: Sie waren bekannt, voraussehbar, und ich konnte sie routinemäßig überwinden.

Von gänzlich anderer Natur waren die Probleme, die zwar auch jeden Tag auftauchten, aber fast völlig außerhalb meiner Kontrolle lagen. Sie zeigten mir meine Abhängigkeit von zahlreichen äußeren Umständen und vielen Personen. Es war weder vorauszusehen, wann solche Schwierigkeiten auftauchen, noch wie groß sie sein würden. So blieb mir nichts anderes übrig, als möglichst nach Plan weiterzuarbeiten, um die eingetretenen Zeitverluste gering zu halten und später auszugleichen. Die Unterbrechungen selbst gingen mir schon zur Genüge auf die Nerven, doch mußte ich zusätzlich versuchen, den Ärger herunterzuschlucken. Dabei wußte ich oft genug nicht einmal, wie lange die Verzögerung dauern würde. Meine Abhängigkeit von anderen und mein übertriebenes Verantwortungsgefühl, mit dem ich der Unsicherheit über den Fortgang gegensteuern wollte, ließen mich dann häufig wütend werden. Diese Ungewißheit machte mich regelrecht fertig.

Mit der Zeit fand ich mich damit ab, daß eine Reihe von Faktoren, die für einen gleichmäßigen Arbeitsfortgang erforderlich waren, gar nicht in meiner Macht lagen. Als Reaktion darauf versuchte ich, mein Verantwortungsgefühl zu reduzieren, jedenfalls gegenüber solchen Umständen, auf die ich keinen Einfluß hatte und für die andere verantwortlich waren. Ich kam zu der Überzeugung, daß ich bei meiner Betriebsarbeit ein Maß an Verantwortungsbewußtsein an den Tag legte, das nur dann gerechtfertigt wäre, wenn man auch auf die Bedingungen und Voraussetzungen der unmittelbaren Tätigkeit einwirken könnte. Dennoch hatte ich bis zu meinem letzten Arbeitstag damit zu kämpfen, wenn auch in abgemilderter Form.

Nehmen wir zum Beispiel den Fahrplan für den Abtransport des Abladecontainers an der Müllpresse. Normalerweise hatte ich dem Meister Bescheid zu geben, wenn er mit 40 Ladungen gefüllt war. Ich konnte dann noch weiter Müll hineinkippen, bis der Container voll war oder von den dafür zuständigen Arbeitern des Abholdienstes gegen einen leeren ausgetauscht wurde. Da er 60 bis 70 Ladungen faßte, konnte ich unter günstigsten Bedingungen bis zu diesem Austausch normal weiterarbeiten und hatte dann ungefähr eine Stunde zu warten. Aber mit einiger Regelmäßigkeit und aus Gründen, die ich nie verstand, verzögerte sich der Austausch oft um Stunden, manchmal um einen ganzen Tag und gelegentlich sogar um zwei oder drei Tage.

An solchen Tagen konnte ich den Abfall nicht wegschaffen. Um der Müllberge einigermaßen Herr zu werden, konnte ich lediglich noch die wenigen übrigen leeren Container für die bereits überfließenden hinstellen. Außerdem fuhr ich volle Behälter in einen zentralen Gang und stellte sie dort der Reihe nach auf, um sie später schneller leeren zu können. Schließlich holte ich das gebrauchte Plastikgeschirr aus der Kantine selbst ab und stapelte es turmhoch in die Kippe an der Presse. Doch auch mit diesen Taktiken kam ich ziemlich schnell an die Grenze, von der an mir nichts mehr blieb als abzuwarten. Ich sah dann zu, wie sich der Abfall in den Containern und bald auch um sie herum stapelte. Später füllte sich sogar der Vorraum der Presse mit allerlei Behältern und Fässern, die einige Kollegen selbst dorthin brachten, weil ihre Container bereits übervoll waren. Und dann mußte ich auch noch ruhig bleiben, wenn sich die Kollegen ausgerechnet bei mir wegen der vollen Container beschwerten.

Es ist vielleicht schwer zu verstehen, wie ich an einer solchen Tätigkeit festhalten konnte, die schließlich in jeder Hinsicht sinn- und zwecklos erscheint, wenn man sie nicht um ihrer selbst willen tut. Doch ich hatte ständig das Gefühl, keine andere Wahl zu haben. Im allgemeinen war ich der Ansicht, daß Arbeit an sich einen Sinn hat, nicht zuletzt weil mir die amerikanische Arbeitsmoral gründlich anerzogen worden war. So wollte ich mich nicht von dem Job betäuben lassen, seine Sinnlosigkeit akzeptieren und bloß die Zeit totschlagen. Andere Kollegen machten zwar häufig den Eindruck, als würden sie gerade auf diese Weise mit dem Problem fertig werden, was ich auch für durchaus verständlich und vernünftig hielt. In anderen Momenten jedoch ließ ihr Verhalten durchaus auf differenziertere Gefühle und regelrechte innere Kämpfe schließen. Ich jedenfalls konnte nicht einfach in dieser Arbeit aufgehen, doch andererseits war der Druck auch nicht so überwältigend, weil dieser Job eben nicht meine Lebensperspektive darstellte.

Ich bemühte mich, die Arbeit gut zu machen. Die sieben Monate im Betrieb waren für mich ein ständiger Kampf, wenigstens Teilbereiche dieses unüberschaubaren Komplexes unter Kontrolle zu bringen und damit Störungen durch unkontrollierte Einflüsse möglichst weitgehend auszuschalten. Ich gewöhnte mich an den Arbeitsrhythmus und seine Eigenheiten, wußte zum Beispiel bald, welche Container am schnellsten voll waren, und paßte meinen eigenen Rhythmus diesen Gegebenheiten so weit wie möglich an. In dem Maße, in dem ich meine Tätigkeit so als eine Reihe von allerlei Routineverrichtungen organisieren konnte, ging mir die Arbeit auch immer flüssiger von der Hand. Diese zunehmende Routine gab mir nicht nur das Gefühl, meinen Job im Griff zu haben, sondern ich konnte ihn nach einiger Zeit auch so organisieren, daß ich zusätzliche Pausen herausschinden konnte. Dadurch konnte ich eventuell auftretende Unterbrechungen ausgleichen, ohne den ganzen Fahrplan umwerfen zu müssen. An Tagen, an denen nichts dazwischen kam, gewann ich Zeit, mich mit Kollegen zu unterhalten oder mich abzuseilen.

Mit fortschreitender Routine konnte ich auch eine ganze Reihe von Störungen schon vorhersehen und Strategien entwickeln, um ihnen zu begegnen. Natürlich machten mich solche Unterbrechungen weiterhin sauer und frustriert; sie hinterließen ein Gefühl der

Hilflosigkeit. Doch wurde mir andererseits damit auch immer stärker der Widerspruch zwischen unserer Arbeitsmoral und den Bedingungen bewußt, unter denen die Arbeit ausgeführt werden muß.

Der grundlegende Arbeitsablauf wird durch die zu bewältigende Müllmenge vorgegeben, die wiederum einzig und allein von der Produktionsgeschwindigkeit abhängt. Die meisten Container müssen jeden Tag ausgeleert werden, einige mehrmals am Tag, und die Kantine muß ebenfalls täglich gereinigt werden. Meine täglichen Arbeitsstunden, der tatsächliche Arbeitsbeginn und eventuelle Samstagsarbeit hingen also vom Tempo der Arbeit in den Produktionsabteilungen ab.

Der Arbeitszyklus wiederholte sich grundsätzlich jeden Tag, und je mehr Müll ich in den drei Stunden vor der Frühstückspause wegschaffte, desto leichter wurde der Rest des Tages. Die Frühstückspause wurde damit zu einer Art Fixpunkt im Tagesablauf, ähnlich wie die halbstündige Mittags- und die Nachmittagspause. Die Pausen waren auf zweierlei Weise von Bedeutung. Obwohl sie selber Teil des täglichen Einerleis waren, unterbrachen sie die Arbeit und gaben Raum für soziale Kontakte; jedenfalls konnte man sich dabei besser unterhalten als vom Sitz des Gabelstaplers aus. Zweitens gaben sie einen Anhalt dafür, wie die Arbeit voranging. Wenn ich normal bis zur Mittagspause 13 bis 15 Container geleert hatte, wußte ich, daß ich für den Rest des Tages eine ruhige Kugel schieben konnte, solange nicht irgend etwas dazwischen kam. Damit stieg auch die Wahrscheinlichkeit, noch eine zusätzliche Pause einlegen zu können, vielleicht sogar noch Zeit für eine Zeitung zu finden.

Obwohl das tägliche Soll im wesentlichen gleich war, unterschieden sich die Arbeitstage aus Gründen, die zum Teil bei mir lagen und zum Teil an den äußeren Bedingungen. Ich unterschied mindestens drei Typen: An normalen Tagen erfüllte ich mein Mindestsoll, ohne mich sonderlich zu beeilen, wobei ich allerdings auch keine Zusatzpausen herausarbeiten konnte. Dann gab es Tage, an denen ich auf Hochtouren schaffen mußte, um wieder auf den normalen Stand zu kommen nach Verzögerungen, die bis zu zwei Tagen zurücklagen. Dann mußte ich immer am härtesten zupacken, und von meinem Selbstverständnis als Arbeiter waren es die befriedigendsten Tage. Schließlich gab es noch Tage, an denen ich meinem Soll voraus war, entweder weil relativ wenig Müll anfiel oder weil ich in den Morgenstunden schneller und konzentrierter gearbeitet hatte oder auch an den vorangegangenen Tagen schon etwas herausgearbeitet hatte. Dies war möglich mit einigen Aufgaben, die wöchentlich oder halbwöchentlich anfielen.

Neben diesen objektiven Gegebenheiten gab es eine Reihe subjektiver Faktoren, die sich auf meine Arbeit auswirkten. Und nur einige davon hingen mit der Arbeitssituation mittelbar zusammen. Unabhängig von der anfallenden Müllmenge fühlte man sich an bestimmten Wochentagen einfach besser. Durchweg waren die Montage die schlimmsten Tage, einfach weil noch vier oder meist sogar fünf volle Arbeitstage vor einem lagen. Die Dienstage waren kaum weniger schlimm, da gerade erst ein Tag der Woche vorüber war. Im Gegensatz dazu war der Freitag ein guter Tag, vor allem auch deshalb, weil ich in den letzten Monaten kaum noch samstags arbeitete. Der Freitag war der Abschluß der normalen Arbeitswoche und zugleich Zahltag. Unter den Kollegen breitete sich allgemein gute Stimmung aus, die ihren Gipfel am Nachmittag um halb fünf Uhr im Umkleideraum erreichte: Das war regelmäßig wie eine kleine Befreiung – es wurden Witze erzählt und Pläne für das Wochenende geschmiedet. Die Freude, dem Laden einmal entfliehen zu können, war geradezu überschäumend. Einige Male brüllte ich regelrecht vor Glück, den Betrieb zwei volle Tage lang nicht sehen zu müssen, und mit dieser Euphorie stand ich kaum allein da, wenn ich sie auch etwas demonstrativer ausdrückte als die übrigen Kollegen.

Außer diesem Gemisch aus subjektiven und objektiven Faktoren wurde der Arbeitsablauf noch durch mein ganz persönliches Befinden beeinflußt. An manchen Tagen fühlte ich mich einfach schlecht, ohne daß dies erkennbar etwas mit der Tätigkeit zu tun gehabt hätte. Auf der anderen Seite blieb meine jeweilige Laune nicht ohne Auswirkungen darauf, wie ich die Arbeit empfand, und nur wenn ich mich voll meiner Routine hingab, ging es mir nach einiger Zeit besser – es sei denn, meine schlechte Laune war selbst Ergebnis irgendwelcher Störungen bei der Arbeit. Ähnliche langwierige Verzögerungen wie durch den verspäteten Austausch des Abladecontainers an der Müllpresse wurden auch durch den Zustand der Arbeitsgeräte hervorgerufen. Vor allem der Gabelstapler war eine ständige Störungsquelle. Solange er einigermaßen funktionierte, konnte ich mit einiger Wahrscheinlichkeit ohne allzu großen Kraft- und Zeitaufwand arbeiten. Es hing jedoch von der Beanspruchung ab, ob er funktionierte. Oft blieb er einfach stehen, manchmal sprang er nicht an, hatte einen platten Reifen, die Bremsen fielen aus, oder der Motor war hoffnungslos überhitzt. Daneben gab es noch endlos viele Möglichkeiten, wie er seinen Geist aufgeben konnte. In solchen Fällen konnte ich lediglich noch den Abfall aus der Kantine holen und dann ins Blaue hinein warten, bis der Stapler repariert war, also bis der Meister sagte, ich könne das Ding in der Werkstatt wieder abholen.

Bestimmte Container waren für mich bald jedes zweite Mal unzugänglich, weil der Gang davor mit fünf bis zehn Stapeln von Kolbenringen blockiert war. Dann mußte ich für gewöhnlich erst einmal absteigen und die Dinger selbst beiseite räumen, um mich so buchstäblich an den Container vorzuarbeiten. Die Blockade der Gänge durch die Kolbenringe fand ich kaum entschuldbar und fast schon provokativ. Manchmal war ich darüber so sauer, daß ich Kollegen anbrüllen oder gar verprügeln wollte. Ich war zornig auf solche Kollegen, die über ihren unmittelbaren Umgang mit den Vor- oder Fertigprodukten anscheinend vergaßen, daß sie es auch noch mit anderen Arbeitern zu tun hatten, denen sie mit ihrer Engstirnigkeit das Leben schwermachten.

Selbst Wetter und Jahreszeit wirkten sich auf den Arbeitsfortgang aus. Bei Regen und Schnee war der Transport der Container außerhalb der Halle unbequem und riskanter. Der 173er Gabelstapler, den ich meist fuhr, geriet bei Nässe ziemlich leicht ins Rutschen. Außerdem waren bei solchem Wetter und zur kalten Jahreszeit die Hallentore nur zur Hälfte geöffnet, was für mich zwei zusätzliche Arbeitsgänge bedeutete, nämlich das Öffnen und Schließen des oberen Teils der Rolltore vor und nach der Durchfahrt. Natürlich versuchte ich, meine Arbeit bei Regen und Schnee so einzuteilen, daß ich möglichst selten nach draußen mußte und durch Änderung meines Fahrplans so lange in der Halle arbeiten konnte, bis sich das Wetter besserte.

Die einschneidendsten Störungen gingen jedoch von dem Stapler aus. Es war ein uraltes 173er Yale-Modell, bei dem im einzelnen folgende Probleme auftraten, und das schon lange vor meiner Zeit. Der Motor war nahezu hinüber und lief dermaßen heiß, daß ich mich – übrigens ebenso wie mein Vorgänger – einmal an dem überkochenden Kühlwasser verbrühte. Der Auspuffqualm stank entsetzlich. Regelmäßig blieb er stehen, und wenn er fuhr, zog er nicht ordentlich. Die einzelnen Aggregate waren total verschlissen: Einmal war die Batterie leer, am nächsten Tag streikte die Lichtmaschine, und am übernächsten waren die Reifen dran. Kurzum – das Ding war unzuverlässig und unbrauchbar. Meine Vorgänger wußten das schon; dem Meister und dem Abteilungsleiter war es ebenso bekannt; und sogar die Kollegen in den Abteilungen, die ich zu betreuen hatte, hatten sich schon wiederholt über den Auspuffqualm beschwert. Nur ich kam erst nach und nach dahinter und mußte meine eigenen Erfahrungen mit dem Stapler machen, nicht zuletzt, weil der Meister zunächst so tat, als wäre ich für all die Ausfälle verantwortlich.

Lange Zeit wurde nichts dagegen getan. Ging etwas am Stapler kaputt, so wurde er notdürftig wieder zusammengeflickt. Man wollte ihn einfach laufen lassen, solange es eben ohne größere Kosten ging. Was der Müllfahrer damit für Probleme hatte, interessierte die Firmenleitung nur am Rande. Erst nach Monaten gab es eine Reaktion auf meine ständigen Beschwerden: Der Meister teilte mir mit, daß bei der Chefetage eine Generalüberholung beantragt worden war. Bis zur Genehmigung würde es jedoch noch seine Zeit dauern, mahnte er mich zur Geduld, und bis dahin sollten natürlich nur absolut notwendige Reparaturen durchgeführt werden, da größere Arbeiten vor der Generalüberholung unsinnig wären.

Dieser Zustand dauerte von Juli bis Anfang Oktober an. Während dieser drei Monate war der 173er, großzügig geschätzt, zehn bis 15 Prozent der Zeit aus allen möglichen Gründen außer Betrieb. Am 11. Oktober war es schließlich so weit: Ein älterer Kollege wollte ein extrem schweres Maschinenteil transportieren und dafür den 173er zusammen mit einem anderen Stapler nehmen. Ich warnte ihn und den Meister noch, daß mein Stapler die Last nicht halten würde. Da sie jedoch unter Zeitdruck standen, überhörten sie das und machten sich an die Arbeit. Dem Kollegen machte der 173er trotz seiner Erfahrung schwer zu schaffen. Der Stapler qualmte, ging immer wieder aus und drohte zu guter Letzt auch noch umzukippen. Der Kollege bat nun sogar mich um Hilfe, was mir durchaus Genugtuung verschaffte – immerhin brachte ich den Stapler noch ein paarmal ingang, was er schon nicht mehr schaffte. Zuletzt scheiterte ich jedoch auch; die Maschine tat keinen Mucks mehr.

Erst aufgrund der zusätzlichen Beschwerden dieses älteren Kollegen griff mein Meister ein und veranlaßte eine Kurzüberholung des Staplers, „um über den Berg zu kommen", wie er sagte. Damit sollte das Gerät wenigstens so lange halten, bis die Generalüberholung genehmigt sein würde. Für die Zwischenzeit wurde ein Leasing-Stapler vom Eingangslager ausgeliehen. Der war zwar größer als der 173er und für mich ungewohnt, doch funktionierte er wenigstens, und ich war froh, wenigstens einen Samstag lang mit einem zuverlässigen Fahrzeug arbeiten zu können.

Am Montag saß ich dann schon wieder auf meinem alten Stapler, der trotz der Kurzüberholung weiterhin in einem miserablen Zustand war. Erneut hatte er Startschwierigkeiten, die sich nach kurzem schon verstärkten. Der Meister riet mir, ihn zwischendurch nicht abzuschalten, bis eine neue Batterie besorgt wäre. Ich hielt mich an seine Anweisung, aber kurz darauf lief ich einer der wenigen Sicherheitsbeauftragten der Gewerkschaft in die Arme. Sie machte mich darauf aufmerksam, daß sich eine Reihe von Kollegen über den Auspuffqualm meines Staplers beschwert hätten. Das war regelrecht Musik in meinen Ohren, und ich erzählte ihr, weshalb ich ihn nicht abschalten konnte und was ich sonst noch für Last mit dem Gerät hatte. Ich gab ihr auch zu verstehen, daß ich heilfroh wäre, wenn die Sicherheitsbeauftragten dem Hin und Her mit dem 173er ein Ende bereiten würden, da ich genauso wenig Lust hatte, das Ding zu fahren, wie die Kollegen den Qualm einatmen wollten.

Am nächsten Tag fiel er schon wieder völlig aus. Außer der Batterie müsse auch die Lichtmaschine ausgetauscht werden, hieß es. Ich stieg also wieder auf den Leasing-Stapler vom Eingangslager um. Nun hatte die Wartungsabteilung angeblich auch für mich einen Leasing-Stapler bestellt. Doch über die Auskunft war ich aufgrund der vergangenen Erfahrungen ziemlich skeptisch, und tatsächlich setzten sie mich noch einmal auf den zum x-ten Male geflickten 173er, als der geliehene Stapler an das Lager zurückgegeben werden mußte. Ich war ziemlich überrascht, als mich Sam dann ein paar Stunden später anwies, ihn abzustellen und erst dann meine Arbeit fortzusetzen, bis wir unseren eigenen Leasing-Stapler bekommen hätten. Erst später erfuhr ich, daß an demselben Morgen ein Inspekteur vom Gewerbeaufsichtsamt im Betrieb gewesen war und aufgrund der Beschwerden die Stillegung des Staplers verfügt hatte. Endlich! – doch wäre dieser Schritt schon Monate vorher fällig gewesen.

Mit dem Leasing-Stapler war es jedoch immer noch nichts. Vielmehr wies mir Sam jetzt den alten 116er zu, auf dem ich angelernt worden war. Ich mußte mich zwar daran halten, doch war ich alles andere als begeistert darüber, schon wieder einen anderen Typ fahren zu müssen. Vor allem aber war der 116er größer und nicht wendig genug, um die Arbeit einigermaßen flott und sicher über die Bühne zu bringen.

Am Mittwoch ging es dann rund: Zu Arbeitsbeginn um sechs Uhr sprang auch der 116er nicht an, und Sam würde erst anderthalb Stunden später kommen. So beschloß ich, statt tatenlos abzuwarten, in der Zwischenzeit den 173er wieder zu benutzen, denn von der Verfügung der Gewerbeaufsicht wußte ich noch immer nichts. Prompt sprach mich wieder die Sicherheitsbeauftragte an. Ich erklärte ihr, daß es nur eine Zwischenlösung sein sollte, bis der Leasing-Stapler kommen oder Sam einen anderen für mich auftreiben würde. Der 173er hatte zwar alle möglichen Mängel, aber wenigstens die richtige Größe für meinen Job. Ich nahm mir vor, zuerst die Container zu leeren, die am schwersten zugänglich waren. Falls ich mit dem klobigen 116er weiterarbeiten müßte, hätte ich wenigstens diese Hürde überwunden.

Als ich gerade dabei war, einen völlig eingeklemmten Container aufzuladen, kam Sam zur Arbeit und sah mich. Er befahl mir unmißverständlich, den 173er aus der Halle zu bringen, und zwar sofort. Immerhin sei doch das „Rote Fähnchen“ daraufgeklebt. Das war das erste Mal, daß ich überhaupt davon hörte, aber ich wußte noch nicht genau, was das zu bedeuten hätte. Ich dachte mir jedoch schon, daß der Stapler auf Anweisung der Gewerbeaufsicht stillgelegt worden war. Als ich dem Meister darauf sagte, daß der 116er nun auch nicht anspringt, meinte er nur, ich hätte eben auf den Leasing-Stapler zu warten – alles andere sei ihm egal.

Ich war schlicht sauer und hatte die Nase voll. Voller Frust ging ich zu Sam ins Büro und sagte ihm, ich wolle meine Arbeit schließlich ordentlich machen, aber mit derart erbärmlichen Fahrzeugen sei das unmöglich. „Ihr braucht wohl Arbeiter, denen das egal ist!“ schimpfte ich und sagte ihm, daß ich mich versetzen lassen wolle. Sam kümmerten meine Beschwerden kaum, aber er gab mir die Erlaubnis, mich wegen eines Versetzungsgesuchs an Ron, den Abteilungsleiter, zu wenden. Ich war wütend und beleidigt, zugleich kam ich mir abgeblockt und mißachtet vor.

Wenigstens traf der Leasing-Stapler kurz darauf ein. Es war dasselbe Modell wie der aus dem Eingangslager und machte einen ganz intakten Eindruck. Er war größer als der 173er, aber nicht so riesig wie der 116er – insgesamt ganz gut für meinen Job. Immerhin war dies aber schon der vierte Stapler, den ich seit Samstag fuhr, so daß ich schon dadurch ziemlich durcheinander war. Hinzu kam meine schlechte Stimmung. Schließlich passierte es mir auch noch, daß ich beim Auftanken aus Versehen ein bißchen Benzin in den Kühler füllte, bevor ich merkte, daß bei diesem Stapler der Tank unter dem Sitz versteckt ist. Damit wurde mein Zeitplan völlig umgeworfen, und ich war nahe daran, die Sachen zu packen wie schon einmal nach der zweiten Arbeitswoche.

Doch es sollte noch dicker kommen. Mehrere Kollegen hatten mich schon gewarnt, daß Leasing-Stapler oft noch reparaturanfälliger sind als die firmeneigenen. Nach meinen guten Erfahrungen mit dem vom Eingangslager glaubte ich diesen Geschichten jedoch nicht so recht. Am Donnerstag um elf Uhr war es dann so weit: Ich trat wie gewohnt auf das Bremspedal, ich trat es bis zum Boden durch, aber zu meinem Erstaunen und Entsetzen zeigte das tonnenschwere Gerät kaum eine Reaktion. In weniger als einem Tag war also die Bremse des Staplers kaputt gegangen, und ich konnte noch froh sein, niemanden verletzt zu haben und nirgendwo gegengefahren zu sein. – Und was nun? Bei dem 116er war die Hubhydraulik defekt; der 173er durfte nicht gefahren werden.

Ich ging also zu Sam, um ihm die hübsche Neuigkeit zu erzählen. In seinem Büro waren schon ein paar Kollegen versammelt, und er erläuterte gerade die Situation mit den Gabelstaplern. Ein anderer Meister fragte, warum die Firma nicht einfach einen neuen Satz Stapler kauft und so auf lange Frist die steigenden Ausgaben für Reparaturen und die Anmietung von Staplern wie auch für die durch Ausfälle verlorene Arbeitszeit einspart. Wie gewöhnlich schob Sam alles auf die Fahrer und sagte, wir behandelten die Geräte falsch. Am liebsten hätte ich ihm eine reingehauen – schließlich versuchte ich schon seit Monaten vergeblich, mit den erbärmlichen Fahrzeugen der Firma zurechtzukommen. Es war eben nicht mein Fehler gewesen, daß mit den Staplern so viele Probleme entstanden, sondern das Ergebnis ihres mangelhaften Zustands.

Der Leasing-Stapler wurde von einem Mechaniker der Herstellerfirma repariert. Halbherzig machte ich mich anschließend wieder für kurze Zeit an die Arbeit, bis mich ein Kollege fragte, ob er den Stapler für eine Weile ausleihen könnte. Er brauchte ihn, da dessen Gabel höher ausgefahren werden konnte als bei seinem kleineren Modell. Da ich mit der Zeit sowieso schon weit zurücklag, stimmte ich nur widerwillig zu. Für die kurze Zwischenzeit bekam ich seinen Stapler, der mittlerweile der fünfte in fünf Tagen war. Mein Arbeitsplan war völlig zusammengebrochen, und ich war am Ende meiner Kraft.

Aber das war immer noch nicht alles. Am folgenden Montag machte mich der Kollege, der an meinen freien Samstagen für mich einsprang, darauf aufmerksam, daß der Stapler Öl verlor. Auch die Hupe funktionierte nicht. Bis zum Abschluß der Reparatur bekam ich den 210er, den ich bereits vorher einmal gefahren hatte. Kaum war ich dann wieder auf die reparierte Leasing-Maschine umgestiegen, gab sie am Donnerstag endgültig ihren Geist auf. Der Stapler bewegte sich weder vorwärts noch rückwärts. Während ich beim Absteigen noch überlegte, was nun schon wieder los sein könnte, betrachtete sich schon ein Kollege amüsiert das Bild und machte mich darauf aufmerksam, daß die Hinterräder in verschiedenen Richtungen standen: Das Lenkgestänge war gebrochen. Auch die Bremse schien schon wieder vor dem Kollaps zu stehen. Nun war auch Sam verärgert und beschwerte sich bei der Leasing-Firma, die darauf schon am Nachmittag einen Ersatzstapler anlieferte. Das war nun schon der sechste, den ich in weniger als zwei Wochen zu fahren hatte.

Die Ereignisse dieser beiden Oktoberwochen 1974 waren zwar nicht unbedingt typisch, doch werfen sie ein Schlaglicht auf die Art der Probleme mit den Arbeitsgeräten. Anschließend war Schluß mit diesem Ärger, denn der sechste Stapler erwies sich als der erste gute, den zu fahren mir vergönnt war. Abgesehen von kleineren Ausfällen, etwa der Hupe, funktionierte er für den Rest meiner Karriere als Fabrikarbeiter zuverlässig, also immerhin noch länger als drei Monate.

Gelegentlich wurde mein Arbeitsplan auch noch durch andere Vorkommnisse geringfügig durcheinander gebracht, etwa durch Anweisungen von oben, durch Unfälle oder viele andere Störungen, die aus der Zusammenarbeit mit meinen Arbeitskollegen erwuchsen. So konnte es jederzeit vorkommen, daß mein Meister oder der Abteilungsleiter mir irgendwelche Sonderaufgaben zuwiesen. Auch andere Meister verlangten manchmal von mir etwas außer der Reihe, obgleich sie mir keine regelrechten Anweisungen geben konnten. Gewöhnlich ging es bei solchen Zusatzarbeiten ebenfalls um Müll; in einigen Fällen waren es jedoch auch einfache Arbeiten, die gar nichts mit meinem eigentlichen Job zu tun hatten. Irgendwann im Oktober beispielsweise – ich war gerade im Begriff, mich für eine Weile zu verdrücken – sagte mir der Abteilungsleiter in seiner gewohnten Freundlichkeit, ich solle doch „bei Gelegenheit einmal" den Dreck vor dem Kesselraum wegschaffen, vor allem die 200-Liter-Fässer vor der Tür. Einmal schickte er mich zu ein paar Kollegen, um ihnen zu helfen, 36 Kilogramm schwere Salzsäcke von der Rampe in den Kesselraum zu schleppen.

An meinem letzten Arbeitstag sagte mir Ron während der Frühstückspause, ich sollte noch einen Container in den Werkzeugraum bringen. Ich war sowieso schon in Eile, weil alle Überstunden gestrichen worden waren und die Stunde vor Feierarbend für ein Abschlußgespräch in der Personalabteilung reserviert war. Den Container im Werkzeugraum hatte ich am Tag zuvor schon einmal ausgewechselt, und an meinem letzten Tag hatte ich einfach keine Lust, noch irgendwelche Sonderaufgaben zu übernehmen. So erklärte ich dem Abteilungsleiter die Lage und wies ihn darauf hin, daß ich angesichts der knappen Zeit mein Soll ohnehin kaum schaffen könne. Doch die Probleme eines Müllfahrers kümmerten ihn überhaupt nicht, und er gab mir zu verstehen, daß ich mich gefälligst an seine Anweisungen zu halten hätte. Die freundliche Miene, die er normalerweise zur Schau trug, schlug ohne Übergang um in die Sprache der Macht und Autorität, die er sonst verdeckt hielt. Das wurde mir jetzt mit einem Mal klar, und meine restlichen Illusionen über gleichwertige Beziehungen zwischen Vorgesetzten und Arbeitern waren wie weggeblasen.

Auch kleinere Unfälle und Pannen blieben nicht ohne Auswirkungen auf meinen Arbeitsrhythmus und ließen mir immer wieder klar werden, daß ich mich durch nichts von der Arbeit ablenken lassen durfte. Einige solcher Vorfälle brachten mich kaum nachhaltig aus dem Lot; mit anderen kam ich weniger gut zurecht; mit manchen so gut wie gar nicht. Fünf- oder sechsmal in den sieben Monaten passierte es mir, daß ich gegen Stapel von Kolbenringen fuhr. Ich mußte also erst einmal anhalten und sie wieder aufeinander türmen – vor allem aber mußte ich die Ruhe bewahren. Am Anfang meldete ich so etwas noch meinem Meister, der das immer gelassen zur Kenntnis nahm. Später behielt ich es jedoch für mich, es sei denn, jemand anders hatte es beobachtet. Wie die meisten Kollegen war ich nämlich zu der Überzeugung gekommen, daß es dumm ist, einen Anpfiff zu riskieren.

Eines Tages verkantete sich die Gabel meines Staplers am frühen Morgen so unter einem Container, daß ich ihn nicht mehr abstellen konnte. Es war, als hätte ich in Hundescheiße getreten: Eine Viertelstunde lang versuchte ich vergeblich, das Ding an irgendwelchen Kanten abzustreifen, bis mir endlich einer der wenigen anderen Müllfahrer der Frühschicht zu Hilfe kam. Ein andermal rammte ich eine mit Eisenstangen beladene Palette, als ich die Rampe herunterfuhr, um einen neuen Container zu holen. Sie stand im Gang rum, und mir war die Sicht versperrt, so daß ich sie nicht früh genug bemerkte. Ich wurde sauer auf mich selbst und auf denjenigen, der sie dort abgestellt hatte. Ich sprach einen Müllfahrer darauf an, zu dem ich vorher ein gutes Verhältnis gehabt hatte. Der fühlte sich jedoch typischerweise nicht verantwortlich und sagte nur, er sei immer ohne anzustoßen an der Palette vorbeigefahren. Für mich hieß das natürlich, daß er mir Unfähigkeit vorwarf, und darauf hatte ich nur gewartet: Ich brauste auf, und wir gerieten heftig aneinander. Nachdem ich mich beruhigt hatte, entschuldigte ich mich am nächsten Tag bei ihm. Wenn auch meine Unachtsamkeit nicht der einzige Grund für den Unfall war, so hatte sie doch immerhin dazu beigetragen. Insofern war meine Reaktion ebenso typisch: Meine Unzufriedenheit mit mir selbst projizierte ich auf andere, die wiederum mit eigenen Problemen beschäftigt waren und selbstverständlich nicht zur Zielscheibe für die Wut anderer Leute werden wollten, egal ob sie nun mitverantwortlich waren oder nicht. Zusammenstöße dieser Art waren im Betrieb nichts Ungewöhnliches; sie waren vielmehr geradezu Bestandteil der Arbeitsbedingungen.

Zwei- oder dreimal in den sieben Monaten stieß ich an die Neonleuchten über der Müllpresse. Im Januar 1975 knallte eine Kiste, die über den Rand des vollen Containers hinausragte, gegen eine der Röhren, die daraufhin über mir zerplatzte. An diesem Tag wurde es zu meiner Hauptsorge, die Röhre so heimlich wie möglich ersetzt zu bekommen; weder Sam noch sonst ein Vorgesetzter sollten etwas von dem Unfall erfahren. Gerade vorher hatte ich mich nämlich noch mit dem Meister gestritten, weil ich am Samstag nicht arbeiten wollte. Ein Freund half mir aus der Patsche, indem er kurz vor Feierabend eine neue Röhre einsetzte, die er irgendwo aufgetrieben hatte.

Andere, teils geringfügige, teils tiefergreifende Unterbrechungen meines Arbeitsablaufs entstanden aus der Vielfalt gegenseitiger Hilfeleistungen. Auf der einen Seite erledigten einige Kollegen manchmal Sonderaufgaben für mich oder halfen mir bei bestimmten Tätigkeiten; dafür baten mich wiederum andere um Hilfe, und manche wollten ihre Container bevorzugt geleert bekommen. Manchmal fand ich zu Arbeitsbeginn vor Sonnenaufgang meinen Stapler nicht mehr dort, wo ich ihn am Nachmittag abgestellt hatte. Als dies das erste Mal passierte, mußte ich erst einmal eine halbe Stunde lang suchen, bis ich ihn schließlich in der Gießerei wiederfand. Offenbar hatte ihn jemand von der Nachtschicht benutzt. Dann stellte sich noch heraus, daß er ihn mit einem Platten hatte stehen lassen. Die Folge für mich war, daß ich warten mußte, bis der Reifendienst mit dem Reparaturwagen kam, was wiederum einige Stunden Verzögerung bedeutete. Als ich den Stapler das nächste Mal vermißte, geriet ich schon nicht mehr in Panik, weil ich mir schon dachte, was los war. Ich ging geradewegs in die Gießerei und traf dort auch einen Kollegen aus der Nachtschicht an, der immer noch mit dem Stapler herumfuhr. Ich wußte, daß er genau wie ich seine Arbeitsanweisungen hatte, und regte mich also nicht auf. Aber ich sagte ihm, er solle den Stapler morgens bis sechs Uhr zurückbringen, wenn er ihn nachts brauche. Damit war die Sache geklärt.

Mit der Zeit machte es mir Spaß, anderen Kollegen zu helfen, obwohl ich anfangs ziemlich unwillig war und keine Zeit verlieren wollte. An einem der ersten Dezembertage baten mich die Schreiner am Morgen, ihnen einige neue Paletten rauszuschaffen und stattdessen ein paar angeschlagene Kisten zur Reparatur hereinzuholen. Ich zögerte einen Moment und dachte an meinen Zeitverlust. Doch dann setzte ich mich über meine Skrupel hinweg und brachte die Arbeit in einer Viertelstunde hinter mich. Ich hatte ein gutes Gefühl dabei, und es gab keine merklichen Auswirkungen auf meinen Fahrplan.

Noch weniger Last machten mir die Bitten um bestimmte Materialien. Immerhin kam ich als Müllfahrer an alles Mögliche heran und konnte solche Wünsche zeitlich und von den Wegstrecken her im Rahmen meines normalen Fahrplans erledigen. So kam es vor, daß mich Kollegen um ein paar von den Plastiksäcken baten, wie ich sie für die Kantine brauchte. Sie sammelten darin nicht gebrauchte Kartonteile. Andere wollten, daß ich den vollen Container aus der Schreinerwerkstatt erst bei ihnen vorbeifuhr, damit sie das Abfallholz heraussuchen konnten, um es zu Hause als Feuerholz zu verwenden. Es machte mir Spaß, solche Sonderwünsche zu erfüllen: Sogar als Müllmann konnte ich anderen helfen, und zwar entweder in meiner Eigenschaft als Staplerfahrer oder als derjenige, der den Abfall als erster auf noch Verwertbares durchsehen konnte.

So versuchte ich mehr oder minder bewußt, Taktiken zu entwickeln, die mir sowohl die Arbeit als auch das Verhältnis zu den Kollegen erleichtern konnten. Manchmal zogen dabei kleinere Erfolge auf dem einen Sektor Schwierigkeiten auf einem anderen nach sich. Bei anderer Gelegenheit zeitigten meine Tricks auch überhaupt keine Wirkung. Das war immer dann der Fall, wenn die Probleme unmittelbar aus der vorgegebenen Organisation der Produktion erwachsen waren. Trotz aller Mühe konnte ich in solchen Fällen die Situation nicht verbessern.

Vor dem Raum der Fertigungskontrolle zum Beispiel war ein Container in einer ziemlich belebten Ecke plaziert, wo der Durchgang zu den Waschräumen und zur Kantine in den Hauptgang der Halle drei mündete. Dort herrschte ziemliches Durcheinander, so daß man nur ziemlich schwer mit dem Stapler an den Müllbehälter herankam. Hinter den Container und an seiner rechten Seite lagerten stapelweise Kolbenringe, und das oft nur ein paar Zentimeter von ihm entfernt. Links befand sich der Hauptgang, und auch diese Seite war oft noch teilweise mit solchen Stapeln blockiert. Der Durchgang zur Kantine, von dem aus ich an den Container heranfahren mußte, war in einiger Entfernung gewöhnlich durch 200-Liter-Fässer versperrt. Zudem stand gegenüber dem Container eine kleine, als Büro genutzte Holzbaracke, die in Hauptgang und Durchgang hineinragte und so für mich die Zufahrt noch schwieriger machte. Selbst links neben dem Büro waren zum Hauptgang hin manchmal noch Eisenringe gestapelt. Um den Container da herauszuholen, mußte ich also vom Hauptgang her hinter den Ringestapeln neben dem Büro scharf nach rechts schwenken und gleichzeitig so manövrieren, daß die Gabel richtig unter den Behälter kam. Mit ihm auf der Gabel mußte ich dann zurücksetzen, ohne die Stapel, die Fässer, das Büro oder vorbeigehende Leute anzufahren. Solange nicht zu viele Hindernisse gleichzeitig aufgebaut waren, war die Prozedur im allgemeinen durchführbar. Es gab mehr Platz zum Rangieren, wenn die Eisenringe neben und hinter dem Container ein paar Fußbreit entfernt lagerten oder die Metallfässer nicht im Durchgang zur Kantine herumstanden. Selbst wenn der Behälter unmittelbar ziemlich eng eingekeilt war, konnte ich ihn häufig noch herausholen. Die Zufahrt war jedoch geradezu unmöglich, wenn sich die Hindernisse häuften.

Um dies zu ändern, bat ich zunächst die in der unmittelbaren Nähe arbeitenden Kollegen, die Durchfahrt nicht zu blockieren. Die erklärten sich jedoch für unzuständig, weil die Eisenringe von den Lkw-Fahrern dorthin gepackt würden. Ich sprach also ein paar Lkw-Fahrer an, doch die meisten stritten ab, die Stapel so plaziert zu haben. Gaben sie es dennoch zu, dann mit der Bemerkung, sie müßten die Dinger schließlich irgendwo abladen. Daraufhin sprach ich mit den für den Bereich zuständigen Meistern. Aber auch die zuckten nur mit den Schultern, wiesen auf den chronischen Platzmangel hin und meinten, daß sie damit irgendwie zurechtkommen müßten. Also sprach ich meinen Meister an und beschwerte mich ein paarmal bei ihm, doch ebenfalls ohne Ergebnis. Die Produktionsbedingungen in der Fabrik brachten mich mit den Kollegen in Konflikt, die diese Kolbenringe irgendwo deponieren mußten und es aufgrund des bestehenden Platzmangels kaum verhindern konnten, daß sie damit jemand anderem ins Handwerk pfuschten. Der Zufall wollte es, daß ich der Betroffene war. In den ersten Monaten verstand ich noch nicht ganz, warum es zu diesen Verwicklungen kommen mußte. Ich wollte ganz einfach meine Aufgabe mit dem Container erledigen. Da mich aber alle meine Überzeugungsversuche keiner Lösung nähergebracht hatten, beschloß ich, zu der einzigen mir übriggebliebenen Waffe zu greifen, einer Strafaktion.

Am nächsten Tag sah ich ruhig zu, wie sich dieser Container füllte, karrte ihn aber nicht weg. Auch als er zwei Tage später überquoll, kümmerte ich mich nicht darum. Beim Mittagessen sprach mich ein befreundeter Lkw-Fahrer darauf an. Ich sagte ihm, daß ich den Container nicht eher leeren würde, bis mich die zuständigen Meister dazu aufforderten. Ich wollte ihnen dann sagen, daß ich den Behälter gern leeren würde, wenn etwas mehr Zusammenarbeit zu spüren und die Ecke nicht ständig zugebaut wäre. Gleich nach dem Essen waren alle Hindernisse beseitigt. Einen Moment lang glaubte ich schon, ich hätte Erfolg mit meiner Taktik gehabt – doch ich hätte es besser wissen sollen. Ich hatte erreichen wollen, daß die Meister andere Abladeplätze für die Eisenringe ausfindig machen, die ihnen paßten und mich nicht störten. Eventuell war ihnen das jedoch selbst unmöglich. Jedenfalls stellte sich schließlich heraus, daß der Lkw-Fahrer zwar seinem Meister erzählt hatte, daß ich nicht an den Container herankomme, dann aber selbst die Fässer und die übrigen Hindernisse beiseite geräumt hatte. Damit aber brauchte der Meister nicht weiter über das Problem des relativen Platzmangels in diesem Hallenbereich und dessen Auswirkungen auf meine Arbeit nachzudenken.

Meine Verzögerung der Leerung brachte mir lediglich die Feindschaft einiger Kollegen aus der Umgebung des Containers ein, trug aber in keiner Weise dazu bei, den Konflikt auf lange Sicht aus der Welt zu schaffen. Ich hätte wissen müssen, daß meine Taktiken nur dann zum Erfolg führen können, wenn sie nicht im Widerspruch zu den vorgegebenen, langfristigen organisatorischen Bedingungen stehen, denn die Produktionsorganisation beherrscht alle Tätigkeiten und alle Arbeiter. Man muß also Strategien entwickeln, mit denen innerhalb der harten Realität dieses vorgegebenen Rahmens das Beste herausgeholt werden kann.

Um sich mit den verschiedenen Problemen sachgerecht auseinandersetzen zu können und ein erträgliches Verhältnis zu den Arbeitskollegen zu entwickeln, ist es also unbedingt erforderlich, die Auswirkungen der Arbeitsorganisation auf die verschiedenen Tätigkeiten und die einzelnen Arbeiter zu erkennen und zu verstehen. Entwickelt andererseits ein Arbeiter keine solchen Taktiken und Strategien gegenüber an sich lösbaren Schwierigkeiten, so läßt er sich auf die Dauer total von den Erfordernissen der Produktion und von seiner speziellen Tätigkeit beherrschen und unterkriegen. Sicher sind unter den gegebenen Produktionsverhältnissen die meisten Schwierigkeiten der Kontrolle des Arbeiters entzogen, doch bei einigen kann er sich durchsetzen. Verzichtet ein Arbeiter in solchen Fällen auf Einflußmöglichkeiten, so werden von seinem Standpunkt aus alle Aspekte der Arbeit unkontrollierbar und unerträglich.

Die Tage zählen: Wie die Kollegen die Arbeitszeit und ihren Job wahrnehmen

Wie die Arbeiter ihre Aufgaben und ihre Arbeitszeit erfahren, wird meist wesentlich durch den ihrem jeweiligen Job eigenen Rhythmus, den Wochentag und den Erfolg bei der Bewältigung ihres täglichen Einerleis bestimmt. Diese Elemente wirken sich grundlegend darauf aus, wie die Arbeiter mit der normalen Arbeitszeit, den Überstunden, den regulären und außerordentlichen Pausen, den Arbeitsstockungen, der Essenszeit, dem Urlaub und der Freizeit sowie dem erwarteten Ruhestand zurechtkommen. Ein Indiz für die Tiefe dieser Erfahrungen ist es, daß der Ruhestand, der am Rande eines Arbeitslebens kommt, im Gegensatz zu der durch die Arbeit strukturierten Zeit eben einfach nur als „Ruhestand" erfahren wird, nicht aber als die „Zeit des Ruhestandes", als solle damit eine qualitativ andere Erfahrung der Zeit ausgedrückt werden.

Die Erfahrung der Zeit wird für die meisten Arbeiter vorrangig durch die Vorstellung geprägt, daß sie ihre Zeit gegen stundenmäßige Entlohnung an die Firma verkaufen, wogegen die Veräußerung der Arbeitskraft im Bewußtsein zurücktritt. In dem Maß, in dem Produktionszuschläge im Gesamtlohn eingeschlossen sind, wird dieses Gefühl ergänzt durch ein klareres Bewußtsein davon, daß er eben nicht nur abstrakt Zeit veräußert, sondern genauer die Verfügungsgewalt über seine Arbeitskraft für einen bestimmten Zeitraum verkauft.

Was man verkauft hat, gehört einem nicht mehr. Die Firma wird zum Besitzer der Arbeitszeit des Arbeiters und bestimmt in sehr großem Maß genau, was er in dieser Zeit zu tun hat. Der Arbeiter legt es damit in die Hände der Firma, ob er überhaupt etwas zu tun hat und wann er die Arbeit verrichten muß, also wie viele Stunden er in welchem Betrieb an welchem Arbeitsplatz welche Tätigkeit zu verrichten hat und wieviel Lohn er dafür bekommt. Die Firma legt sein Arbeitsleben fest. Auch auf das Stückchen Leben, das nach getaner Arbeit übrigbleibt, hat sie damit großen Einfluß. Der Arbeiter veräußert seine Arbeitskraft immer wieder, um Bedürfnisse befriedigen zu können, die außerhalb seiner Arbeit angesiedelt sind. Und die Firma kauft die Arbeitskraft genauso wie die übrigen Produktionsfaktoren so billig wie möglich, um ihren Profit machen zu können.

Das Wesen des kapitalistischen Systems in seiner Gesamtheit wird greifbar in den Methoden, mit denen die Firmen in den USA – als Dreh- und Angelpunkte dieses Systems – mit der Größe Zeit umgehen. Das wiederum formt Verhalten und Reaktionen der Arbeiter. Bei meiner wochenlangen Jobsuche machte ich die Erfahrung, daß die Firmen nur an der Zeit interessiert sind, für die sie zahlen. So stört es sie kaum, wenn Arbeitsuchende ihre „Freizeit" damit verbringen, stundenlang in Personalbüros zu warten, nur um schließlich zu hören, daß keine Jobs zu vergeben sind. Diese Haltung ändert sich allerdings schlagartig von dem Moment an, da die Freizeit einer Person im Begriff ist, Firmenzeit zu werden. So wies mich bei Blancs der Abteilungsleiter schon beim Einstellungsgespräch streng darauf hin, daß ich jeden Tag pünktlich zur Arbeit zu erscheinen hätte, denn schließlich sei die Firma nicht an „Teilzeitkräften" interessiert. Anschließend wurde ich auch noch einmal im Personalbüro ermahnt, am nächsten Tag pünktlich zu der ärztlichen Untersuchung zu kommen, obwohl der Angestellte eigentlich hätte wissen müssen, daß ich dann mehr als eine Stunde auf den Arzt zu warten hatte.

Die Arbeit begann schon jeden Morgen mit einer regelrechten Verbeugung vor der Zeit: Zu Schichtbeginn um sechs Uhr hatte ich mich in die Anwesenheitsliste einzutragen. Wer des öfteren zehn oder fünfzehn Minuten zu spät kam, wurde vom Meister verwarnt. Kollegen, die während eines mehrmonatigen Zeitraums nur ein paar Tage fehlten, bekamen ebenfalls eine Verwarnung, wenn sie nicht krank gewesen waren oder einen Unfall hatten. Fehlten sie weiterhin, so wurden sie entlassen, obwohl die Firma für Fehlzeiten sowieso keinen Lohn zahlte. In Gegenwart eines Betriebsrates wies ein Meister einen Kollegen darauf hin, daß Fehlzeiten aus persönlichen Gründen dem jeweiligen Arbeiter schuldhaft angerechnet werden könnten, egal ob er vor Gericht geladen oder sein Kind krank wäre. Firmenzeit geht in jedem Falle der Befriedigung triftiger menschlicher Bedürfnisse und persönlicher Verpflichtungen vor.

Die Firmenzeit ist voll der Produktion vorbehalten. Bei Blancs arbeiten Männer und Frauen in drei Schichten rund um die Uhr und sechs Tage in der Woche. Wird man eingestellt, so bestimmt die Firma, wann und wo man zu arbeiten hat – und sei es in der dritten Schicht, die von vier Uhr nachmittags bis Mitternacht geht. Das bedeutet für die Beschäftigten, daß sie ihre Familien die ganze Woche über kaum sehen können.

Im Betrieb wird man dann immer wieder neu darauf gestoßen, daß man nur zu einem einzigen Zweck dort ist, nämlich für die Firma zu arbeiten. So werden die Kollegen in den Produktionsabteilungen in regelmäßigen Abständen Arbeitszeitstudien unterworfen, mit denen festgestellt wird, wie hoch das Arbeitstempo gesteigert werden kann, ohne die Mindestbedingungen an die

Qualität zu unterschreiten. Anhand dieser Messungen legt die Betriebsleitung die Produktionsnorm und davon abhängig den Gesamtlohn des Arbeiters fest, bestimmt also einen Teil seines Lebens. Ich war ungefähr sechs Wochen im Betrieb, als ich zum ersten Mal einen Zeitnehmer sah, der bei einer Arbeiterin den Ausstoß an Kolbenringen maß und die Zeit notierte. Während ich ihn mit seiner Stoppuhr beobachtete, wurde mir mit einem Schlag klar, mit welcher Endgültigkeit diese Aufzeichnungen von nun an über die Frau herrschen würden, solange sie bei Blancs arbeitete.

Charakteristisch für die Haltung der Firma zur Zeiteinteilung der Arbeiter sind zwei kleine Begebenheiten, die sich zufällig an ein und demselben Tag im November 1974 ereigneten, aber nichts miteinander zu tun hatten. Am Morgen hatte ich schon etwas Vorsprung gegenüber meinem Fahrplan herausgearbeitet und Zeit für eine Extrapause. Auf dem Weg zu einer ungestörten Ecke traf ich einen Kollegen, und wir unterhielten uns an die 20 bis 25 Minuten. Jeder, der vorbeiging, konnte uns sehen. Später in der Mittagspause kam der Meister und gab mir – nicht ohne sich zu entschuldigen – den Auftrag, sofort den Abladecontainer an der Presse für den Austausch vorzubereiten, da der Abholdienst jederzeit eintreffen könne. Obwohl die halbe Stunde Mittag nicht bezahlt wurde, gab ich mein O.K. und machte mich an die Arbeit – immerhin war der Meister anständig gewesen und hatte mich sogar darauf hingewiesen, daß ich die verlorene Mittagszeit an die Nachmittagspause anhängen könne. Ich dachte kaum noch daran, als er mich am Nachmittag in sein Büro rief und mir sagte, daß mich am Vormittag irgendein Vorgesetzter bei einer „übertrieben langen" Unterhaltung mit einem anderen Arbeiter erwischt hätte. Er war zwar etwas verlegen, erteilte mir aber trotzdem eine förmliche mündliche Verwarnung wegen zu viel Redens, die in meiner Personalakte vermerkt wurde. Auf meine offene Frage, ob ihm etwa Beschwerden über meine Arbeitsleistung vorlägen, antwortete er mit „nein": Es gehe nur darum, daß ich bei einer Unterhaltung ertappt worden sei, daß ich mir also auf Kosten der Arbeitszeit einen Lenz gemacht habe. Arbeitszeit – das wurde mir damit klar – ist für die Firma absolut heilig; die Mittagspause des Arbeiters wird dagegen nur im allgemeinen respektiert und kann in besonderen Fällen durchaus angetastet werden, wenn es zum Segen der Firma ist.

Nach einem völlig anderen Leben an einer Elite-Universität war es für mich eine neue Erfahrung, als Fabrikarbeiter ein Bewußtsein für Arbeitszeit zu entwickeln. An der Universität ist nur ein geringer Teil der Zeit eines Professors fest verplant und klar eingegrenzt wie etwa die regelmäßigen Vorlesungen am Montagmorgen. Man neigt dazu, nur diese Aufgaben als Arbeitszeit zu rechnen. Während der Ferien fallen dann jedoch auch solche Festlegungen für die Dozenten weg, und die Arbeitseinteilung ist noch weniger vorprogrammiert. Auf lange Sicht gesehen ist die nicht verplante Zeit an der Universität dem Schreiben und Publizieren vorbehalten, der Hauptproduktion dort. Weil die Arbeitsweise an einer Universität völlig verschieden ist von der in einer Fabrik, einem Dienstleistungsbetrieb oder gar einer Schule, werden die Zeit und die Beziehung zur eigenen Tätigkeit dort auch ganz anders wahrgenommen.

Obgleich man sich auch an der Universität für eine erfolgreiche Arbeit im Rahmen einer professionellen Norm bewegen muß, die von ineinander verschränkten ideologischen und ökonomischen Interessen gesetzt wird, hat ein Akademiker in den USA doch ungeheuer viel Freiheit bei der Einteilung seiner intellektuellen Arbeit. Den größten Teil seiner Arbeitszeit kann er nach eigenen Wünschen und Maßstäben aufgliedern, so daß der Anschein entsteht, als würden nur seine persönlichen Kriterien von guter Lehre und Forschung gelten. Professoren werden weder nach Stunden bezahlt noch nach der Stückzahl der Schriften, die sie veröffentlichen. Ihr Bewußtsein davon, daß sie ihre Zeit oder gar ihre Arbeitskraft verkaufen, ist daher nicht sehr weit entwickelt. Professoren neigen dagegen zu der Illusion, sie würden für sich selbst arbeiten, obwohl sie sich genau darüber im klaren sind, daß sie produzieren müssen und daß ihre Produkte auch die Anerkennung der Universitätsspitze finden müssen, wenn sie in dieser Institution überleben wollen. Im großen und ganzen wiegen sich Professoren in dem Glauben, sie würden nach eigenem Interesse sinn- und zweckvolle Arbeit tun; sie nehmen nicht wahr, daß sie für eine Arbeit nach fremden Interessen bezahlt werden, mit denen andere Profite machen.

Bei den meisten anderen Berufen, vor allem in der Fabrik, herrscht ein Bewußtsein von Zeit und Arbeit vor, das sich von dem an der Universität wie Tag und Nacht unterscheidet. Die Arbeitszeit in der Fabrik ist fast vollständig vorgeplant: Beginn und Ende des Arbeitstages sind festgelegt, und in der Menge und zu dem Zeitpunkt zu leisten, wie sie von ihm gefordert werden. Was er zu tun hat, bekommt er von anderen gesagt. Er wird ständig kontrolliert. Seine Arbeit ist fremdbestimmt. Er arbeitet für den Profit eines anderen. Er verkauft seine Arbeitskraft ausschließlich, um genügend Geld zum Leben zu verdienen. Für die meisten Arbeiter reduziert sich die Beziehung zu ihrer Tätigkeit auf einen einzigen Punkt: den Lohn.

Obwohl ich aus anderen Gründen ganz bewußt in den Betrieb

gegangen war, erfuhr ich die Arbeitszeit und die Arbeit an sich kaum anders als meine Kollegen. Mein Leben drehte sich um diese Zeit im Betrieb. Ich nahm genau wahr, wie sie verstrich, zählte Container ebenso wie Stunden, Tage, Wochen und Monate. Im allgemeinen verging die Zeit weder schnell noch langsam, aber unablässig wie der Ablauf der Produktion und der Anfall des Mülls. Die Zeit schien in einzelne, separate Teile zerstückelt, aber dennoch unbarmherzig und ununterbrochen voranzuschreiten. Auf den Feierabend folgte der Schichtbeginn am nächsten Morgen, nach halb drei Uhr am Samstagnachmittag kam acht Uhr am Montagmorgen. Die paar Stunden Freizeit waren regelrecht dazwischen eingeklemmt.

Ich arbeitete länger als die meisten Kollegen in meiner Umgebung. Dadurch wurde aber nur meine unmittelbare Erfahrung der sich endlos erstreckenden Zeit und des darin eingepferchten Lebens intensiviert. Wenn ich auch mehr Stunden pro Woche arbeitete, so würde ich doch weniger Wochen meines Lebens in der Fabrik verbringen müssen als die Kollegen, und der Rest meines Lebens würde nicht so aufreibend sein.

Obwohl mein Zeitempfinden zweifellos auch durch meine übrigen Aufgaben und die dafür erforderlichen Schritte geprägt war – etwa die täglichen Aufzeichnungen zur Vorbereitung dieses Buches –, kam mir doch nach einer gewissen Frist zunehmend der Sinn für diese übergeordneten eigenen Ziele abhanden. Ende Januar 1975 bekam ich mehr und mehr das Gefühl, bei der Müllfahrerei nicht mehr dazulernen zu können. Da auch die Aussichten auf eine Versetzung immer weiter schwanden, wurde ich von Tag zu Tag deprimierter, und ich war manchmal nahe daran, den Job aufzugeben. Stattdessen verbreitete sich das Gefühl, nur noch zu arbeiten, um genügend Geld für ein paar häusliche Reparaturen zu verdienen. Kurzum: Ich entwickelte dasselbe Verhältnis zu Arbeit und Zeit wie die meisten Kollegen. Die großen Vorhaben und Ambitionen, die ich mit der Betriebsarbeit verbunden hatte, schwanden dahin, und die Arbeit reduzierte sich auch für mich zu einer Methode, den Lebensunterhalt bestreiten zu können.

Bereits nach einmonatiger Tätigkeit ertappte ich mich dabei, wie ich die Wochentage zählte und sehnlichst auf meinen freien Tag wartete. Ich wußte gar nicht genau weshalb, denn ich fand meinen Job nicht einmal besonders unerträglich. Schließlich handelte es sich nicht um eine Tätigkeit wie am Fließband, von der ich von vornherein wußte, daß sie überaus entfremdend war. Trotzdem zählte ich die Tage und begann, mich zu fragen, ob und – wenn ja – warum dies auch die anderen Arbeiter täten; etwa auch die noch, die bereits seit Jahren im Betrieb waren. Die Maschinenführer, die Arbeiter in der Gießerei oder der Reparaturwerkstatt – zählten sie etwa alle die Tage unabhängig davon, wie lange sie im Betrieb waren und welche Art von Job sie hatten? Soweit ich mich umhörte, lautete die Antwort „ja“: Fast jeder zählte die Zeit.

An einem Montag wurde mir das zum ersten Mal bewußt, als ein junger Staplerfahrer beim Mittagessen gereizt hinwarf: „Jetzt geht dieser Mist noch viereinhalb Tage!“ Eine Woche später fragte ich einen Kollegen, der seit über 20 Jahren bei Blancs war, ob er immer noch die Tage zähle. „Nein“, antwortete er ohne Überlegung: „Es ist nicht gut, wenn du zählst.“ Doch immer, wenn ich ihn später einmal traf, zählte er die Minuten bis zum Ende der Mittagspause, die Tage bis zum Samstag, an dem er „einen draufmachen“ konnte, die Monate bis zum nächsten Urlaub. Das einzige, was er sich nicht ausrechnete, waren die Jahre bis zur Pensionierung, denn er hatte gar nicht vor, in den Ruhestand zu treten. Er hatte sein Leben lang gearbeitet und wollte dann nicht die Pfennige zusammenkratzen, um mit der Betriebsrente und der Sozialhilfe gerade eben seinen Lebensabend fristen zu können. Er sagte, er werde bis zu seinem Tode arbeiten. Im Gegensatz zu ihm plante ein anderer Kollege, der schon genauso viele Jahre auf dem Buckel hatte, sofort nach seinem 62. Geburtstag in Pension zu gehen. Darüber dachte er fast jeden Tag laut nach: Jeden Mittag um halb ein Uhr wartete er auf die Sirene zum Ende der halbstündigen Pause und die Rückkehr zur Arbeit, weil damit der Zeitpunkt seines Ausscheidens um einen Tag nähergerückt war – bis dahin würden es noch über sieben Jahre sein.

Das Zählen der Tage war nur ein Symptom dafür, wie mies die meisten Arbeiter ihren Job fanden. Ein weiteres Symptom für dieselbe Sache war der Überschwang und der Ausdruck der Erlösung in den Umkleideräumen am Ende der Arbeitswoche. Ein junger schwarzer Kollege, der erst seit ein paar Monaten im Betrieb war, sagte, er könne überhaupt nichts an seinem Job finden: „Es ist schon Arbeit, einfach hier zu sein. Ich reiße eben meine acht Stunden runter“, bekannte er und tat gerade so wenig wie möglich. Ein „Veteran“ in der Firma, der wie viele andere über die Jahre hinweg schon mehrfach zeitweise entlassen und später wieder eingestellt worden war, deutete an, daß er einmal gar nicht mehr erst hatte zurückkommen wollen. „Als ich jung war, machte es mir Spaß zu saufen und mich herumzutreiben“, sagte er, doch schließlich habe er sich entscheiden müssen zwischen den Möglichkeiten, irgendwo Fuß zu fassen und zu arbeiten, oder dem Knast. Unter diesen Umständen entschloß er sich, diesen Job zu nehmen und damit seine Jahre zuzubringen.

Wie groß die Spannbreite der Haltungen zur Arbeit ist, wird an den beiden älteren Arbeitern mit den extrem unterschiedlichen Plänen für ihr Pensionsalter deutlich. Der Kollege, der so früh wie möglich in den Ruhestand treten wollte, beklagte sich ständig über die Arbeit. Der andere regte sich selten auf. Der erstere hatte sich nicht wirklich mit seinem Arbeiterschicksal abgefunden und schien das auch nicht zu wollen. Im Grunde war er mit seiner Entscheidung nicht zufrieden. Diesem Ärger machte er Luft, indem er regelmäßig Arbeitskollegen beschimpfte, während er ansonsten ziemlich schüchtern war. – Der andere hatte sich angepaßt: Er hatte sich damit arrangiert, von seinem Job nichts anderes als Geld erwarten zu können. Er behandelte die Firma genauso wie sie ihn, nämlich kalt und berechnend. Kamen zum Beispiel am Samstag zu wenig Maschinenführer zur Arbeit, als daß er hätte nennenswerte Zulagen herausschlagen können, so ließ er es ruhig angehen. Er war seit mehr als zwei Jahrzehnten an demselben Arbeitsplatz, und wenn er sein jährliches Zwischenzeugnis* erhielt, unterschrieb er es blind, ohne es auch nur zu lesen. „Steht sowieso immer dasselbe drin", kommentierte er kurz, nämlich daß er sich mehr anstrengen und vorsichtiger mit den Maschinen umgehen solle. „Wie willst du denn vierzig Jahre alten Schrott noch schonend behandeln!" resignierte er mit einem Schulterzucken. Er mochte es nicht, von der Firma wie ein Kind behandelt zu werden, aber er wehrte sich nicht dagegen und beschwerte sich auch kaum noch. Er hing eben im Betrieb herum, tat seine Arbeit, verdiente sein Brot und füllte in regelmäßigen Abständen seinen Kühlschrank zu Hause auf, der einzig und allein für Bier reserviert war.

* Betriebliche Zwischenzeugnisse für Arbeiter und Angestellte sind in den USA nicht ungewöhnlich. Vornehmlich in hochkapitalisierten und monopolisierten Unternehmen müssen die jeweiligen Vorgesetzten „einmal jährlich eine formelle Gesamtbeurteilung jedes Arbeitnehmers liefern. Dabei richtet sich die Beurteilung nach den in den Stellenbeschreibungen aufgeführten Aufgaben und Pflichten." (Richard Edwards, *Herrschaft im modernen Produktionsprozeß*, Campus Verlag 1980, S. 153.)
Der Behandlungswillkür des einzelnen Meisters und/oder Abteilungsleiters enthoben, werden die Arbeiter nach exakt festgelegten Kriterien und nach vorgeblich objektiven Normen bewertet – was die hierarchischen Abhängigkeiten natürlich nicht beseitigt, sondern nur verkleidet. Wer mit seiner Bewertung nicht einverstanden ist, kann über den offiziellen Beschwerdegang seiner Firma Berufung einlegen (zum Doppelcharakter des Beschwerdeverfahrens vgl. das Kap. „Schlußfolgerungen" in diesem Buch). Zwischenzeugnisse entscheiden über Höhergruppierung und Abstufung, über „Aufstieg" und Kündigung; auf eine unpersönliche und scheinbar sachgerechte Weise. Sie sind somit ein Bestandteil der „bürokratischen Kontrolle", wie Edwards sie beschreibt. (Anm. d. Übers.)

So kann man sagen, daß die Wahrnehmung der Arbeitszeit eng damit zusammenhängt, wie die Arbeiter von der Firma behandelt werden, aber auch mit deren eigener Einstellung zum Job und zur Firma. Die meisten, zu denen ich Kontakt hatte, mochten ihre Tätigkeit nicht. Ein schwarzer Arbeiter mit Lohngruppe sieben fühlte sich qualifiziert genug, in die sechs aufzusteigen, und beklagte sich, daß er nur wegen der Rassenvorurteile nicht befördert werde. Er behauptete zwar, das lasse ihn kalt, kündigte aber gleichzeitig an, er werde es der Firma schon heimzahlen. So verweigerte er Überstunden, wenn er dazu aufgefordert wurde. – Eine schwarze Arbeiterin in mittleren Jahren, die häufig zehn Stunden pro Tag und zusätzlich samstags arbeitete, meinte, sie wolle sich nicht totarbeiten: „Ein paar Kolleginnen gehen nicht einmal auf die Toilette, nur um ein paar Kolbenringe mehr zu schaffen, um die Zulage rausholen zu können. Ich reiß' mir doch den Arsch nicht auf", wehrte sie ab. Häufig genug schaffe sie nur 65 Prozent ihrer Norm; aber eine Neufestsetzung wollte sie nicht fordern: „Das soll die Firma machen, wenn sie es nötig finden." – Ein junger schwarzer Maschinenarbeiter stand vor Firmenplakaten, die offenbar Stolz auf die Arbeit vermitteln sollten. Er lachte nur, als ich ihn fragte, ob er auch wirklich stolz sei: „Du meinst, wenn ich draußen bin?!" – Ein älterer weißer Kollege, der die Firma vor 15 Jahren als guten Arbeitsplatz kennengelernt hatte, wußte jetzt: „Es stinkt mir, jeden Tag aufs Neue herzukommen."

Bei dieser Haltung zu Arbeit und Arbeitszeit ist es nur natürlich, daß die meisten Arbeiter kaum motiviert sind, einen besonders „guten" Job zu bekommen oder sich irgendwie zu engagieren. Und es ist auch völlig klar, daß sie jede Gelegenheit nutzen, sich für eine Weile abzusetzen. An einem Julitag, als mein Abladecontainer gerade voll war, saß ich in der Versandabteilung zusammen mit zwei jungen Kollegen auf einem Stoß Pappkartons, ließ die Füße herunterbaumeln und schaute auf die obere Laderampe, wo die großen Lkws Fracht auf- und abluden. Wir rauchten, und es war heiß. Ich fühlte mich wohl wie Huckleberry Finn, als er die Schule schwänzte.

Am gleichen Tag hatte mir ein gewitzter Kollege geraten: „Laß dich nicht übers Ohr hauen und schau dir an, wie der Laden läuft. Mach nur das, wofür du bezahlt wirst. Das einzig Wichtige ist, jeden Tag pünktlich zu sein, damit der Meister dich einteilen kann, falls er dich wirklich braucht. Mach halt gerade das Nötigste und schinde ein paar Pausen für dich heraus."

Soweit irgend möglich, versuchen die Arbeiter, ihre Arbeitszeit etwas in den Griff zu bekommen. Ein paar Tage lang arbeitete ich mit einem wahren Meister dieser Kunst zusammen, einem älteren

Schwarzen, der in den 30er Jahren irgendwo nur einen Dollar für den Zehn-Stunden-Tag bekommen hatte. Für seine Begriffe war daher der Job bei Blancs nicht allzu schlecht. Er erzählte mir davon, wie schwer es damals für ihn und seine Frau, die gleichfalls arbeitete, gewesen war, sich durchzuschlagen. „Durch Arbeit ist noch kein Armer reich geworden!" lautete seine Erkenntnis. „Die Regierung zieht den armen Leuten einfach zu viel Steuern ab." Was er von seinem Job hielt, drückte er schon durch seine Bewegungen plastisch aus. Zwischendurch verzog er sich regelmäßig in eine stille Ecke und ruhte sich dort eine halbe Stunde aus. Er war nicht faul – das war an der Art zu erkennen, wie er seine einzelnen Aufgaben verrichtete. Aber er verschwendete an seinen Job auch kein Stück mehr Energie, als er verdiente. Der Mann bekam 3,34 Dollar für die Stunde.

Den Hintergrund all dessen bildet ein regelrechter Kampf zwischen Arbeitern und der Firma um die Kontrolle der Zeit, der schon in der Verwarnung deutlich geworden war, die ich für die Unterhaltung in der Halle bekommen hatte. Die Firma war darauf bedacht, die Kontrolle über das zu behalten, was sie bezahlt hatte. Selbst Kollegen, die ich kaum kannte, ließen in kurzen Gesprächen diese Einsicht erkennen. Auf der Toilette fragte mich zwei Tage nach meiner Verwarnung ein Staplerfahrer von der Nachtschicht mit gespieltem Vorwurf, ob ich denn auch Sam um Erlaubnis gebeten hätte, austreten zu dürfen, und fügte gleich hinzu: „Es kommt noch so weit, daß wir in der Arbeitszeit nicht mehr pissen gehen dürfen, sondern nur noch in den Pausen."

Sowohl die Haltung der Kollegen zur Arbeitszeit als auch das Vorgehen und die Praktiken der Firma gegenüber den Arbeitern wurden an dem Konflikt um die Überstunden deutlich. Vielleicht gerade wegen der gravierenden Interessengegensätze zwischen Arbeitern und Betriebsleitung in diesem Punkt offenbart er einen Gutteil der Realität des Fabriklebens. Meine eigene Erfahrung mit der Verpflichtung zu Überstunden war noch etwas anders als die der meisten Kollegen, da ich es mir leisten konnte, sie abzulehnen. Gerade dadurch wird aber vielleicht ein bestimmter Aspekt des Problems besser beleuchtet.

Ich wurde unter der klaren Voraussetzung eingestellt, daß ich eine beträchtliche Anzahl von Überstunden pro Woche abzuleisten hätte. Obwohl die gewerkschaftlichen Bestimmungen des Anstellungsvertrags Überstunden der Freiwilligkeit des einzelnen überließen, hatte ich praktisch doch keine andere Wahl, wenn ich den Job haben wollte. Anfangs hatte ich keine einzige Überstunde machen wollen, und im Gegensatz zu den meisten Kollegen war ich dazu auch finanziell nicht gezwungen. Sicher war der anderthalbfache Lohn für die Überstunde willkommen, aber meine Familie konnte ihren guten Lebensstandard auch ohne ihn beibehalten. Doch je vertrauter mir die Arbeit wurde, desto vertrackter wurde die Sache mit den Überstunden.

Ich hatte das Gefühl, daß oft neun oder zehn Stunden pro Tag nötig wären, um den Müll wegzukriegen und den Job anständig zu machen. Am besten fand ich es unter diesen Umständen, die Samstagsarbeit zu streichen, um das Übermaß an Arbeitsstunden zu reduzieren. Auf diese Lösung drängten auch mein Sohn und meine Frau. Während der ersten 60 Tage, der Probezeit, arbeitete ich sechs Tage, also 56 Stunden pro Woche. Ausnahme waren die zwei Wochen Betriebsurlaub, als ich nur eine Fünf-Tage-Woche hatte. In dieser Zeit wurde meine Samstagsarbeit ganz unbeabsichtigt zum ersten Mal Thema: Ich war neu im Betrieb und wußte noch nicht, daß ich jede Woche am Schwarzen Brett nachsehen mußte, ob ich für den Samstag eingeteilt war oder nicht. Ich ging selbstverständlich davon aus, wieder kommen zu müssen wie gewöhnlich. Als mich der Meister an dem Freitag vor der ersten Firmenschließung fragte, ob ich am Abend noch ein paar Stunden dranhängen könnte, stimmte ich zu, ohne mir weiter Gedanken über die Arbeit am nächsten Tag zu machen. Nach den zwölf Stunden vom Freitag stand ich also am Samstagmorgen um sechs Uhr vor dem geschlossenen Betrieb und ließ mir da erst sagen, daß ich schließlich gar nicht eingeteilt gewesen bin. Es war mein Fehler gewesen, aber ich freute mich über den unverhofften freien Tag.

Es konnte jedoch auch anders kommen. In der zweiten Betriebsurlaubswoche fragte ich den Meister, ob er mich Samstags bräuchte, denn ich wollte über's Wochenende meine Eltern in New York besuchen. Er verneinte, und ich sagte ihm noch, daß ich das Wochenende also verplanen würde. Aus verschiedenen Gründen, auf die ich keinen Einfluß hatte, geriet die Müllabfuhr im Laufe der Woche ins Stocken, und am späten Freitagnachmittag kam Sam mit den Worten auf mich zu: „Ich wollte nur sichergehen, ob du weißt, daß du morgen arbeiten mußt.“ Ich war sauer und erklärte ihm: „Ich werde nicht arbeiten. Das geht nicht!“ Schließlich hätte ich den freien Samstag schon Anfang der Woche mit ihm festgemacht und wollte wegfahren. Sam fand dann jemand anderen an meiner Stelle.

Soweit ich mich erinnere, arbeitete ich danach bis zum 14. September jeden Samstag. In dieser Zeit spürte ich immer stärker, wie mein Familienleben und überhaupt die verbleibende Freizeit beeinträchtigt wurden. Als meine Probezeit Anfang September abgelaufen war, sagte mir der Meister, daß ich nicht jeden Samstag zu arbeiten brauchte. Einmal im Monat könne ich freinehmen; dann würde ein Kollege für mich einspringen, der mit dem Job vertraut ist. Da wir schon bei dem Thema waren, sagte ich ihm, daß mir meine Familie wegen der übermäßigen Arbeitszeit schon in den Ohren liegt. Sam schlug darauf vor, ich könnte während der Woche abwechselnd um sechs und um acht Uhr anfangen. In der Konsequenz hätte das für mich bedeutet, daß ich die täglich anfallende Arbeit in kürzerer Zeit bewältigen müßte, ohne den Samstag frei zu bekommen. Deshalb machte ich ihm den Vorschlag, lieber abwechselnd samstags zu arbeiten. Im Stillen war das für mich ein Schritt in die Richtung, samstags überhaupt nicht mehr arbeiten zu müssen, doch das band ich ihm in dem Moment nicht auf die Nase. So dachte er zweifellos, es ginge nur darum, die Samstagsarbeit einzuschränken, und auf dieser Basis stimmte er zu.

Im Anschluß an dieses Gespräch achtete ich sehr darauf, daß der abwechselnde Arbeitsturnus an den Wochenenden auch tatsächlich eingehalten wurde. Mein Meister zeigte zwar durchaus Einsicht für meine Wünsche, befaßte sich aber weniger damit, da er verständlicherweise Wichtigeres erledigen mußte. Am Samstag, dem 28. September, fragte ich ihn, ob ich die beiden folgenden Samstage frei bekommen könnte, um einiges zu erledigen. Davor hatte ich wieder zwei Samstage nacheinander gearbeitet. Er stimmte bereitwillig zu und sagte, er hätte mir eigentlich schon wie vereinbart diesen Samstag frei geben wollen, aber er habe nicht genügend Leute gefunden. Er versicherte mir sogar ausdrücklich, daß nach den beiden folgenden Wochen der abwechselnde Turnus beibehalten werden sollte. Ich war angenehm überrascht und geradezu dankbar.

Von da an gelang es eine Zeitlang, mehr oder weniger jeden zweiten Samstag frei zu bekommen. Ich arbeitete nur dann außer der Reihe, wenn Sam mich aus einem besonderen Grund brauchte. Dafür stimmte er gewöhnlich zu, wenn ich entgegen der Regel den Samstag frei haben wollte. Meine Familie und ich fanden jedoch allmählich jegliche Samstagarbeit unzumutbar, und im Laufe der Zeit versuchte ich wiederholt, diesen Punkt mit Sam zu besprechen. Ich gab ihm offen zu verstehen, daß ich wegen der vielen Überstunden Familienprobleme hätte, und ließ auch erkennen, daß ich samstags eigentlich gar nicht mehr arbeiten wollte.

Im November wurde dann zwischen der Gewerkschaft und der Firma ein neuer Tarifvertrag abgeschlossen, der versuchsweise die Bestimmungen für die Überstundenleistung änderte. Nach dem alten Vertrag waren Überstunden eigentlich freiwillig gewesen, doch konnte die Firma dem Arbeiter auch verbieten, bei anderer Gelegenheit in der Woche Überstunden zu machen, wenn er die Samstagsarbeit verweigerte. Nach dem alten Vertrag ging es für den

Arbeiter also um alles oder nichts: Entweder er ließ sich auf die Überstunden ein, wie sie die Firma verlangte, oder er riskierte es, sämtliche Überstunden zu verlieren. Nach dem neuen Vertrag hatte der Arbeiter das Recht, Samstagsarbeit entweder generell zu verweigern oder dies für jede Woche neu zu entscheiden, ohne damit das Recht zu verwirken, je nach Arbeitsanfall während der Woche Überstunden zu leisten, soweit ihn die Firma benötigte.

In dieser Lage kam der Konflikt um meine Samstagsarbeit langsam zum Höhepunkt. Ich hatte den Samstag vor dem langen Wochenende des Thanksgiving Day gearbeitet, als der Betrieb ohnehin vier Tage geschlossen blieb. Daher ging ich davon aus, daß ich den nachfolgenden Samstag frei bekommen könnte – das war gerade der 7. Dezember, mein Geburtstag. Am Freitag vorher sah ich allerdings, daß ich trotzdem zur Arbeit eingeteilt war. Ich wollte zwar wegen der Angelegenheit keinen großen Ärger bekommen, hatte jedoch auch wenig Lust, an meinem Geburtstag zu arbeiten. Ich sprach Sam darauf an, doch der erwiderte, daß er mich brauche; sonst hätte er mich nicht eingeteilt. Am Samstag würde er überhaupt jeden Kollegen brauchen. „Es ist aber mein Geburtstag", bohrte ich weiter. Aber er blieb dabei: Er könne es nicht ändern, er brauche mich, und wenn er mich ersetzen könnte, so hätte er es bereits getan. Er wollte mir allerdings entgegenkommen und schlug vor, ich brauchte nur den halben Tag zu arbeiten, so etwa vier Stunden – das ist die Mindestzeit, die die Firma bezahlen muß, wenn man die Arbeit antritt. Ich war einverstanden, denn unter den gegebenen Umständen schien es der einzig gangbare Kompromiß zu sein. Ich war sogar froh, daß er sich nun doch noch bemühte, meine Wünsche wenigstens ansatzweise zu berücksichtigen. Zugleich war mir jedoch klar, daß nur die Firma Gewinn von diesem Kompromiß hatte, während ich wie gewöhnlich um sechs Uhr im Betrieb sein mußte.

Der Vorfall bestärkte mich in meiner Entschlossenheit, die Samstagsarbeit weiter abzubauen. Ein paaar Tage später teilte ich dem Meister nochmals mit, daß ich ausschließlich dann am Samstag kommen wolle, wenn er mich unbedingt braucht. Trotzdem teilte er mich in den beiden verbleibenden Wochen bis Weihnachten wieder ein. Entsprechend beschwerte ich mich jeweils, nachdem der Dienstplan Donnerstagabend oder Freitag früh ausgehängt war, und hoffte darauf, daß ich nach und nach doch bei ihm durchdringen würde. Aber ich hatte mich gründlich geirrt.

Nach einem außergewöhnlichen neuntägigen Weihnachtsurlaub, der übrigens nach dem neuen Tarifvertrag bezahlt wurde, fing ich am 2. Januar, einem Donnerstag, wieder bei Blancs an und freute mich schon darauf, den folgenden Samstag mit meinem Sohn

Sören zu verbringen. Er war während der Feiertage mit seiner Mutter in New York gewesen und hatte an diesem Samstag seinen elften Geburtstag. Doch schon wieder stand mein Name auf dem Dienstplan wie jedesmal seit dem Wochenende vor Thanksgiving Day. Ich war sauer auf Sam und fühlte mich von ihm mißbraucht. Ich war der Meinung, daß er jetzt eigentlich wissen müßte, was ich von der Samstagarbeit halte. Ich wollte eigentlich nicht noch einmal wegen dieser Frage mit Sam aneinandergeraten, vor allem auch deswegen, weil mein erstes Zwischenzeugnis nach sechs Monaten bald fällig war. Aber nun ging es schon wieder los!

Ich ging rauf zu Sam und sagte ihm, daß ich am Samstag nicht kommen wolle. Er war alles andere als erfreut, und wir gerieten in Streit. Ich hielt ihm vor, ich hätte ihm oft genug gesagt, daß ich samstags nur im Notfall arbeiten wollte. „Aber ich brauche dich", erwiderte er. Ich gab zurück: „Seit Thanksgiving Day hast du mich jeden Samstag eingeplant. Hast du mich etwa auch jeden Samstag gebraucht?" Er tat, als würde er mich nicht verstehen, und wies mich darauf hin, daß Victor schließlich in den vergangenen Wochen mehrfach für mich eingesprungen sei. Nun trumpfte ich auf: „Aber erst hattest du mich eingetragen. Den Victor hast du erst bestellt, als ich mich beschwert hatte." Wir wurden beide immer wütender. Ich brachte noch vor, daß mein Sohn Geburtstag hätte. „Das kann ich nicht ändern", antwortete er lakonisch. „Ich weiß, daß dir das egal ist. Aber mir nicht!", brauste ich auf: „Ich mußte schon an meinem eigenen Geburtstag arbeiten, und das nur, weil du behauptet hast, daß du mich brauchst." – „Schlimm für dich", gab er kühl zurück, „aber ich mußte an meinem Geburtstag auch arbeiten." Ich ließ nicht locker: „Wenn du das vorgezogen hast, ist das doch dein eigener Fehler. Ich hatte jedenfalls keine Lust, an meinem Geburtstag zu arbeiten." Darauf fragte er fast schon rhetorisch, ob ich etwa samstags überhaupt nicht mehr arbeiten wollte. „Genau – und das habe ich dir schon ein paarmal erklärt", fauchte ich ihn an. „Ich habe dir immer gesagt, daß ich am Samstag nur arbeiten will, wenn du in der Klemme sitzt." Worauf der Meister abschloß: „O.K. – dann komm von jetzt ab in der Woche jeden Tag um acht."

Ich war wie erschlagen. Ich war zwar nicht generell dagegen, überhaupt keine Überstunden mehr zu machen, wenn ich auch um das Arbeitstempo fürchtete. Aber mich machte wütend, daß er die Anweisung offenbar als Strafe verstand, und das sagte ich ihm auch. Ich wies ihn noch darauf hin, daß er nach dem neuen Tarifvertrag kein Recht hatte, mich für die Ablehnung der Samstagsarbeit zu bestrafen. So trennten wir uns.

Erst einmal schaute ich mich nach meinen Gewerkschaftsvertretern um, fand aber keinen. Stattdessen traf ich Ron Merritt, den Abteilungsleiter. In seinem Büro erzählte ich ihm aufgebracht den Verlauf der Ereignisse. In der ihm eigenen kühlen, unvoreingenommenen Art wies er mich zurecht, ich solle erst einmal aufhören zu brüllen, wenn ich die Angelegenheit mit ihm diskutieren wolle. Ich entschuldigte mich, sagte, daß mich Sams Verhalten eben ärgere, und berichtete nun mit größerer Ruhe weiter: Ich hätte dem Meister wiederholt erklärt, daß ich samstags nicht arbeiten wolle, weil ich deshalb Krach mit meiner Familie hätte. 48 Wochenstunden würden mir reichen, und ich hätte es nicht nötig, 56 Stunden zu arbeiten. – Sam hätte mich wahrscheinlich gebraucht, warf Ron mit unbewegtem Pokergesicht ein. Darauf erzählte ich ihm noch, daß mich Sam seit dem 21. November für jeden Samstag auf den Dienstplan gesetzt hatte. Vor allem kündigte ich an, daß ich mich schriftlich beschweren wolle und damit auch durchkommen würde. – Der Abteilungsleiter versicherte, er werde die Sache mit dem Meister besprechen.

Ich fühlte mich schrecklich. In der ganzen Zeit meiner Fabrikarbeit war dies die schlimmste Auseinandersetzung mit meinem Meister gewesen. Aber ich war entschlossen, nicht klein beizugeben. Am nächsten Tag, einem Freitag, kam ich wie gewöhnlich um sechs Uhr zur Arbeit und wurde dann nie wieder auf den Streit angesprochen.

Zwei Wochen später bekam die Angelegenheit dadurch einen etwas ironischen Beigeschmack, daß sämtliche Überstunden wegen drastischer Produktionseinschränkungen gestrichen wurden. Für viele Kollegen in der Firma war dies ein ziemlich harter Schlag, denn eine ganze Reihe hatte allein durch Überstunden 30 bis 50 Prozent ihres gesamten Wochenlohns erarbeitet. Obwohl die anderen Kollegen auch nicht viel mehr Spaß an Überstunden hatten, war doch ihre Situation von meiner grundsätzlich verschieden, da sie einfach finanziell abhängig waren von dem zusätzlichen Geld. Vielfach waren sie zu Überstunden gezwungen, um ihren Familien einen gerade eben ausreichenden Lebensstandard sichern zu können. Für diese Gruppe ist die Arbeitszeitregelung sowieso eine Farce, weil sie ökonomisch unter dem Druck stehen, „freiwillig“ mehr zu arbeiten.

Mir erzählte ein Kollege, der seit fast zehn Jahren bei Blancs war, daß er ohne Überstunden nicht mehr über die Runden komme. Natürlich würde er das gerne vermeiden, weil ihm überhaupt keine Zeit mehr bleibe, um zu sich selbst zu kommen. Bei dem geringen Lohn habe er aber das Gefühl, jede Gelegenheit zur Arbeit ausnützen zu müssen. – Ein anderer Kollege, der nur selten die Möglichkeit für Überstunden bekam, arbeitete zusätzlich schwarz. In der Frühstückspause beklagte er sich einmal, es sei fast gar nicht möglich, mit der 40-Stunden-Woche auszukommen. – Der Kollege neben ihm stimmte voll Bitterkeit ein: „Das wäre schön, wenn man von 40 Stunden in der Woche leben könnte!"

Machten diese Leute etwa freiwillig Überstunden? Machen es all die angestellten Amerikaner, die auf Konsum getrimmt sind, um sich einen höheren Lebensstandard erlauben, und arbeiten, um ihre diversen Raten abzahlen zu können? Wie ist das bei dem Kollegen, der am Sonntag 13 Stunden arbeitete, dafür 120 Dollar einstrich, aber am folgenden Montag so kaputt war, daß er nichts richtig zustande brachte? Er hatte den Sonntag über gearbeitet, während zu Hause seine Frau bis halb acht Uhr abends darauf gewartet hatte, noch einmal mit der Familie ins Grüne fahren zu können. Dieser Arbeiter hatte das Gefühl, er könne sich am Wochenende nicht einmal einen freien Tag leisten, um sich auszuruhen.

Wie war es an jenem Augusttag zu Feierabend mit meinen beiden Kollegen mit der Freiwilligkeit bestellt? Wir waren gerade alle auf dem Sprung in die Umkleideräume, als Ron kam und zu dem Arbeiter sagte, der den vergangenen Sonntag so lange geschafft hatte: „Sagtest du nicht, du wärst fertig mit deiner Arbeit am Heizkessel?" – „Stimmt!" bestätigte der. – „Bist du nicht!" gab Ron zurück und grinste herausfordernd. Irgendetwas sei da noch gebrochen, und ein Kabel müsse ausgewechselt werden. Doch der Kollege empörte sich: „Erstens ist Feierabend, und zweitens habe ich am Sonntag 13 Stunden gearbeitet. Das langt jetzt." Der Abteilungsleiter steckte ein bißchen in der Klemme und fragte nach Freiwilligen, aber es meldete sich keiner. Daraufhin wandte er sich an einen anderen, um den zu überreden. Doch der versuchte, sich herauszuhalten, ohne klar „ja" oder „nein" zu sagen. Ron drängte weiter in ihn, bis der Kollege sich an einen Arbeiter wandte, der ihm normalerweise zur Hand ging, und ihn fragte: „Willst du noch arbeiten?" Nun suchte auch der nach Ausflüchten. Ron beobachtete nur den Fortgang der Dinge und wartete ab. Es endete damit, daß die beiden Kollegen zwei Überstunden dranhängten. – Wie frei war ihre Wahl wirklich angesichts der Autorität des Abteilungsleiters und ihrer eigenen finanziellen Zwangslage?

Es sind nicht nur der ökonomische Druck und die Aussichten auf eine Lohnaufbesserung, die Männer und Frauen dazu bewegen, Überstunden zu machen. Zusätzlich gibt es noch eine ganze Reihe von Gründen. Die Arbeiter wissen zum Beispiel, daß es riskant ist, allzu oft entsprechende Bitten des Meisters abzuschlagen, weil das als „mangelnde Kooperationsbereitschaft" gewertet werden könnte. Arbeiter, die mit diesem Stigma behaftet sind, haben weniger Chancen auf Beförderung und werden häufig von den Vorgesetzten schlecht behandelt. Sie müssen zum Beispiel viel strenger Vorschriften einhalten, die andere nahezu ohne Konsequenzen übertreten können. Auf diese Weise wird der ökonomische Druck, der außerhalb des Betriebs entsteht, verstärkt durch betriebsinterne Pressionen, für die personifiziert der Meister und der Abteilungsleiter stehen – also die Agenten der Firmeninteressen gegenüber den Arbeitern, die damit auch den Arbeitsalltag bestimmen.

Sobald die Überstunden zu etwas Unvermeidlichem oder gar Erstrebenswertem geworden sind, wird die Zuteilung der Überstunden und die Festlegung, wann sie zu leisten sind, zu einem zusätzlichen Mittel der Belohnung oder Bestrafung. So war ein Kollege, dem die Überstunden gekürzt wurden, ganz sicher, daß er damit für eine Beschwerde bestraft werden sollte, die er ein paar Wochen zuvor eingereicht hatte. Bei mir war der Meister mit der Überstundenkürzung zwar nicht durchgekommen, doch hatte sein Vorgehen auf andere Kollegen einen abschreckenden Effekt.

Es ist daher aus vielen Gründen nicht einfach, Überstunden zu verweigern, und das liegt ganz im Sinne der Firma. Der Arbeiter bekommt seinen Job, um für sie Profit zu schaffen. In der Hochkonjunktur ist der Bedarf an Überstunden groß, und meistens wollen und müssen die Arbeiter dann mehr Überstunden leisten, unabhängig davon, zu was sie sonst noch Lust hätten. Geht die Produktion zurück, werden die Überstunden drastisch zusammengestrichen, ohne groß auf die finanzielle Lage der Arbeiter Rücksicht zu nehmen. Die wiederum sind – ermutigt von der Gesellschaft – auf der Basis ihres zusätzlich durch Überstunden verdienten Geldes finanzielle Verpflichtungen eingegangen. Geht die Produktion noch weiter in den Keller, folgt Kurzarbeit: Die Arbeiter haben für die schlechte Absatzlage zu zahlen. Durchweg haben sie es verinnerlicht, den Erfordernissen der kapitalistischen Wirtschaftsordnung zu genügen, wie sie von der Firma definiert und von den Vorgesetzten weitergegeben und durchgesetzt werden.

Das zeigt sich ebenso bei der Urlaubsregelung. Vielen jüngeren Arbeitern stehen nicht mehr als zwei Wochen Jahresurlaub zu, und wann sie ihn nehmen können, bestimmt im großen und ganzen die Firma. Die Kollegen aus den Produktionsabteilungen müssen ihn in die Zeit der Werksferien legen, wenn die Firma sie ohnehin nicht brauchen kann. Im Gegensatz dazu kann ein Großteil der jüngeren Kollegen aus der Wartungsabteilung seinen Urlaub gerade nicht während dieser beiden Sommerwochen nehmen, weil die Firma dann ihre Arbeitskraft dringend für allerlei Instandsetzungsarbeiten im Betrieb benötigt.

Kommen wir noch einmal auf die Sache mit den Überstunden zurück. Hin und wieder werden die Kollegen erst kurz vor Feierabend dazu aufgefordert oder manchmal sogar, wenn sie bereits im Begriff sind zu gehen. Noch schlimmer war es an einem Tag Anfang Februar: Im Wetterbericht wurden zehn Zentimeter Neuschnee angesagt, und um halb fünf Uhr am Nachmittag herrschte bereits dichtes Schneetreiben. Trotzdem wurde niemand für den nächsten Morgen zum Schneeschaufeln bestellt. Eine Kolonne von Hilfsarbeitern wurde erst am späten Abend alarmiert; einige Kollegen wurden gar erst kurz vor Mitternacht aus dem Bett geläutet. Dennoch kamen die meisten von ihnen sogar pünktlich um fünf Uhr früh. Vielleicht kann man dieses Vorgehen, das immerhin einen unglaublichen Eingriff in das Privatleben der Arbeiter darstellt, als einfaches Versehen entschuldigen. Vielleicht hatte aber der Meister mit der Benachrichtigung auch einfach bis zum Abend gewartet, weil er sicher gehen wollte, daß diese Überstunden wirklich erforderlich und vom Standpunkt der Firma zu vertreten waren. Ich weiß es nicht.

In jedem Fall gehen die Interessen der Firma vor, und die Arbeiter können nur einen Rest ihrer Zeit selbst gestalten. Die sinnvollen Tätigkeiten in ihrem Leben bleiben auf die Stunden beschränkt, die die Firma übrigläßt. Doch selbst in diese begrenzte Zeit zum Leben wird noch eingegriffen und hineinmanipuliert. Dies soll abschließend anhand der Gewerkschaftsversammlungen illustriert werden: Weil die Produktion rund um die Uhr in drei Schichten lief und viele Kollegen meist auch samstags arbeiteten, gab es nur noch einen Termin für die Versammlungen, der nicht mit der Arbeitszeit kollidierte und damit viele Arbeiter am Erscheinen gehindert hätte: den Sonntag. Doch das ist ausgerechnet der Tag, der dem „Privatleben" vorbehalten ist. Einmal im Monat fand dieser Termin statt, und wie nicht anders zu erwarten, zog die überwältigende Mehrheit der Arbeiter es jeden Monat vor, nicht zu kommen. Sie gaben damit ihrem Privatleben den Vorrang auf Kosten der einzigen Institution, mit der sie ihre gemeinsamen Arbeiterinteressen hätten verteidigen können. Ohne Zweifel kam diese Entscheidung weder der Firma noch den Gewerkschaftsfunktionären ungelegen.

„Die da oben" I: Das Management

Die Arbeiter in amerikanischen Fabriken sind autoritären Bedingungen unterworfen, die unmittelbar mit der privaten Verfügungsgewalt über die Produktionsmittel zusammenhängen. Der eigentliche Zweck des Produktionsprozesses liegt in der Profiterzeugung für die Firmeneigner. Das schlägt sich tagtäglich im Verhalten und in den Praktiken der Betriebsangehörigen unter- und gegeneinander nieder.

Die autoritäre Struktur der Beziehungen am Arbeitsplatz ist eingebettet in die politische Kultur der Vereinigten Staaten – eine liberal-kapitalistische Kultur. Das hat zwei Aspekte: Einmal gibt es gesellschaftliche Institutionen außerhalb der Arbeitswelt, durch die die grundlegenden autoritären Strukturen, die am Arbeitsplatz so offen und brutal zum Ausdruck kommen, beschönigt und die Amerikaner von ihnen abgelenkt werden sollen. Zum anderen sind die Amerikaner schon vor ihrem Eintritt ins Arbeitsleben dazu erzogen worden, sich der Macht und der Gewalt zu beugen, den Konsum anzubeten und sich eher individuell als kollektiv zu verhalten. Kurzum, die autoritären Beziehungen in der Fabrik und ihre nachhaltigen Auswirkungen auf die Arbeiter können nur deshalb aufrecht erhalten werden, weil andere Institutionen unseres politischen Lebens die Weiterentwicklung der kapitalistischen Wirtschaftsordnung als naturgegeben ausweisen, weil sie sie legitimieren und ihr Geltung verschaffen.

Kapitalismus bedeutet in gewisser Weise: Arbeiter und Arbeiterinnen werden, genauso wie Grund und Boden und Rohstoffe, als Produktionsfaktor behandelt; sie werden so billig wie möglich eingekauft und so intensiv wie möglich ausgebeutet. Um den Profit zu maximieren, müssen die Produktionsfaktoren optimal eingesetzt, das heißt: die Arbeiter den Zwecken des Managements unterworfen werden.

Die Machtausübung der wenigen über die vielen gründet sich auf die schwache finanzielle Situation der einzelnen Arbeiter, auf deren Gefühl der lebenslangen Abhängigkeit von der Betriebsleitung und das daraus resultierende Bewußtsein, angreifbar zu sein. Im großen und ganzen wird in amerikanischen Fabriken die Legitimität der Machtausübung durch die Betriebsleitung nicht bestritten. Die Arbeiter sind sich der existierenden Machtverhältnisse klar bewußt und fügen sich ihnen; sie fordern ihre Vorgesetzten und deren direkte Macht nur selten heraus. Sie gestehen in gewisser Weise der Betriebsleitung und den Eigentümern das „Recht" zu, innerhalb eines weit gesteckten Rahmens Entscheidungen zu fällen, die sich auf ihr eigenes Leben auswirken. Das kommt dem Management natürlich entgegen: seine Ziele lassen sich mit Hilfe anerkannter Autorität effizienter und angemessener durchsetzen als mit unverhüllter Machtausübung. Solange es nicht nötig ist, hält man sich mit Konfrontationen und offenen Auseinandersetzungen zurück.

Die hierarchische Zuweisung von Macht und Autorität drückt sich aus in merklich unterschiedlichen Verhaltensmustern bei Vorgesetzten unterschiedlich hoher Positionen – besonders, wenn sie Anweisungen erteilen. Nehmen wir z. B. meinen Meister und meinen Abteilungsleiter, die einzigen Vorgesetzten, mit denen ich oft in Kontakt kam. Sam, mein Meister, fungierte (wie in seiner Position üblich) als Verbindungsglied zwischen Arbeitern und Betriebsleitung. Er war der direkte Vorgesetzte aller Arbeiter seiner Abteilung und zählte daher schon zur untersten Stufe des Management. Seine Vermittlerfunktion war durchaus kritisch: nach unten hin überwachte er persönlich die Arbeit seiner Untergebenen und gab ihnen Anweisungen – nach oben hin, gegenüber Ron Merritt, dem Abteilungsleiter, und höheren Stellen in der Betriebsleitung, war er verantwortlich für die Erfüllung und Durchführung ihrer Direktiven. Für diese Aufgabe brauchte man jemanden, der ziemlich gut mit Arbeitern auskommen konnte, da er notwendigerweise mit ihnen den Hauptanteil seiner Zeit verbrachte. Hingegen brauchte er nicht allzu wendig und weltoffen zu sein, weil er kaum mit Ausschußsitzungen und Geschäftsverhandlungen zu tun hatte.

Tatsächlich vermittelte mein Meister (wie fast alle, die ich kenne) im Betrieb den Eindruck, ein „richtiger" Arbeiter zu sein. Obwohl er wahrscheinlich an einer psychologischen Schulung teilgenommen und vielleicht auch eine höhere Schulbildung genossen hatte, legte er in seiner Ausübung von Macht und Autorität einen Stil an den Tag, als wäre er einer von uns. Im großen und ganzen war er wie ein Arbeiter gekleidet, trug weder Schlips noch Jackett, war immer mit von der Partie, riß Witze, wurde sauer, fluchte, sprach natürlich auch Slang und schien als Mensch ziemlich offen zu sein. Dieses äußere Verhalten überdeckte jedoch wichtige Aspekte seiner Vorgesetztenrolle, die er nichtsdestoweniger auch verkörperte. Wie andere Meister hielt er z. B. zweifellos gravierende Informationen vor den Arbeitern zurück – wie die über geplante Entlassungen –, da seinem Verständnis nach die Arbeiter kein Anrecht auf vorherige Mitteilung hatten.

Im Gegensatz dazu verkörperte Ron, mein Abteilungsleiter, den Part entschiedener Befehlsgewalt – der Anstrich des Arbeiters fehlte ihm völlig. Er hatte eine schleimige Art und war ziemlich arrogant, stolzierte wie ein Pfau umher, war übertrieben höflich, hatte eine gepflegte Ausdrucksweise und kleidete sich seriös. Gefühlsregungen waren ihm so gut wie nie anzumerken. Obgleich er gut mit den Arbeitern auskam, hielt er immer auf Distanz und Förmlichkeit. Er verbrachte beträchtliche Zeit sowohl mit Arbeitern und Meistern als auch mit höheren Stellen der Betriebsleitung und erörterte mit betriebsfremden Besuchern geschäftliche Angelegenheiten. Während Sams Verhalten wichtige Aspekte seiner Vorgesetztenrolle verdeckte, trug Ron sie offen zur Schau. Wie ein Oberleutnant umgab er sich mit einer Aura aus Selbstdisziplin und Befehlsgehabe. Und ohne das je offen auszusprechen, vermittelte er wie andere Emporkömmlinge aus der Geschäftswelt, dem akademischen Leben und der Politik den einschüchternden Eindruck, daß seine Zeit die kostbarste und sein Urteil das maßgeblichste wäre. Ron war geradezu prädestiniert dafür, andere Leute herumzudirigieren und über ihr Leben zu bestimmen. Wie Männer und Frauen in zahlreichen anderen herrschenden Positionen verstand er sich darauf, Informationen, Verschwiegenheiten, Geheimnisse und kleine Komplimente so zu dosieren, daß seine Untergebenen nicht aufmuckten. Im wesentlichen verkörperte er Gedankengut und Charakterzüge der herrschenden Klasse Amerikas. Sein Auftreten war überzeugend und zweckgerichtet, scheinbar wohlwollend und liberal, aber bei der Durchsetzung seiner Ziele war er so unbarmherzig, wie es seine Vorgesetztenrolle von ihm verlangte.

Es gab Szenen, die das sehr gut illustrieren. Als ich mich weigerte, samstags zu arbeiten, und mein Meister mich dafür bestrafen wollte, schilderte ich Ron den Gang der Ereignisse heftig und laut. Sehr kühl wandte er ein, daß ich aufhören müßte zu brüllen, wenn ich mit ihm reden wollte. An meinem letzten Arbeitstag, als ich mich abhetzte, um meine Arbeit in sieben anstatt der üblichen zehn Stunden hinter mich zu bringen, wies er mich an, noch eine zusätzliche Mülltonne wegzufahren. Das hätte meinen Arbeitsablauf durcheinander gebracht und mich hinter meinen Schritt zurückgeworfen. Also sträubte ich mich, aber er insistierte darauf: „Du hast zu tun, was ich dir sage!“ Zweifellos wäre er normalerweise nicht so bestimmt aufgetreten, aber für ihn war meine Ablehnung ungewöhnlich. Angesichts der deutlichen Demonstration seiner Autorität gab ich nach.

Eine andere kleine Episode offenbart geradezu beispielhaft den Charakter der Ausübung von Autorität und Macht gegenüber Arbeitern. Sie trug sich mit Ron zu, nachdem ich schon entlassen worden war. Gegen Ende meines letzten Arbeitstages hielt ich nach ihm oder Sam Ausschau, um die Schlüssel für die Müllpresse, für die ich verantwortlich gewesen war, zurückzugeben. Da keiner von beiden aufzutreiben war, machte ich ihre Sekretärin darauf aufmerksam, daß ich die Schlüssel auf den Tisch meines Meisters legen würde, was auch der gewöhnliche Platz dafür war. Ich war gerade dabei, als mir die Eingebung kam, lieber auf Nummer sicher zu gehen und mich eines Zeugen zu vergewissern. Daher sagte ich zu einem zuguckenden Kollegen: „Jack, du hast gesehen, daß ich die Schlüssel hierhin gelegt habe." Er nickte.

Mehrere Tage später, als ich zum Fabriktor zurückkehrte, um eine Beschwerde einzureichen, die ich mehr oder weniger nachlässig gegen die Gewerkschaft betrieb, wurde ich am Tor davon informiert, daß mein Meister mich zu sprechen wünschte. Der Pförtner telefonierte im Werk herum, aber da Sam nicht greifbar war, bekam ich endlich meinen Abteilungsleiter ans Telefon. Ron sagte, sie hätten die Schlüssel für die Müllpresse nicht finden können. Offensichtlich verdächtigte er mich der Vergeßlichkeit, der Nachlässigkeit oder der Sabotage, denn er sagte gleich dazu, daß er mir wegen der Schlüssel meine letzte Lohnzahlung gesperrt hätte. Ich war sauer und gekränkt und erzählte ihm, was mit den Schlüsseln wirklich passiert war.

Aber Ron tat so, als hätte er keine andere Wahl: „Ich kann deinen Scheck erst dann freigeben, wenn wir die Schlüssel wiederhaben." Das ging über meinen Verstand. Ärgerlich bestand ich darauf, alles getan zu haben, was ich überhaupt tun konnte, und daß ich dafür auch einen Zeugen hätte. Ich fuhr ihn an: „Erst setzt ihr mich auf die Straße – und dann wollt ihr mir noch meinen Lohn streichen wegen einer Geschichte, die ihr euch selbst eingebrockt habt!" Das hatte gesessen. Zum ersten Mal war Ron kurz davor, die Selbstbeherrschung zu verlieren. Drohend und scharf erwiderte er: „Du bringst mich auf die Palme." „Ist mir scheißegal", schrie ich zurück, versuchte dann aber schnell wieder, uns beide zu beruhigen. Ich schlug ihm vor, noch einmal auf Sams Tisch nachzusehen. Das tat er auch, aber ohne Erfolg. Es war das letzte Gespräch, das ich mit ihm hatte. Später kam mein Meister an den Apparat, der wußte, daß ich weder unredlich noch vergeßlich war und erst recht kein Saboteur. Sam hatte keine Ahnung, daß meine Lohnzahlung zurückgehalten worden war und wollte nun alles dafür tun, um den Scheck freizubekommen. Das gelang ihm dann auch.

Dieser geringfügige Anlaß ist typisch für die Tatsache, daß die Betriebsleitung, wenn die Autorität zu versagen droht, schnell dazu übergeht, ihre Macht auszuspielen, und die Arbeiter damit zu disziplinieren sucht. Soweit ich sagen kann, war die Sperrung meines Lohnes kein Racheakt. Ron wollte einfach eine gewisse Kontrolle über mich behalten, für den Fall, daß seine Verdächtigungen stimmten. Er handelte durchaus rational, im Einklang mit seiner Vorgesetztenrolle und mit den Interessen der Firma. Wäre ich ein einfacher Arbeiter gewesen – frisch gefeuert, mit wahrscheinlich harten Zeiten vor Augen –, so hätte er mir den *einzigen* Scheck verweigert, von dem ich in den paar Wochen vor dem ersten Arbeitslosengeld noch hätte leben können.

Arbeiter sind darauf ausgerichtet, den Wünschen der Betriebsleitung nachzugehen. Als ein Kollege nach wiederholtem Ärger mit seinem Meister witzelte: „Ich spring' auch vom Dach, wenn der das von mir will; ich werd' schließlich für's Gehorchen bezahlt", da kennzeichnete er treffend die Art von Zusammenarbeit, die die Betriebsleitung von den Arbeitern erwartet. Ein anderer Mann, der die „Kooperation" verweigerte und sich während der Arbeitszeit bei seinem gewerkschaftlichen Sicherheitsbeauftragten über den Zustand einer Maschine beschwerte, durch die er sich gerade verletzt hatte, erhielt dafür eine Verwarnung. Ihm wurde gesagt, daß er den Vertragsbestimmungen gemäß die Erlaubnis seines Meisters bräuchte, bevor er mit dem Sicherheitsbeauftragten sprechen könnte. Ein weiterer Arbeiter versuchte, ohne gewerkschaftliche Unterstützung eine Lohngruppe höher eingestuft zu werden, da er meinte, ohnehin schon häufig genug entsprechende Arbeiten ausführen zu müssen. Sein Meister wimmelte ihn ab: „Du mußt machen, was dir gesagt wird." Darauf erwiderte der Arbeiter: „Das weiß ich. Das weiß jedes Kind, aber mit Fairness hat das nichts zu tun."

Arbeiter leben in einem Wald von Vorschriften und werden behandelt und diszipliniert wie Schulkinder. Bloß müssen sie regelmäßig eine dieser vielen Bestimmungen verletzen, um ihrer Arbeit nachkommen zu können, um ihre Selbstachtung und ihren Stolz zu bewahren und/oder um sich vor Überausbeutung zu schützen. Aber der dauernde Verstoß gegen die Bestimmungen macht sie wiederum angreifbar und disziplinierbar. Dieses ganze Arrangement ist psychisch und politisch destruktiv für das bißchen Selbstachtung und Selbstbestimmung, das den Arbeitern in unserer Gesellschaftsordnung überhaupt zugestanden wird.

Mehr noch: In einer Gesellschaft und bei einem Way of Life, wo jedermann nach Lob und Anerkennung irgendwelcher Autoritätspersonen hechelt, sind die Arbeiter einer Arbeitswelt ausgesetzt, in der sie so gut wie nie Wertschätzung oder Bestätigung erfahren. Autorität und Macht in der Fabrik dienen der Organisation und der Disziplinierung, eben nicht der Anerkennung. Die Fabrikarbeit ist im allgemeinen schon unbefriedigend und sinnlos genug, aber ohne geäußerte Anerkennung ist sie überaus frustrierend. Die Arbeiter haben das Gefühl, nicht als Männer oder Frauen geschätzt, sondern als Dinge behandelt zu werden, die man – nach Nutz und Frommen der Produktion – manipulieren und ersetzen kann. Auch ich hatte das ausdrückliche Bedürfnis, als „guter Müllkutscher" anerkannt zu werden; daß das keinem Vorgesetzten auch nur eine Bemerkung wert gewesen ist, hat mich oft depressiv und wortkarg gemacht.

Die Wertschätzung seiner eigenen Leistung erfährt ein Arbeiter nur über den finanziellen Umweg in Form von Akkordzuschlägen, die dann automatisch und unpersönlich fällig werden, wenn er über die von den Refa-Leuten festgesetzte Norm kommt. Damit solche Zuschläge herausspringen, müssen Arbeiter jedoch häufig die Nachweise über ihre Leistungen manipulieren – und das setzt Meister voraus, die diese Praxis tolerieren. Bei dieser Mogelei allerdings leidet das Selbstimage der Arbeiter nur noch mehr; es sei denn, ihre Befriedigung kommt daher, der Firma eins auszuwischen. Wenn allerdings der zuständige Meister ein Auge zudrückt und die Mogeleien toleriert, dann werden die Arbeiter faktisch noch abhängiger von ihm.

Ich möchte noch etwas bei der Abhängigkeit der Arbeiter bleiben und bei ihrem Gefühl, dem Management völlig ausgeliefert zu sein. Da ist einmal die durchorganisierte, arbeitsteilige Produktion in amerikanischen Fabriken. Die den Arbeitern nur fragmentarisch bewußten Erfahrungen bewirken, daß die Organisation der Produktion ein Geheimnis ist, das nur von den Vorgesetzten gelüftet werden kann, weil nur sie noch einen Überblick haben. Entsprechend halten sich die Arbeiter für unfähig, die Produktion selbst zu organisieren. Ihre präformierten Erfahrungen und Empfindungen legitimieren also die Macht der Vorgesetzten und umgekehrt die eigene Abhängigkeit und Unterwürfigkeit: ein Teufelskreis.

Da ist zum andern die ganz alltagspraktische Abhängigkeit, die sich über den Zustand der Arbeitsgeräte und die Sicherheitsmaßnahmen vermittelt. Die Betriebsleitung geht mit beiden ziemlich nachlässig um, was ironischerweise die Arbeiter nur noch mehr unterwirft. Weil nämlich z. B. die Arbeitsgeräte schlecht gewartet werden und oft kaputt sind, müssen die Arbeiter dann jeweils zu ihrem Meister oder ihrem Abteilungsleiter laufen und begründen, warum schon wieder eine Reparatur fällig ist. Und weil die Werkshallen im großen und ganzen keine sicheren Arbeitsplätze sind, müssen die Arbeiter dauernd mit ihren Vorgesetzten um die minimalsten Schritte feilschen, damit die Risiken erträglich werden.

Auch ich konnte die Rahmenbedingungen meines Jobs überhaupt nicht beeinflussen. Ich konnte solange nicht gut und richtig arbeiten, bis meine Vorgesetzten „meinen“ regulären Gabelstapler überholen ließen oder mir einen anderen besorgten. Da ich mich aber wohl oder übel für ein ordentliches Arbeiten verantwortlich fühlte, befand ich mich gewissermaßen in der „Gewalt“ meines Meisters – zeitweise bis hin zur reinen Hilflosigkeit. Erst nach und nach gab ich den Anspruch meiner Verantwortlichkeit auf und schränkte auch meine Eigeninitiative ein. Ich hatte kapiert: ob ich gut arbeitete oder nicht, hing zum allerwenigsten von mir selber ab. Zwar fühlte ich mich nun weniger abhängig von Sam und Ron, war aber unbefriedigter von meiner Arbeit.

Um die prinzipielle Abhängigkeit der Arbeiter auch praktisch aufrechtzuerhalten, setzt das Management natürlich alle denkbaren Mittel und Methoden ein. Nahezu völlig willkürlich befindet es über Belohnung und Strafe: es gewährt und verweigert Überstunden, stellt Verwarnungen aus (die in die Personalakten aufgenommen werden), versetzt, befördert, entläßt und stellt frei. Zusätzlich zu all diesen formellen Regelungen können Vorgesetzte mit allerlei kleinen und informellen Maßnahmen den Arbeitern zweifellos das Leben schwer und unerträglich machen.

Die Angst vor Entlassungen und Freistellungen ist allgegenwärtig. Ich kenne Arbeiter, die glauben, daß man sich nicht zu häufig über seinen Meister beschweren soll, weil man dann entweder sofort entlassen oder auf einen so unerträglichen Arbeitsplatz versetzt wird, daß man von selber geht (sofern man nicht, wie es auch ab und zu vorkommt, von Management oder Gewerkschaftsführung kooptiert wird). Diese Arbeiter glauben, daß sogar das Bestehen auf vertraglich abgesicherten Rechten von der Firma als Unruhestiftung angesehen wird. Unabhängig davon, ob das stimmt (meinem Einblick zufolge stimmt es), haben solche weit verbreiteten Vermutungen eine zwar subtile, aber enorm abschreckende Wirkung. Kaum jemand traut sich, sich über die Arbeitsbedingungen zu beschweren. Und wenn doch, dann bleibt er ein Einzelkämpfer ohne große Unterstützung.

Als ein älterer Kollege davon hörte, daß ein anderer Arbeiter die Firma vor Gericht verklagt hatte, war sein Kommentar: „Der ist jetzt die längste Zeit hier gewesen.“ Als die Gewerkschaft und die Firma einen neuen Tarifvertrag aushandelten und die paar Aktiven im Betrieb eine Reihe von Kollegen zusammentrommeln wollten, um die Sache zu besprechen, zögerten fast alle, sich privat außerhalb des Betriebes zu treffen. Sie fürchteten um ihre Arbeitsplätze. Als ich in meiner Abteilung versuchte, Unterschriften für eine Petition an die Gewerkschaft zu sammeln, wollte ein Kollege wissen, warum ich deswegen meinen Job aufs Spiel setzen würde. Ich sagte: „Das ist für mich nicht das Wichtigste auf der Welt.“ Er antwortete: „Sag' das bloß nicht so laut, du bist hier sonst ganz schnell eine komische Figur. Hier hat doch jeder Angst, den Job zu verlieren. Deswegen reißt doch niemand das Maul auf." Als jemand aus meiner Abteilung entlassen wurde, der mehr als einmal während der Arbeitszeit getrunken hatte, machte die ganze Abteilung einen höchst eingeschüchterten Eindruck. Ein Kollege redete mir zu, besser wieder samstags zu arbeiten, sonst würde Sam mich noch „drankriegen".

Entlassen zu werden ist für jeden Arbeiter eine Katastrophe, insbesondere für einen langjährigen Betriebsangehörigen und vor allem dann, wenn gerade die allgemeine Wirtschaftslage schlecht ist. Für viele bedeutet die Kündigung das Ende des betrieblichen Pensionsanspruchs. Die Entlassung wird in den Arbeitszeugnissen vermerkt, das Arbeitslosengeld kommt dann erst nach fünf Wochen, und andere Jobs sind schwieriger zu kriegen. Auch die vorübergehenden Freistellungen sind ein gravierendes Druckmittel. Abgesehen davon, daß die Firma Lohngelder einspart, verstärken auf Dauer diese Freistellungen die Unsicherheit und Abhängigkeit der Arbeiter. Es geht ja dabei nicht einfach um unsichtbare ökonomische Kräfte. Den Arbeitern ist klar, daß ihre Vorgesetzten nach eigenem Belieben darüber entscheiden, wer freigestellt wird und wer nicht – weshalb es besser ist, sich mit ihnen gut zu stellen.

Neben den Entlassungen und Freistellungen sind es die Verwarnungen, mit denen das Management seine formelle Autorität und seine Macht unter Beweis stellt. Verwarnungen werden manchmal gleich haufenweise ausgesprochen. Einen Tag nach meiner mündlichen Verwarnung wegen „zu vielen Redens" wurden noch drei andere Männer in der Wartungsabteilung verwarnt, weil sie ihre Sicherheitsbrillen nicht getragen hatten. (Ein Witzbold meiner Abteilung, der wußte, wie gern der Mann, mit dem ich mich „unterhalten" hatte, selber schwätzte, charakterisierte meine Verwarnung als die einzige, die je wegen „zu vielen Zuhörens" ausgesprochen wurde.) Im Durchschnitt arbeiteten diese Männer seit über 15 Jahren in der Firma. Sie wußten, daß es der Firma nicht um die Sicherheit im Betrieb ging, sondern nur um die Versicherungsprämien. Ihnen war bewußt, daß sie wie Kinder eins auf die Finger bekommen hatten, aber sie trugen daraufhin ihre Brillen regelmäßiger und hielten sich eine Zeitlang mit dem Schwätzen zurück. Wenn es willkürlich Verwarnungen hageln kann, dann ist *jedes* Verhalten am Arbeitsplatz potentiell falsch und disziplinarisch zu ahnden. Deshalb ging einmal der erwähnte Witzbold zu unserem Meister und sagte ihm in Antizipation einer realen Situation: „Sam, gib mir jetzt eine Verwarnung – ich weiß, ich mache jetzt irgendwas falsch."

Eine der häufigsten Reaktionen der Arbeiter auf die vielfältigen Methoden, mit denen sie das Management den Anforderungen der kapitalistischen Produktion unterwirft, ist ihre Klage, sie würden von den Vorgesetzten nicht wie menschliche Wesen behandelt. Zwar gehen einige Manager auch freundlicher mit den Arbeitern um, doch hängt generell ein hierarchisches Verhältnis nicht von den zufällig einbezogenen Persönlichkeiten ab. Es geht auch nicht nur um ein mangelndes Interesse des Managements an der Situation der Arbeiter. Vielmehr ist dieser offenbare Mangel die Kehrseite der intensiven Sorge um die Produktion. Wenn sich die Vorgesetzten zwischen den Bedürfnissen der Arbeiter und den Zwängen der Produktion entscheiden müssen, hat konsequenterweise die Produktion Vorrang – ganz unabhängig von ihrer jeweiligen Persönlichkeit. Dieser Konflikt fordert seinen Preis – sowohl von den Managern, die ja der Unternehmensspitze verantwortlich sind, als auch von den Arbeitern.

An dem Gabelstapler, den ich fuhr, fehlte einmal die Kühlerhaube. Als ich meinen Meister darauf hinwies, kamen wir noch ein bißchen ins Gespräch über die ständigen Probleme mit der Einsatzbereitschaft des Staplers. Sam meinte schließlich: „Die Produktion läuft, die Reparaturen hinken nach, und alle stehen unter Druck." Dann mußte er ans Telefon. Dem Anrufer erzählte er, daß er selbst auch unter Druck stünde, deshalb hätte er auch kürzlich zwei Tage blau gemacht. Das war das einzige Mal während meiner sieben Monate im Betrieb, daß ich einen offenkundigen Beweis dafür bekam, wie die Produktion auch den Vorgesetzten auf den Nerv geht. Bei den Arbeitern war dieser Druck dagegen fast täglich evident.

Als ich eines Tages etwas später zur Frühstückspause in die Kantine kam, bekam ich gerade noch mit, wie sich mehrere Arbeiter wütend über einen Vorfall mit dem Abteilungsleiter ausließen. Die beiden am höchsten eingestuften Schwarzen in unserer Abteilung, die übrigens auch zu den höchstrangigen Schwarzen in der ganzen Firma zählten, hatten am letzten Sonntag gearbeitet und waren am Nachmittag schon vor zwei Uhr statt erst um halb drei nach Hause gegangen. Offenbar hatte der Pförtner das Ron Merritt berichtet, der die beiden deswegen am nächsten Tag anraunzte. Sie hatten sich das wohl nicht gefallen lassen und zurückgeraunzt, denn immerhin hätten sie extra ihre Pausen ausfallen lassen, um früher Schluß machen zu können. Während dieser Auseinandersetzung muß dann auch generell die Frage der Sonntagsarbeit angesprochen worden sein, wobei Ron ihnen erklärt hätte: „Wenn die Firma euch braucht, dann müßt ihr sonntags arbeiten." Einer von ihnen hätte darauf geantwortet: „Mein Großvater in South

Carolina hat mir gesagt, es gibt nur zwei Dinge, die ich tun muß: schwarz sein und sterben." Die beiden verweigerten wirklich kaum eine Sonderschicht, wenn sie dazu aufgefordert wurden. Aber sie hielten an ihrer Würde und an ihrem Glauben fest, daß sie selbst bestimmen könnten, ob sie arbeiten oder nicht.

Ein andermal in der Frühstückspause wurde über eine Auseinandersetzung zwischen unserem Meister und einem Arbeiter geschwätzt, der zwar aussah wie ein Kleiderschrank, aber ziemlich sanft war und stotterte. Mittendrin mußte ihn Sam dabei von oben herab angemacht haben, etwa mit: „Halt's Maul!" Der Arbeiter brüllte daraufhin wütend zurück – und zwar ohne zu stottern, worauf alle ausdrücklich hinwiesen, die die Szene mitbekommen hatten. Sämtliche Kollegen an dem langen Tisch schienen über die Sache aufgebracht zu sein. Sie kommentierten den Vorfall mit Bemerkungen wie: „Der Meister soll seine eigenen Probleme zu Hause lassen", „wir sind schließlich keine kleinen Jungs", „die sollen gefälligst mit uns umgehen wie mit erwachsenen Menschen". Sie waren sich einig: Selbst wenn der Meister recht hat, darf er niemanden anschnauzen, und er soll sich keinen vorknöpfen, wenn alle anderen dabei sind. Einer, der immer ein großes Wort führte, meinte zum Schluß: „Wir brauchen uns von Sam keinen Dreck gefallen zu lassen. Die Arbeit ist schon Dreck genug." Alle murmelten Zustimmung.

Solche Vorfälle passierten häufig und in der ganzen Fabrik. Zum Teil spielten dabei natürlich auch Zufälligkeiten eine Rolle, etwa was der Meister für ein Typ und wie er gerade gelaunt war. Aber trotzdem wären sie kaum je vorgekommen, wenn die Arbeiter nicht als reines Mittel der Produktion angesehen und auch entsprechend behandelt würden. Es sind die Autoritäts- und Machtverhältnisse unserer Wirtschaftsordnung selbst, die ein solches Verhalten fast unvermeidlich und solche Konflikte zur Regel machen. Kaum vorstellbar, daß ein Meister seinem Chef sagt: „Halt's Maul." Aber den Arbeitern gegenüber fällt es ihm ungleich leichter. Wo der private Profit obenan steht, wird die Würde der Arbeiter gleichsam routinemäßig verletzt.

Unter diesen Bedingungen verteidigen die Arbeiter energisch ihre übriggebliebenen und brüchigen Vorstellungen von Ehre und Autonomie. Als einmal ein Meister einem Kollegen mit einer schriftlichen Verwarnung drohte, weil er bestimmte Sicherheitsvorkehrungen nicht eingehalten hatte, empfand dieser Mann das als ein dreckiges Spielchen, mit dem er zum reinen Vergnügen des Meisters in die Knie gezwungen werden sollte. Irgendwann hatte der Kollege die Nase voll und baute sich vor dem Meister auf: „Ich bin doch kein Hund oder ein Kind. Ist mir scheißegal, ob ich die

Verwarnung kriege oder nicht – aber ich mache dieses Spiel nicht mehr mit.“ Die Kontroverse ging noch weiter, ein Gewerkschaftsvertreter schaltete sich ein, und schließlich fuhr der Arbeiter den Meister erneut an: „Jetzt langt's. Mach', was du willst, aber red' nicht mehr rum.“ Später meinte er zu mir: „Seit meine Mutter mich in die Welt gesetzt hat, hab' ich es nicht nötig, daß einer über mir steht.“

Genauso nutzlos war meine eigene verspätete Reaktion auf die förmliche mündliche Verwarnung, die ich wegen „zu vielen Redens“ bekommen hatte. Ich weiß noch, wie wütend ich wurde, als ich am nächsten Tag noch einmal darüber nachdachte. Ich wollte mich bei der Betriebsleitung beschweren, weil ich mich ungerecht behandelt und beleidigt fühlte. Als mein Abteilungsleiter mittags in die Kantine kam, hielt ich ihn einfach fest und verlangte höflich, den Vorfall genau zu überprüfen und mich über alle Einzelheiten zu informieren. Ich lief ziemlich ins Leere, weil ich genausogut eine Sphinx hätte ansprechen können. Meinem Meister kam ich später anders: „Wenn wir wie Kinder behandelt werden, dann verhalten wir uns auch wie Kinder.“ Dabei hatte ich nicht den Eindruck, als wäre Sam völlig anderer Meinung; er schien sogar gewisse Sympathien für diese Einstellung zu haben. Er meinte nur, ich hätte mich mit dem Kollegen an einer Stelle unterhalten, wo das zu gut zu beobachten war, und „die da oben“ hätten das eben zu deutlich mitbekommen. Tatsache blieb, daß ich – wie in der Schule – wegen Schwätzens verwarnt worden war. Und so etwas empfand ich schon an sich als beleidigend und entwürdigend, ganz besonders aber in dem betreffenden Fall.

Trotzdem ließ sich die Beleidigung nach Sams beruhigender Erklärung etwas leichter ertragen. Aber solche Erklärungen waren im Betrieb kaum an der Tagesordnung. So, wie das weniger kraß auch in anderen Bereichen unserer Gesellschaft die Regel ist, rechtfertigen sich diejenigen, die etwas zu sagen hatten, uns gegenüber nicht, es sei denn, sie wurden dazu gezwungen oder sie fanden das für ihre eigenen Ziele gerade nützlich. Entsprechend sparsam gingen sie mit allen relevanten Informationen um: ganz offensichtlich eine weitere Quelle und der Ausdruck ihrer Macht und Autorität.

Denn die Unterwürfigkeit und Verletzlichkeit der Fabrikarbeiter wird zum Teil auch dadurch hervorgerufen, daß ihnen ausreichende Vorinformationen über die Maßnahmen des Betriebs und die Absichten der Firma vorenthalten werden, die doch ihr Leben beeinflussen. Mag sein, daß die Firma einfach nicht daran interessiert ist, die Arbeiter zu informieren. Aber diese Annahme geht am Kern vorbei. Den Arbeitern werden solche Informationen nicht einfach vorenthalten, weil das Management wichtigere Dinge zu tun hat, sondern weil dadurch die Arbeiter auch besser unter Kontrolle zu halten sind. Vor allem bei wirtschaftlicher Instabilität macht Unkenntnis die Arbeiter auch unsicher. Für harte Informationen sind sie auf Firmenaushänge angewiesen, die jedoch regelmäßig zu spät kommen, um noch sinnvoll darauf reagieren zu können. Das Management behandelt Informationen als Teil seines Privatbesitzes und benutzt sie dazu, sein autoritäres Regime zu schützen.

So wurden wir eines Tages offiziell davon in Kenntnis gesetzt, daß von morgen an alle Überstunden (bislang eine weit verbreitete und hochgeschätzte Einrichtung) gestrichen werden würden. Uns blieb gar keine Zeit, uns auf diese völlige Umwälzung einzustellen. Es war genau die gleiche Schwäche wie mit den Freistellungen. Diejenigen, die vorübergehend entlassen werden sollten, erfuhren es drei Tage vorher. Die anderen, die bleiben konnten, erfuhren erst später durch ausgehängte Namenslisten, was geschehen war. Bei den Freistellungen wurde im allgemeinen nach den Katalogen und Kriterien des *LIFO*-Systems verfahren: der zuletzt Eingestellte (*L*ast *I*n) fliegt zuerst auf die Straße (*F*irst *O*ut). Wenn auch einige Arbeiter mit langer Betriebszugehörigkeit eine Zeitlang zu Hause bleiben mußten, sie kamen doch als erste wieder auf ihre früheren Arbeitsplätze zurück, wo sie ihre zwischenzeitlichen Nachfolger wieder verdrängten.

Durch diese ganzen Geschichten fühlten wir uns alle zunehmend unsicherer. Wir munkelten täglich über die laufenden Ereignisse, und jeder erzählte jedem, was er aufgeschnappt hatte, auch wenn er es selber nur zur Hälfte glaubte. Die Gerüchte verbreiteten sich von Werkshalle zu Werkshalle und fielen wegen unserer Ängste und der Geheimniskrämerei der Firma auf fruchtbaren Boden. Einmal hieß es, daß einer der Großabnehmer von Blancs einen beträchtlichen Teil seiner Mammutbestellung zurückgenommen hätte; dann, daß der gesamte Auftrag annulliert worden wäre; schließlich in der Woche darauf, daß die Belegschaft dieser Kundenfirma streiken würde – was sich etwas beruhigender anhörte, denn so schien sich der Auftrag nur hinauszuzögern.

Angesichts dieser Sachlage war die Informationspolitik der Betriebsleitung katastrophal. Bevor die Freistellungen wirklich verfügt wurden, verbreiteten die Meister unentwegt, niemand bräuchte sich Sorgen zu machen, wir wären noch reichlich mit Aufträgen eingedeckt. Auch die Meister bekommen natürlich nur in dem Maße Informationen, wie es die höheren Stellen für nötig halten. Aber sie werden sich schon aus Eigeninteresse hüten, zur Demoralisierung der Arbeiter beizutragen, denn ihr eigener Erfolg hängt von deren Arbeitswilligkeit ab.

Vor diesem Hintergrund des ewigen Abschirmens, Vorenthaltens, Aushungerns muß man die Arbeiter verstehen, wenn sie erst einmal abwarteten, um schließlich einzeln herausgegriffen zu werden. Ohne ein Bewußtsein der Solidarität, mit einer schrecklich ineffektiven Gewerkschaft und von vorneherein geringen Hoffnungen verhielten sie sich in dieser Situation ähnlich wie die Wehrpflichtigen während des Vietnamkrieges. Eine direktere Vorgehensweise der Firma an diesem kritischen Punkt hätte die Arbeiter vielleicht dazu gebracht, sich zu mobilisieren und gegen die Freistellungen anzukämpfen – was die Firma und auch die Gewerkschaft ja genau vermeiden wollten. Schlafende Hunde soll man nicht wecken.

Der restriktive Umgang mit Informationen ist in der Fabrik allgemein üblich und durchdringt sogar die kleinsten Angelegenheiten. So war z. B. während der Werksferien in meiner vierten Arbeitswoche die Müllpresse nicht zu benutzen, weil die Standfläche ihres großen Containers neu einbetoniert und mit Schienen versehen werden sollte. Die Bauarbeiten zögerten sich jedoch hinaus, und die Müllberge auf dem Werksgelände türmten sich immer mehr auf, was ich skeptisch und sorgenvoll verfolgte. Trotzdem machte mein Meister keine Anstalten, mir mitzuteilen, wann ich wieder loslegen und die Müllberge wegkarren könnte, obwohl ich ihn wiederholt danach fragte. Als ich das dritte oder vierte Mal ankam, sagte Sam: „Pfusch' mir nicht in meine Arbeit rein." Erst einen Tag, bevor der große Container wieder installiert wurde, erfuhr ich, daß es morgen weitergehen würde. Ich hätte es gerne schon früher gewußt.

Das war kein Einzelfall. Immer wenn ich was wissen wollte, mußte ich mich selbst darum kümmern. Eines Morgens, Mitte August, versuchte ich erfolglos, den alten 173er anzulassen. Sam kam grinsend rüber und sagte: „Kein Wunder – du weißt ja nicht, wie er anspringt." Der will mich wohl veräppeln, dachte ich so vor mich hin, und fragte ihn: „Warum erklärst du es mir denn nicht?" „Tja", erwiderte er überlegen, „das mußt du selber herausfinden". Ich sah, daß er es todernst meinte, und gab zurück: „Ich hoffe, du machst Witze. Guck' dir das Ding doch an!" Er ging darauf nicht ein, sondern meinte nur kurz: „Ich hab' alles getan, was in meiner Macht steht. Ich kann dir keinen neuen Stapler besorgen." Ich sagte: „Na gut, aber der hier ist so gut wie schrottreif. Regelmäßig bleibt er stehen, und es ist nicht mein Problem, wenn ich ihn nicht wieder ankriege." Dann hörte ich Sam ziemlich leise so etwas sagen wie: „Na ja, du wirst dich nicht mehr lange mit ihm herumschlagen müssen." Ich war damals noch in meiner Probezeit und hatte keine rechte Vorstellung davon, was er mit dieser seltsamen

Bemerkung meinte. Wollte er mich loswerden oder den Gabelstapler?

Sam kritisierte mich zwar, weil ich nicht mit dem Motor zurechtkam, aber ich hörte dann, daß er langsam anfing, ernsthaft über eine Reparatur nachzudenken. Ein Mechaniker, den ich fragte, ob man nicht wenigstens irgendwas gegen den Auspuffqualm unternehmen könnte, schüttelte den Kopf: „Der Motor ist im Eimer, aber Sam erkundigt sich schon, was ein neuer kostet." Erst jetzt wurde mir klar, was Sam mit seinem „nicht mehr lange herumschlagen müssen" eigentlich gemeint hatte.

Kurz nachdem ich das erfahren hatte, verbrühte ich mich an dem auszischenden Kühlwasser des Staplers. Das war Morton, dem Kollegen, der mich eingearbeitet hatte, auch schon widerfahren. Irgend etwas mußte jetzt einfach passieren. Verbittert lief ich zu Sam: „Ich könnte dich umbringen!" „Warum?", fragte er betont gleichgültig; er hätte eben erst eine Überholung des Staplers empfohlen, die Sache müßte von denen da oben nur noch bestätigt werden. Als ich fragte, wie lange das dauern könnte, weil ich schließlich keine Lust hätte, mich noch einmal zu verbrühen, sagte er: „Ungefähr zwei Wochen." Ich wartete ab. Nichts geschah. Nachdem fast drei Wochen vergangen waren, rückte ich Sam wieder auf die Pelle und drohte ihm halb flachsend mit dem obersten Boß: „Wenn Mr. Bradshaw demnächst mal einen Tag der offenen Tür veranstaltet, dann gehe ich hin und rede selber mit ihm über den Gabelstapler." Sam, reserviert: „Das gehört nicht zu deinen Aufgaben." „Aber zu meinen Aufgaben gehört es anscheinend, das Ding zu fahren, und das ist mir zu gefährlich." „Wenn du den Stapler nicht fahren willst, dann sag' es mir nur", antwortete Sam ärgerlich und von oben herab. Was hatte ich für eine Wahl? Ich wurde weich und wiederholte noch einmal: „Sam, das Ding ist zu gefährlich." Da setzte er mir langwierig auseinander, daß die Kosten für eine Generalüberholung so hoch wären, daß deshalb die Sache von mehreren höheren Stellen der Betriebsleitung gebilligt und vielleicht sogar die Hauptverwaltung in Pittsburgh eingeschaltet werden müßte. Außerdem hätte es von der Gewerkschaft einige Beschwerden über den Auspuffqualm gegeben. Diese Beschwerden beeindruckten ihn anscheinend mehr als die Fragen meiner Sicherheit und meiner Möglichkeiten, mit der Arbeit klarzukommen. Erst geraume Zeit später und ohne einen weiteren Kommentar wurde der 173er aus dem Verkehr gezogen, und ich konnte endlich mit einem Ersatzfahrzeug arbeiten. Und nach weiteren drei Monaten, gerade drei Tage vor meiner Entlassung, bekamen wir den 173er vollständig überholt zurück.

Vielleicht konnte ich das Informationsdefizit psychisch schwerer aushalten als sonst jemand in der Fabrik. Aber die anderen waren mit denselben Problemen konfrontiert. Morton z. B., der mich angelernt hatte und mich nach meiner Entlassung wieder ersetzte, wurde davon völlig überrumpelt. Erst flog er (noch während meiner Zeit bei Blancs) von seinem zwischenzeitlichen Arbeitsplatz und hing wochenlang rum, ohne recht zu wissen, was er eigentlich tun sollte. Nach meiner formellen Kündigung (als ich schon gehört hatte, daß Morton wieder den Müll wegkarren würde) dauerte es immer noch mehrere Tage, bis die Betriebsleitung geruhte, ihn zu informieren.

Angesichts dieser Demonstration von Macht und Autorität ist es kaum verwunderlich, daß die Mehrheit der Arbeiter jede Verantwortung ablehnt und den Job „herunterreißt". Wer gewissenhaft arbeiten will, aber ohne entsprechende Befugnisse dazu nicht in der Lage ist, wird schließlich extrem frustriert. Die Konsequenz ist, daß Arbeiter in unserer Gesellschaft dazu sozialisiert werden, weniger gewissenhaft zu sein, und eigentlich nur noch diesen Eindruck erwecken müssen. In Wirklichkeit war z. B. ein anderer Gabelstaplerfahrer immer froh, wenn sein Stapler kaputtging und er nicht arbeiten konnte. Für seine Begriffe wurde durch solche Ereignisse nicht seine Zeit, sondern die Zeit der Firma verschwendet. Es kümmerte ihn auch nicht besonders, ob er mit seiner Arbeit fertig wurde – Hauptsache, er bekam sein Geld.

Einmal versuchte ich, an eine Mülltonne heranzukommen, die von einigen Stahlringen im Gang blockiert wurde. Ich bat einen älteren Arbeiter, der dafür verantwortlich war, mir den Weg freizuräumen. Er sagte, sein Flaschenzug wäre kaputt, er könnte ihn nicht einmal für seine eigene Arbeit benutzen. „Aber", fügte er hinzu, „wenn's der Firma egal ist, dann mir erst recht. Die können mich mal."

Ähnlich reagieren Arbeiter, wenn sie die Verantwortung für die Auswirkungen bestreiten, die ihr „Job runterreißen" auf andere hat. Mußten z. B. die LKW-Fahrer die Stahlringe in den Gängen stapeln, weil es anderswo keinen Platz mehr gab, dann störte es sie überhaupt nicht, wenn ich nicht mehr an meine Mülltonnen herankam. Auch mein Meister war fast immer dazu bereit, die Verantwortung für Ausfälle bei den Arbeitsgeräten von sich zu weisen und auf die Arbeiter zu schieben, um selbst über die Runden zu kommen. An dem Tag, an dem ich mich verbrüht hatte, traf mich zusätzlich fast noch der Schlag, als er mich fragte, ob ich den Kühler schon einmal „durchgeblasen" hätte. Ich hörte zum ersten Mal davon, daß man Kühler „durchblasen" muß. „Hat Morton dir das nie erzählt?", fragte er ungläubig. „Nein, genauso wenig wie du", erwiderte ich sauer und gequält. „Na, dann weißt du's jetzt: jede Woche einmal", sagte er.

Da verletzte ich mich nun an einem abgewirtschafteten Firmenfahrzeug, und Sam behauptete obendrein, ich hätte es nicht sorgfältig genug gewartet: an dem Unfall waren also nicht er oder die Firma, sondern ich oder Morton schuld. Schon möglich, daß man ab und zu den angesammelten Staub vom Kühlergrill pusten mußte, um durch eine bessere Luftzufuhr die Temperatur des Kühlwassers etwas zu senken. Aber selbst wenn alles sauber war, lief der Stapler schnell heiß. Die Nadel des Temperaturanzeigers stand regelmäßig im roten Gefahrenbereich. Im Grunde war mein Meister nur bestrebt, sich nicht für etwas verantwortlich zu fühlen, das er selber nur begrenzt unter Kontrolle hatte.

Es gibt noch eine dritte Möglichkeit, sich der Verantwortung zu entziehen. Man „schiebt etwas nach oben", delegiert ein Problem an den Meister, um ihm die Entscheidungen aufzuhalsen. (Das bringt allerdings das Risiko mit sich, ihn zu verärgern, da er ja auch möglichst wenig mit Problemen konfrontiert werden will.) Als einmal der Deckel einer Mülltonne klemmte und ich ihn trotz der Hilfe eines Kollegen nicht wieder hinkriegte, sagte ein dritter Arbeiter: „Erzähl's Sam, soll er sich doch darum kümmern." Und als die Hupe meines Gabelstaplers zum ersten Mal ihren Geist aufgab (was dann noch öfter passierte), hieß es wiederum: „Erzähl's Sam. Wenn etwas passiert, muß er dann den Kopf hinhalten, nicht du."

Mit einem weiteren Arbeiter, der irgendwann früher meinen Job gemacht hatte, tauschte ich einmal Erfahrungen aus. Er war zunächst schnell gefahren und hatte die ganze Zeit gehupt, bis die Leute ihm nicht mehr in den Weg liefen: „Laß' sie ruhig denken, du wärst ein bißchen verrückt." Als sich ein Meister, der ihn beobachtet hatte, über seine Geschwindigkeit beschwerte, erwiderte er, er müßte so schnell fahren, um sein Soll zu schaffen. Er fuhr erst langsamer, als es sein eigener Meister anordnete, aber dann nahm er nicht mehr den ganzen Müll mit. Auch seine Haltung war: „Immer alles auf den Meister schieben."

An einem Tag Anfang Oktober kamen mehrere dieser Verhaltensmuster auf eine komische Art zusammen. Der Müllpressen-Container war schon seit einer Weile voll, und ich erwartete jederzeit jemanden von der Service-Firma, als ein älterer Pförtner, der mehrmals täglich seine eigenen Abfälle in die Presse warf, meinte, ich sollte mal hinausschauen. Draußen sah ich einen Haufen Steine, mehrere Zentner wohl, die die Zufahrt zum Container versperrten. Sie waren offensichtlich von der städtischen Baufirma, die die Werksstraßen ausbesserte, liegengelassen worden. Ich rief Sam an und erklärte ihm, daß wir einen kleinen Laster oder einen Pritschenwagen brauchten. Als ich gerade den Hörer aufgelegt hatte, kam der Mann von der Service-Firma, um den Container abzuholen. Ich bat ihn, eine Weile zu warten, und versicherte ihm, mein Meister würde dafür sorgen, daß die Steine verschwänden. Der Mann funkte das seinem Chef und wartete, obwohl er eigentlich gleich Feierabend hatte. Es passierte jedoch nichts. Ich saß in der Patsche und ging also zu Sam ins Büro. Er wollte zwei Leute mit Schaufeln rüberschicken. Ich sagte: „Aber Sam, das sieht nach einigen Zentnern Steinen aus." Er meinte, es wäre nicht so einfach, einen Pritschenwagen zu bekommen. Als die beiden Männer mit ihren Schaufeln rüberkamen und den Steinhaufen sahen, fingen sie wie wild an zu fluchen. Einer machte sich gleich wieder aus dem Staub, während der andere und ich hilflos begannen, die Steine mit den Schaufeln beiseite zu räumen, was wahrscheinlich drei oder vier Stunden in Anspruch genommen hätte. Dann tauchte der andere Arbeiter wieder auf, mit Sam im Gefolge, der nun endlich einsah, daß das Schaufeln nichts bringen würde. Jetzt mußte er etwas tun. Er fluchte über die Stadtverwaltung, weil die die Steine dort hatte liegen lassen, und er würde schon dafür sorgen, daß sie ihre Steine selber wegschaffte. Aber um seiner früheren Anordnung offenbar einen Anstrich von Vernunft zu verleihen, wies er uns jetzt an, mit den Händen einen kleineren Steinhaufen abzuräumen. Dann ging er davon. Zu zweit machten wir uns an die Arbeit, kamen jedoch kaum voran, bis später unser dritter Mann mit einem Kollegen aus einer anderen Abteilung auftauchte, der einen Pritschenwagen mitbrachte. Wir waren alle einen Moment lang verwirrt, wer ihn denn nun „ermächtigen" durfte, die Steine mit seinem Wagen wegzufahren. Ich übernahm schließlich die Initiative und sagte, wir würden das alle kollektiv verantworten. Wir lachten, und innerhalb von 25 Minuten war das Hindernis beseitigt. In diesem Fall, wo sich ein Vorgesetzter dünn gemacht hatte, übernahmen einige Arbeiter nach ein paar vergeblichen Anläufen tatsächlich mal selber die Verantwortung. Selten genug gibt es also doch andere Reaktionsformen.

Anders als in vielen gesellschaftlichen Bereichen, die nicht so klar strukturiert sind, gibt es in der Fabrik eine eindeutige Zuordnung von *oben* und *unten*. Die unverhüllte und zweckgerichtete Macht und Autorität der Betriebsleitung und das ablehnende Desinteresse der einfachen Beschäftigten an ihrer Arbeit als einer Reaktion darauf machen es fast für jeden Arbeiter zur ausgemachten Sache, daß es „die" und „uns" gibt. „Wir" machen die Dreckarbeit – „sie" kommandieren, strafen, belohnen „uns". „Ihre" Stufenleiter fängt mit der Position des Meisters an. Die wenigen Arbeiter der höchsten Lohngruppe und die hohen Gewerkschaftsfunktionäre werden praktisch zwischen „denen" und „uns" angesiedelt. Unabhängig davon, wie freundlich ein Meister mit seinen Untergebenen auch umgehen mag, weiß doch jeder Arbeiter ganz genau, daß man ihm nie vertrauen kann. Der Meister vertritt die Interessen der Firma, er ist schon einer von „denen“.

Teil II
Arbeiter und Gewerkschaft

„Die da oben“ II: Die Gewerkschaft

Die Ortsgruppe 1.784 der Internationalen Vereinigung der Maschinenschlosser und Raumfahrtarbeiter (IAM) hat ungefähr 1.550 Mitglieder, die in den drei Blancs-Betrieben von Baltimore arbeiten. Allein 900 davon sind in dem Werk Baltimore-Süd beschäftigt, in dem ich arbeitete. Die meisten machen Tagschicht. Zu der Ortsgruppe gehören rund 220 Frauen. Schwarze und Weiße halten sich der Zahl nach die Waage. Der Ortsvorsitzende war in der Zeit von 1974 bis 1975 ein Weißer, sein Stellvertreter ein Schwarzer. Die Mitgliederschaft ist in vielfacher Hinsicht gespalten. Das hat eine Reihe von Ursachen wie etwa Geschlecht, Alter, Herkunft, Rasse, Qualifikation, Lohngruppe, die Möglichkeit, Zuschläge zu verdienen, Arbeitsplatz und Stellung in der Betriebshierarchie. Gelegentlich werden diese Spaltungen überwunden, aber ebenso werden sie auch ausgenutzt, um die Solidarität der Arbeiter zu unterminieren, und zwar sowohl vom betrieblichen Management als auch von einigen Gewerkschaftsführern. – Das Verhältnis zwischen der Gewerkschaft und den meisten ihrer Führer auf der einen Seite und den einfachen Mitgliedern auf der anderen Seite beruht auf zwei Grundlagen: Zunächst ist dies die Notwendigkeit des kollektiven Zusammenschlusses und der Vertretung der Arbeiter. Und weiter ist es die Macht und das Recht der Gewerkschaft, „organisierte“ Arbeiterinteressen gegenüber dem Management zu vertreten. Dieses Recht ist den Gewerkschaften per Gesetz von der amerikanischen Legislative zugestanden worden. Dieses gewerkschaftliche Monopol ergibt sich aus dem Kollektivvertragssystem. Der Tarifvertrag, der das innerbetriebliche Kontrollsystem reguliert und legitimiert, muß von den Unternehmen mit der anerkannten Gewerkschaft ausgehandelt werden. Zusammen mit den organisationsinternen Regelungen ist dieser Tarifvertrag die eigentliche Grundlage für die Beziehung zwischen der Gewerkschaft und ihren Mitgliedern. Die tatsächlichen Kontakte zwischen Mitgliedern und Organisation spielen sich einerseits sporadisch und ganz individuell ab und sind in kollektiverer Form andererseits in den periodisch stattfindenen Versammlungen in hohem Grade formalisiert.

Der einzelne Arbeiter nimmt von Zeit zu Zeit mit seinem Vertrauensmann oder Betriebsrat Kontakt auf, etwa um sich über Vorgesetzte zu beschweren oder um sich gegen eine Verwarnung zur Wehr zu setzen. Die Arbeiter können auch an den regelmäßig einmal monatlich stattfindenden Versammlungen im Gewerkschaftshaus teilnehmen. Diese Treffen stellen die einzige formelle Möglichkeit zu einer ernsthaften gemeinsamen Kommunikation zwischen den Arbeitern und ihren Gewerkschaftsführern dar und formen deren Beziehung zueinander. Daher verdienen die Monatsversammlungen der Gewerkschaft genauere Betrachtung.

Die allmonatlichen Treffen finden jeweils sonntagvormittags statt. Eine ideale Zeit für Gewerkschaftstreffen gibt es sicherlich nicht, weil die Mitglieder in drei Schichten und oft auch sechs Tage in der Woche arbeiten. Trotzdem ist der Sonntag kaum geeignet, zu einer regen Teilnahme zu ermutigen. Andere Termine sollen nach Meinung der Gewerkschaft dagegen nicht in Frage kommen, weil dann immer einige Arbeiter gar nicht an den Treffen teilnehmen könnten. Unter den gegebenen Bedingungen ist jedoch das Bestreben, allen Arbeitern formal die Teilnahme zu ermöglichen, mehr als nur unangebracht: Faktisch wirkt sich die formale Garantie der Teilnahmemöglichkeit dahingehend aus, daß dort kaum Bedeutendes geschehen kann. Zu den Sonntagstreffen kommen nur so wenige Arbeiter aus jeder Schicht, daß *jeder* andere Termin, etwa an einem Spätnachmittag oder Abend, günstiger wäre und von der großen Mehrheit der Mitglieder besser besucht würde.

Jedenfalls hat sich der Sonntagvormittag in der Praxis als völlig ungeeignet erwiesen. Für diejenigen, die sechs Tage gearbeitet haben, ist der Sonntag der einzige freie Tag in der Woche – und das war allein in unserem Betrieb in Zeiten großen Produktionsanfalls für Hunderte von Arbeitern über längere Perioden hinweg der Fall. Es ist nur verständlich, daß sich die Arbeiter diesen freien Tag nicht auch noch mit Diskussionen über Arbeit vermasseln wollten. Außerdem kamen viele der stärker religiös gebundenen Arbeiter in Konflikt, weil dies ausgerechnet die Zeit des Kirchgangs ist. Und schließlich mußten sich all jene, die samstagabends regelmäßig einen drauf machten, am folgenden Morgen erst einmal von ihrem Rausch erholen.

Zumindest zum Teil lag es an dem extrem ungünstigen Termin, daß die Treffen geradezu erschreckend schlecht besucht waren. Ich selbst bin fünfmal zu den Gewerkschaftsversammlungen gegangen, und daran nahmen durchschnittlich jeweils etwa 70 Mitglieder teil, von denen allein etwa die Hälfte Gewerkschaftsfunktionäre zu sein schienen. Wenn man also die Vertrauensleute, Betriebsräte und höheren Gewerkschaftsfunktionäre nicht mitrechnet, dann nahmen nur drei Prozent der Gewerkschaftsmitglieder an jeder Versammlung teil. Und da aus den Reihen der einfachen Mitglieder viele mehrmals zu den Treffen kamen, kann man also davon ausgehen, daß weniger als zehn Prozent der gesamten Mitgliederschaft mehr als einmal pro Jahr an den Gewerkschaftsversammlungen teilnahmen.

Dies bedeutet zum einen, daß die Kontakte der überwiegenden Mehrheit der Arbeiter zu ihrer Gewerkschaft oberflächlich, sporadisch und brüchig waren. Die Konsequenz war ein sehr geringer Wissensstand über die Gewerkschaft, ein nur schwach ausgeprägtes Kollektivbewußtsein und ein fast völlig fehlender Einfluß auf den sogenannten gemeinsamen Entscheidungsprozeß. Die geringe Teilnahme bedeutete zugleich, daß nur weniger als fünf Prozent der gesamten Mitgliederschaft der Ortsgruppe in Gewerkschaftsposten gewählt werden konnten, weil jeder Kandidat, um überhaupt wählbar zu sein, an mindestens fünf Versammlungen im Jahr teilgenommen haben mußte. Etwa die Hälfte dieser so möglichen Kandidaten waren jedoch bereits Funktionäre oder doch zumindest deren Mitläufer. Unter diesen Umständen ist die innergewerkschaftliche Demokratie ein reines Trugbild.

Doch es kommt noch schlimmer. Zwei Dinge lassen Zweifel daran aufkommen, daß die ungünstigen Bedingungen, durch die die Mitglieder an einer aktiven Teilnahme an der Gewerkschaftsarbeit gehindert werden, wirklich nur eine Folge unvermeidbarer Umstände sind. Bis vor wenigen Jahren fanden unsere Gewerkschaftsversammlungen in einem bequem erreichbaren Saal statt, der von einer anderen Gewerkschaft vermietet wurde. Als diese die Miete erhöhen wollte, zog die Führung unserer Ortsgruppe nicht mit und beschloß, ein eigenes Haus zu kaufen. Die neue Adresse – 3006 Hamilton Avenue – ist so ziemlich der ungeeignetste Ort: Er liegt weit entfernt von unserem Arbeitsplatz wie auch von den Wohngebieten der meisten Beschäftigten.

Wer sich dennoch einmal am Sonntagvormittag zum Gewerkschaftshaus aufgemacht und ein normales Treffen miterlebt hatte, für den gab es wirklich keinen Anreiz wiederzukommen. Gewerkschaftsversammlungen – darin waren sich alle Kollegen einig – waren einfach unterträglich langweilig. Die Treffen dauerten in der Regel zweieinhalb bis drei Stunden. Zuerst mal wurde vor der Flagge salutiert. Dann folgte nicht enden wollender bürokratischer Unsinn, bei dem irgendwelche Funktionäre Vorträge bis zu einer Stunde lang über irgendetwas hielten. Es wurden die Protokolle der vorangegangenen Versammlung wie auch sämtlicher Sitzungen des Ortsvorstands verlesen; die Entschädigungszahlungen an Funktionäre für ausgefallenen Arbeitslohn bei Tätigkeiten für die Gewerkschaften wurden einzeln aufgezählt; selbst eine Reihe von Briefen an die Ortsgruppe über alle möglichen Themen wurde verlesen. Das meiste war völlig unbedeutend und nichtssagend. So erfuhren wir, daß die Ortsgruppe für irgendeinen Grillnachmittag in der Nachbarschaft 20 Dollar gespendet hatte; daß dem Kollegen X 25,17 Dollar für verlorene Arbeitszeit am soundsovielten zurückerstattet wurden; daß dem Funktionär Y die Reisespesen für die Teilnahme an einem Seminar gezahlt wurden, das zwar etwas mit Gewerkschaftsthemen zu tun gehabt haben soll, über dessen Verlauf und Ergebnisse aber kein weiteres Wort verloren wurde. Selbst die wichtigeren Informationen wurden meist in einer Form wiedergegeben, als sollten sie bedeutungslos oder wenigstens nicht weiter diskussionswürdig erscheinen. Wir hörten zwar von den Maßnahmen und Beschlüssen der letzten Vorstandssitzungen, aber dennoch blieb im Dunkeln, worum es dabei eigentlich ging, wie die unterschiedlichen Argumente aussahen und welche Folgen die einzelnen Maßnahmen haben würden. Auch etwa über den Bericht des Kassenwarts war eine ernsthafte Erörterung fast ausgeschlossen – er wurde in vielleicht fünf Minuten vorgetragen, mit so vielen Einzelheiten in so komplexer Form, daß er praktisch nicht zu überblicken war.

Ganz offenkundig wäre das meiste besser in Form von kurzen, schriftlichen Notizen am Schwarzen Brett der Gewerkschaft in den Betrieben aufgehoben, so daß die Mitglieder auch ernsthafter darüber nachdenken könnten und nicht durch die Verlesung auf den Versammlungen hypnotisiert würden. Jedenfalls lief die Kommunikation in dieser ritualisierten ersten Stunde der Treffen wie auf einer Einbahnstraße ab. Diskutiert wurde fast gar nicht. Erst recht konnte den Mitgliedern nicht klar werden, weshalb sie einen guten Teil ihres freien Sonntags mit diesem Verlesungszeremoniell vergeuden sollten. Die Bestätigung der Protokolle wie auch die Zustimmung zu fast allen Schritten der Bezirksleitung wurde fast automatisch erteilt. All das begleitete noch der gewitzte Ortsvorsitzende Tank mit salbungsvollen Worten. Wurden dennoch gelegentlich Meinungsverschiedenheiten deutlich, so spielte er sie mit Floskeln herunter, konnte etwa hier „beipflichten“, mußte dort etwas „zurechtrücken“ oder setzte etwas „auf die Tagesordnung“.

Demgegenüber bedeuteten die anschließenden diversen Berichte zwar schon einen spürbaren Fortschritt, doch waren auch sie insgesamt gesehen langweilig, ungeordnet und boten vom Inhalt her wenig Diskussionsstoff. Interesse daran konnte meist nur eine kleine Minderheit der Anwesenden aufbringen. Die Funktionäre, die die Berichte abgaben, schienen ihrerseits oft mehr daran interessiert zu sein, diese Pflichtübung schnell hinter sich zu bringen, als den anwesenden Mitgliedern Hilfestellung bei aktuellen Problemen zu geben, um deren Bewältigung in Angriff zu nehmen.

Ich erinnere mich noch lebhaft an einen Bericht, in dem es um die zu jener Zeit neu verhandelten Tarifverträge ging. Das Interesse der Arbeiter an diesem Thema war groß, und die Versammlung war dementsprechend ungewöhnlich gut besucht. Auf die Frage eines einfachen Mitglieds, wie die Empfehlungen eines bestimmten Ausschusses für den neuen Vertrag aussähen, referierte der Ausschußvorsitzende unter Hinweis auf den bestehenden Vertrag, von dem nur wenige Kopien kursierten: „Auf Seite 24, § 12 Absatz 1 werden die Worte ‚soundso‘ durch ‚diesunddas‘ ersetzt. Und auf Seite 17, § 5 Absatz 6 ändern wir das Wort ‚blabla‘ in ‚papperlapapp‘." Damit setzte er sich wieder, ohne daß mehr als eine Handvoll Mitglieder überhaupt verstanden hätte, worum es eigentlich ging. Dennoch ist das Beispiel charakteristisch für die Gewerkschaftsführung, die Mitglieder in Passivität zu belassen, indem ihnen wichtige Informationen vorenthalten werden. Auf diese Weise wird nicht zuletzt auch eine Mobilisierung der Basis erschwert, die der Kontrolle der Führung entgleiten könnte.

Mit dem Abschluß der Ausschußberichte war dann über die Hälfte der Zeit vertan, ohne daß die einfachen Mitglieder die Möglichkeit gehabt hätten, sich in irgendeiner Weise aktiv zu beteiligen. Es gab zwar auch vereinzelte Diskussionen über die Berichte, doch hielten selbst die sich in vorgegebenen Grenzen. Wenn einer bis zu diesem Punkt alles ertragen und ausgeharrt hatte, so wurde seine Geduld doch noch belohnt. Unter dem Tagesordnungspunkt „Verbesserungsvorschläge" wurden nun auch die einfachen Mitglieder ermutigt, das Mikrophon zu ergreifen. Dabei konnten sie über alle Fragen sprechen, die ihnen relevant erschienen. Hier wurden Beschwerden gegen die Unternehmensleitung erhoben, aber auch gegen bestimmte Maßnahmen oder gegen mangelndes Einschreiten der Gewerkschaft protestiert. Und viele Arbeiter erzählten von ihren persönlichen Erfahrungen mit den Gesundheitsrisiken oder der Diskriminierung in der Fabrik.

Dieser Teil der Versammlung war spannend. Hier reagierten die Zuhörer vehement auf die einzelnen Sprecher – sie nickten oder riefen auch laut dazwischen, um ihre Zustimmung oder Ablehnung zu bekunden. Bei diesen Debatten kam ein Gefühl der Arbeitersolidarität auf, auch wenn viele Klagen in sehr individueller Weise vorgebracht wurden. Dabei wurde einen Moment lang das Kauderwelsch gestoppt, das sonst die einfachen Mitglieder von den Funktionären trennt. Die Arbeiter sprachen über ihre Wünsche und führten auf, was ihnen zusteht. Hier wurden Wut und Freude geäußert – die Gewerkschaftsführer tolerierten es.

Warum auch nicht – die emotionsgeladenen Debatten blieben sowieso folgenlos. Es ist einfach unwahrscheinlich, daß die einfachen Mitglieder von sich aus ein Thema weiterverfolgen und die erforderlichen Schlüsse daraus ziehen würden. Wenn ich Monate später einmal an die zurückliegenden Diskussionen dachte, habe ich mich manchmal gefragt, was aus den Beschwerden geworden sein mag. Etwa die Klage über die Handhabung giftiger Chemikalien in der Chromabteilung: Warum hatte eigentlich der Informationsausschuß immer noch keine genauere Aufklärung zu dem Thema geleistet und seine Fachkenntnisse weitergegeben, die seine Mitglieder auf Seminaren erworben haben, die von unseren Beiträgen finanziert wurden? Weshalb kümmerten sich die Betriebsräte und Vertrauensleute einfach nicht darum, uns die vertraglich zustehenden Rechte zu erläutern? Auch bei den folgenden Gewerkschaftsversammlungen gab es auf solche Fragen keine befriedigenden Antworten. Andere Klagen wurden vorgebracht, die alten Fragen gerieten in Vergessenheit, und wir verfielen wieder in Apathie.

So gibt es also eine ganze Reihe von Gründen, weshalb die Versammlungen schlecht besucht sind und die Entscheidungen einer kleinen Funktionärsclique überlassen bleiben. Doch der wahre Grund für die fehlende Aktivität liegt noch tiefer als in den durch die äußeren Umstände bedingten Schwierigkeiten: Die einfachen Mitglieder engagieren sich nicht weiter, weil sie sich einfach nicht mehr viel von ihrer Gewerkschaft erhoffen. Und sie glauben auch nicht daran, daß sie die bestehenden Strukturen ihrer Organisation durch eigene Aktivität ändern könnten.

Als ich in den Betrieb kam, habe ich in der ersten Woche herauszufinden versucht, was meine Kollegen über die Gewerkschaft dachten. Folgendes kam dabei heraus: Fast jeder, den ich ansprach, war der Meinung, daß „irgendeine Gewerkschaft immer noch besser ist als überhaupt keine“. Einige erinnerten sich auch noch daran, daß die Ausbildungsbedingungen vor zwanzig Jahren erheblich schlechter waren, als es noch keine Gewerkschaft in der Firma gab. Trotz dieser allgemeinen Einschätzung – mit der ich später übereinstimmte – war jedoch die Meinung über unsere Ortsgruppe alles andere als positiv, und das traf auch weitgehend auf andere Gewerkschaften zu, mit denen einige Kollegen früher zu tun gehabt hatten. So bekam ich denn auch gleich am Anfang zu hören: „Die Gewerkschaft ist keinen Heller wert.“ Und ähnliche Bemerkungen machten manche Arbeiter später immer wieder.

Ganz drastisch beklagte sich Anfang Dezember irgendwann in einer Mittagspause ein Mechaniker, der schon mehrere Jahre in der Reparaturabteilung arbeitete, daß er zu schlecht eingestuft sei. Immerhin müsse er oft andere Mechaniker einarbeiten, die höher eingestuft seien, so argumentierte der Mann. Während er sich dann über die Gewerkschaft beklagte, meinte er mit todernstem Gesicht, daß man ihm bei seinem Gewerkschaftsbeitritt eine kleine Dose Vaseline überreicht habe: „Das war dafür, weil sowohl die Firma wie die Gewerkschaft mich arschficken wollten.“ Zwei andere Arbeiter gingen sofort darauf ein und schmückten das ganze noch aus: „Und heute kriegst du von denen nicht mal mehr die Vaseline.“

In den ersten Wochen habe ich häufiger mit einem Kollegen geredet, der sich besonders abfällig über die Gewerkschaft ausließ. Er führte an, daß 1973 ein Streik entgegen der Empfehlung der Gewerkschaftsführung beschlossen worden war, weil die viel zu früh einlenken wollte. Er beschwerte sich auch, daß die Firma nicht einmal den Lohn bei Krankheit weiterzahlt. Die Gewerkschaft habe auch für ihn nichts getan, als er einmal mehrere Tage lang von der Firma freigestellt worden war. Von den Gewerkschaftsversammlungen, zu denen er selten ging, sagte er nur, daß sie „beschissen“ seien, sie würden nur deshalb veranstaltet, weil sie in der Satzung vorgeschrieben sind. Die Gewerkschaft würde sich sowieso nur richtig um die monatlichen Beiträge sorgen. Ein paar andere fanden, daß die Organisation eine reine Firmengewerkschaft sei. Sie zogen besonders über den Sicherheitsausschuß her und warfen ihm vor, sich zu oft die Argumente der Unternehmensleitung über die betrieblichen Erfordernisse anzuhören, statt für die Sicherheit der Arbeiter zu kämpfen.

Charakteristisch dafür war ein Fall, den ich schon in den ersten Wochen im Betrieb erlebte. An den Seiten des Hauptgangs im Lagergebäude II waren Ringe nur lose gestapelt, kippten oft um, und ich mußte sie dann immer erst wieder aufbauen, bevor ich mit dem Gabelstapler durchkam. Langsam bekam ich das Gefühl, daß die Sache täglich schlimmer wurde und sprach das zuständige Mitglied des Sicherheitsausschusses an. Der erklärte mir, die Angelegenheit sei schon auf jeder Ausschußsitzung Thema Nummer Eins. Der zuständige Managementvertreter habe jedoch darum gebeten, den Mißstand gemeinsam mit der Firma so lange zu ertragen, bis eine neue Lagerhalle mit entsprechenden Einrichtungen gebaut sei, in denen die Ringe fest verstaut werden können. Offenbar war auf jeder Ausschußsitzung dann auch wieder beschlossen worden zu warten, statt einfach die Arbeit in den übervollen Lagergängen niederzulegen. Ich habe mich dann ziemlich stark mit dem Sicherheitsbeauftragten gestritten und ihm gesagt, er wisse doch ganz genau, was passiert, wenn wir uns auf eine solche Hinhaltetaktik einlassen. Zum Schluß habe ich dann noch gefragt, was ich denn nun tun sollte. Mit einer wegwerfenden Handbewegung, aber nur zum Teil im Scherz, antwortete mir der Mann: „Fahr doch einfach mal in die Stapel rein."

Aus dieser Antwort folgten gleich zwei Dinge. Erstens konnte oder wollte der Sicherheitsausschuß nichts zur Beseitigung der Schwierigkeit tun. Und zweitens müssen solche Probleme individuell gelöst werden. Die Untätigkeit der Gewerkschaft machte es also nötig, daß entweder die Zustände so unbefriedigend blieben, wie sie waren, oder daß ich selbst einschritt. Mit einer entsprechenden eigenen Aktion hätte ich mich aber wiederum den Repressalien der Firma ausgesetzt. Das Risiko bei der Beseitigung von Mißständen, wofür eigentlich die Gewerkschaft zuständig wäre, lag also doch wieder beim einzelnen Arbeiter. In einem solchen Fall wird der Betreffende fast so leicht gefeuert, als gäbe es gar keine Gewerkschaft.

Eine ganze Reihe von Kollegen ist auf die Gewerkschaft und ihre Arbeit schlecht zu sprechen. Einer, der schon fünf Jahre in dem Betrieb arbeitete, lachte nur bitter, als ihn andere zu der nächsten Versammlung einluden. „Diese beschissene Gewerkschaft hilft doch überhaupt niemandem", klagte er. „Du hast doch gesehen, daß sie nichts dafür getan haben, damit der Soundso in eine höhere Lohngruppe kommt", schimpfte er weiter. Vor ein paar Jahren hätte er selbst noch darum gekämpft, die Gewerkschaft zu verändern. Aber auch jene Bemühungen, die offenbar vorwiegend von den wenigen höherqualifizierten Kollegen ausgingen, waren vergeblich. Voller Verbitterung sagte der Mann dann noch: „Alle Anführer von damals haben sich von der Firma zu Bossen machen lassen."

Als die Tarifverhandlungen im Herbst 1974 in die intensive Phase kamen, wurde die Gewerkschaft immer offener und zynischer angegriffen. Da tauchte zur Nachmittagspause in der Kantine für die einfachen Arbeiter überraschenderweise Marbles auf, der einzige Funktionär unserer Ortsgruppe, der häufiger und regelmäßiger Kontakt zu den Normalmitgliedern hielt. In der folgenden informellen Sitzung bekam er scharfe Anschuldigungen zu hören. Ihm wurde vorgeworfen, auf der Seite der Firma zu stehen, und wurde sogar als „Judas" beschimpft. Er ließ sich jedoch davon kaum reizen und verteidigte sich mit einer guten Portion Humor, versuchte sogar, den Spieß umzudrehen und gegen seine Angreifer zu richten. An dem Punkt schlug ich vor, wir sollten darüber abstimmen, ob wir diese Gewerkschaft gut finden. Doch so weit ließ es Marbles nicht kommen und erwiderte in Erwartung einer drohenden Niederlage: „Das sind doch alles eure Freunde", was sie natürlich nicht waren. In dem Moment stand ein Mann auf, der am Nebentisch gesessen hatte und der zunächst den Eindruck gemacht hatte, als ließe ihn die hitzige Debatte völlig kalt. Der Kollege, der übrigens stottert, ging zu Marbles und legte ihm wortlos ein Bild vor, das er auf eine Serviette gezeichnet hatte. Es war eine Schlange. Damit hatte er ausgedrückt, was die anderen dachten, und er erhielt Beifall und Jubel von allen Anwesenden. Der Funktionär reagierte mit einer bitteren Klage über „Agitatoren" und „Abweichler". Doch er wußte genau wie die anderen, was geschehen war: Die ganze Verzweiflung und Frustration der Arbeiter über ihren Job, die Firma und die Gewerkschaft war für einen Moment offen zutage getreten und machte sich Luft im Zorn. Und diese Wut entlud sich an einer Person, die es nicht anders verdiente, weil eben auch Marbles nur die Interessen der Geschäftsleitung vertrat.

Ein andermal machten mir auch einige Frauen aus der Kontrollabteilung klar, daß sie das gleiche schlechte Bild von der Gewerkschaft hatten, wie ich es bisher nur von den Männern mitbekommen hatte. Ich versuchte, sie dazu zu überreden, zu der nächsten Monatsversammlung zu kommen. Von einer bekam ich nur zur Antwort: „Wozu denn? Die Gewerkschaft ist sowieso nichts wert." Trotzdem hakte ich noch einmal nach mit dem Hinweis, daß die Sitzung wegen des Tarifvertrags besonders wichtig sei. Schließlich sagte sie zu, aber im Weggehen sprach sie mich noch einmal an und fragte mich: „Hast du schon jemals irgendwo gearbeitet, wo die Gewerkschaft nicht der Geschäftsleitung hörig war?" Sie ließ mich gar nicht erst zu einer Antwort kommen und sagte gleich dazu: „Ich jedenfalls nicht."

Nach diesem Gespräch wurde mir plötzlich klar, was für eine gründlich falsche Vorstellung ich bis dahin von den amerikanischen Gewerkschaften gehabt hatte, aber auch davon, in welchem Verhältnis Gewerkschaften generell zu den verschiedenen Wirtschaftssystemen stehen, in denen sie jeweils existieren. Wenn ich früher über die Sowjetunion nachgedacht hatte, wo der Staat und die Kommunistische Partei eine dominierende Rolle spielen, bin ich immer davon ausgegangen, daß die Gewerkschaften nichts als Handlanger dieser beiden Machtzentren sind. In den USA dagegen, so hatte ich als guter Liberaler durchaus angenommen, seien die Gewerkschaften relativ autonom, weil hier schließlich die Regierung und die politischen Parteien keine so herausragende Rolle spielen. Jetzt wurde mir jedoch bewußt, daß die Gewerkschaften in der amerikanischen politischen Ökonomie, in der Riesenunternehmen die bestimmende Kraft darstellen, eben von diesen Unternehmen dominiert werden. Ich stellte fest, daß Gewerkschaften in keinem System in bedeutenderem Sinne autonom sein können, es sei denn, sie verkörpern die Macht starker Massenbewegungen von Arbeitern. Sonst sind sie lediglich die gezähmten Instrumente der jeweils herrschenden Institutionen und Klassen – wie es heute sowohl in den USA wie in der Sowjetunion der Fall ist.

In dieser Konstellation ist die Funktion von Gewerkschaftsführern äußerst zweischneidig. Auf der einen Seite müssen sie wenigstens den Schein erwecken, als würden sie bestimmte Interessen der Arbeiter vertreten. Sie müssen die Forderungen der Basis mindestens so weit aufgreifen, daß ihr Anspruch noch durch eine gewisse Praxis gedeckt ist. Andererseits wird der gesamte Produktionsprozeß wie auch das Verhältnis zwischen Unternehmen und Gewerkschaften im wesentlichen durch die Unternehmen bestimmt. Die Gewerkschaftsführer müssen daher auch den Unternehmenszielen gegenüber „sensibel" sein, wenn sie von den Unternehmensleitungen noch als tägliche Gesprächs- und Verhandlungspartner akzeptiert werden wollen. In der ständigen Auseinandersetzung mit dem Management müssen sie daher auch Grenzen akzeptieren, die von den Unternehmen sowohl hinsichtlich des Rahmens als auch des Stils des Kampfes gesetzt werden.

Trotz unterschiedlicher Strukturen bleiben die unternehmensabhängigen Gewerkschaften in den USA so lange passiv wie die Mitglieder sie gewähren lassen. Denn die Organisationen haben schon vor langer Zeit die Vorherrschaft der Manager akzeptiert. Mein ganz besonders feiger Vertrauensmann hat mir einmal das Motto der meisten Gewerkschaftsfunktionäre zitiert, nämlich: „Säg' nicht am eigenen Ast!" Ohne Zweifel hat sich in meiner Ortsgruppe eine ganze Reihe von Funktionären aus schlichtem Eigeninteresse zur Förderung ihrer Karriere auf diese Kollaboration eingelassen; dennoch ist zu bezweifeln, daß tatsächlich nur solche selbstsüchtigen Motive ihr Verhalten bestimmten. Die Herrschaft der Unternehmen über den Arbeitsplatz zu akzeptieren ist heute schon eine Glaubensfrage. In den Köpfen der Gewerkschaftsführer sind die Interessen der Arbeiter bereits völlig eins mit dem kapitalistischen System. Die Gewerkschaftsfunktionäre und mit ihnen ein großer Teil der einfachen Mitglieder glauben, daß den Arbeiterinteressen am besten gedient sei, wenn die Firma floriert. Sie halten es daher auch für erforderlich, daß die Manager fast völlig ausschließlich die Geschicke des Unternehmens bestimmen müssen. Zu verhandeln ist dann nur noch über wenige Fragen: Löhne und Zulagen sowie ein Korb von Einzelfragen, deren Lösung durchaus ein wenig zur Verbesserung der Situation der Arbeiter beitragen kann. Nicht berührt wird dadurch jedoch die grundsätzliche Kontrollbefugnis des Unternehmens und seine Möglichkeit, Profit auf Kosten der Arbeiter zu machen; auf der anderen Seite ist den Arbeitern ihre konkrete Arbeit meist ziemlich egal.

In meiner Firma hatte sich die Gewerkschaft so total den Unternehmensinteressen unterworfen, daß sie ihrer eigentlichen Aufgabe Unzufriedenheit aufzunehmen und zu kanalisieren, kaum noch nachkommen konnte. In der Rezession von 1975 versäumte sie es völlig, wenigstens eine der wesentlichen Konfliktfragen auf die Tagesordnung zu setzen. Statt dessen heftete sie ein paar harmlose Aufrufe ans Schwarze Brett, amerikanische Waren zu kaufen, als gäbe es überhaupt keinen Widerspruch zwischen den Klasseninteressen der Arbeiter und denen der Kapitalisten. Dabei hätte es in der Periode zahlreiche Möglichkeiten zu substantiellen Initiativen gegeben. Die Firma hätte unter Druck gesetzt werden können, die Last der Arbeitslosigkeit wenigstens zu verteilen, indem die wöchentliche Arbeitszeit etwa auf vier Tage gekürzt oder ein wöchentlicher Wechsel der jeweils Arbeitenden eingeführt worden wäre. Die Gewerkschaft hätte die Einarbeitung nicht so qualifizierter Arbeiter fordern können, die so auf die Straße gesetzt wurden, während die Firma gleichzeitig Facharbeiter für die Tätigkeiten einstellte, in die man leicht eingearbeitet werden konnte. Für solche Einarbeitungsprogramme gewährte sogar die Regierung damals Unterstützung. Und die Gewerkschaft kümmerte sich auch nicht einmal um den Schutz der Minderheiten in der Firma, als vor allem die Frauen und die Schwarzen am stärksten unter dem damals aktuellen Programm zu leiden hatten, daß besonders die älteren Arbeitskräfte gefördert werden sollten.

Unter den Gewerkschaftsführern, die sich in ihrer persönlichen Art, der Umgangsweise und ihrem Verhältnis zum Unternehmen durchaus unterschieden, gab es einen, der alle übertraf. Es war Marbles, Betriebsratsvertreter, Verhandlungsbeauftragter der Gewerkschaft, Mitglied des wichtigen Beschwerdeausschusses und des Ortsvorstandes. Er war ein älterer schwarzer Arbeiter, der früher Berufssoldat gewesen war und sich schon auf das Ende des Berufslebens vorbereitete: ab Januar 1975 würde er eine Betriebsrente und staatliches Altersgeld beziehen. Von ihm ging das Gerücht, ihm würden mehrere Häuser in Baltimore gehören, obwohl er bei Blancs als Pförtner arbeitete, wenn er nicht gerade etwas für die Gewerkschaft zu tun hatte. Marbles war fast immer zu sprechen und kümmerte sich um alles. Er war intelligent und gebildet und hatte eine scharfe Zunge, wußte seine Gesprächspartner zu fesseln oder auch zu verwirren, wobei er sich seinerseits durch Kritik nicht verschrecken ließ und vor Angriffen nicht beleidigt zurückwich. Er suchte immer das Gespräch mit den einfachen Mitgliedern, und das nicht nur, um ihnen zu helfen, wenn es Schwierigkeiten gab, sondern auch gerade, um zu erfahren, was an der Basis vor sich ging. Er war gleichermaßen anziehend wie abstoßend. Er hatte bestimmte Grundsätze, schien aber plötzlich wieder völlig prinzipienlos. Er flößte Vertrauen ein, ließ aber zugleich die Befürchtung aufkommen, er könne dies mißbrauchen, sei es aus eigenen Interessen oder denen der Gewerkschaft oder der Firma. Nachdem er ausgeschieden war, charakterisierte ein Kollege, der gerade ein Problem hatte, die Position von Marbles: „Seit er weg ist, weiß ich überhaupt nicht, wen ich wegen sowas ansprechen soll." Und das war wirklich so; wir alle vermißten Marbles. Ich hatte tiefen Respekt vor ihm, habe ihn sogar gern gemocht, aber gleichzeitig habe ich ihn auch verachtet.

In der Zeit, in der Marbles und ich zusammengearbeitet haben, diskutierten wir insgesamt bestimmt mehr als 30 Stunden zusammen. Seine Haltung mir gegenüber verhärtete sich offenbar, als ich in der Gewerkschaft aktiver wurde. Trotzdem war er immer noch genauso interessiert an meinen Gedanken, wie ich auch noch mehr über seine Motive erfahren wollte. Irgendwann Ende September haben wir in einer scharfen Auseinandersetzung unsere Standpunkte ziemlich offen dargelegt. Es ging um eine ganze Reihe von Themen, darunter um den Vietnam-Krieg, Nixon und Martin Luther King. In allen Punkten gingen unsere Ansichten weit auseinander. Marbles war für den Krieg und wünschte sich nur, daß „der Feind liquidiert" wird, damit der Einsatz schneller vorbeigeht. Er hielt was von Nixon, nichts von Martin Luther King. Geld machen, das war in seinen Augen der amerikanische Auftrag, und für seinen Teil hielt er sich selbst daran – ohne Skrupel wie bei den meisten Dingen, die er anfaßte. Von mir wünschte er sich, daß ich den Worten der Gewerkschaftsführer folge und sie möglichst weitgehend unterstütze. Dann meinte er aber doch, ich sei wohl „einer von denen, die das Establishment stürzen wollen". Kritiker und Unzufriedene konnte er nicht leiden – die würde er am liebsten „auf den Mond schießen", bekannte er. Außerdem sei es ihm nicht entgangen, daß ich oft mit denen zusammen sei, die ihre Unzufriedenheit offen erkennen ließen und durchgreifende Veränderungen forderten. Er konnte jeden von uns beim Namen nennen.

Dann sprach Marbles von Joanne Tower, einer aufgeweckten Frau, vor der wir beide Hochachtung hatten. Sie hatte einmal eine Gewerkschaftszeitung herausgegeben, die die Gewerkschaft dann wieder einstellte, und Marbles sprach sich nun dafür aus, das Blatt wieder erscheinen zu lassen. Aber nur unter völliger Kontrolle des Ortsvorstandes, der jeden Artikel vor der Veröffentlichung begutachten sollte. „Aber das ist doch unamerikanisch, Vorzensur und sowas. . .", sagte ich verwundert. Ohne auch nur mit der Wimper zu zucken, erklärte Marbles darauf, die Gewerkschaft müsse sich schließlich vor Verleumdungen schützen und die Kontrolle über ihre Informationsorgane behalten.

Es war einfach großartig, Marbles zu beobachten. Mit seinem Verhalten zeigte Marbles nicht nur, was er selbst für ein Typ war, er ließ auch einiges von der Zusammenarbeit zwischen Gewerkschaft und Unternehmen deutlich werden und nicht zuletzt von der amerikanischen Lebenseinstellung.

Beim Mittagessen beschwerten sich einmal einige Arbeiter darüber, daß die Gewerkschaft keinen Finger für einen jüngeren Kollegen gerührt hätte, der wegen eines kleinen Diebstahls entlassen worden war. „Der hat nun einmal Firmeneigentum geklaut", entgegnete Marbles, „da reicht schon eine Rolle Klopapier, um gefeuert zu werden." Außerdem hätte der Mann sich geweigert, eine förmliche Beschwerde einzulegen. Und schließlich hätte er auch noch andere Dinge auf dem Kerbholz gehabt. Doch damit nicht genug – Marbles hielt uns auch noch einen Vortrag: „Jede Sache hat zwei Seiten, und Arbeiter sehen immer nur die Seite der Arbeiter." Er fuhr fort: „Es gibt Gesetze und nach denen hat man sich zu richten." Ganz locker bemerkte er dann noch: „Wenn dir jemand was geklaut hätte, wärst du doch der erste, der sich beschwert." Das war mir denn doch zu abgeschmackt, und ich gab ihm zurück: „Ich dachte immer, die Gesetze sind auch einseitig?" Darauf Marbles: „O.k., dann kannst du sie ja brechen und mal versuchen, sie dabei zu ändern."

Irgendwie wurde mir mit dieser Bemerkung etwas klar, was ich bis dahin an dem Verhältnis Gewerkschaft/Unternehmen und an den Grundlagen der politischen Ökonomie im allgemeinen bisher nicht recht verstanden hatte: daß es nämlich zwei Wege gibt, Menschen zu beherrschen und auszubeuten. Der eine hat keine Gesetze, gründet sich auf Willkür, ist unberechenbar. Die Methode ist brutal und so offensichtlich, daß sie heute wohl eher zu scharfen Auseinandersetzungen führen würde, statt effizient zu sein. Diese Form der Unterdrückung wäre nichts anderes als Diktatur, in welcher Ausprägung auch immer. Aber dann gibt es auch noch die andere Methode der Unterdrückung – sie funktioniert durch Gesetze oder mit deren Hilfe. Das ist der liberalistisch-kapitalistische Weg. Er ist äußerst effektiv. Wenn es uns aber dabei mal an den Kragen gegangen ist, finden wir oft niemanden, den wir dafür verantwortlich machen können, es sei denn uns selbst. Wir nennen das

„Demokratie“ oder „Gesetzesherrschaft“. Und wenn jemand sagt: „Aber dieses Gesetz ist nicht gerechtfertigt“, so bekommt er zur Antwort: „Wir leben in einer Demokratie und müssen uns den Gesetzen der Mehrheit beugen. Wenn du das Gesetz also für ungerecht hältst, so mußt du dich darum kümmern, daß dieses Gesetz eben von unseren Vertretern geändert wird.“

Marbles wollte mir immer einsichtig machen, wie die Gewerkschaft und wie die Gesellschaft funktioniert. Das eine Mal wurde er ziemlich wütend, weil ich mit ein paar Kollegen heimlich ein Flugblatt geschrieben und verteilt hatte, in dem wir der Gewerkschaftsführung vorwarfen, zu wenig für eine massivere Unterstützung der Tarifverhandlungen getan zu haben. Marbles warf das Flugblatt mit verächtlicher Miene weg, als er aber sah, wie ein Kollege dem Inhalt voll zustimmte, fuhr er den Mann an: „Überlaß das mal uns Funktionären. Wir machen das schon richtig.“

Sein Bestreben, alles unter Kontrolle des engeren Funktionärskreises zu halten, zeigte sich auch in dem Bemühen, so wenig Informationen wie möglich über die Firma und die Gewerkschaft herauszulassen. Einmal bat ihn ein Arbeiter, die Stellenliste einsehen zu dürfen, weil er sich nach einem anderen Job umschaute. Sein damaliger gefiel ihm nicht mehr. Doch Marbles verweigerte ihm die Einsichtnahme und meinte: „Das wäre, als wenn man die Büchse der Pandora öffnen würde.“ Und der Kollege hätte kein Recht darauf, die Liste einzusehen. Ich gab zu bedenken, daß ich Öffentlichkeit immer noch für die beste Politik hielte. Doch Marbles, jeder Zoll ein Gewerkschaftsführer, lehnte das Ansinnen entschieden ab.

Besonders in den letzten Wochen vor der Entscheidung über den Tarifvertrag bekam Marbles Zunder von allen Seiten. Den einfachen Mitgliedern gegenüber wurde der Verlauf der Verhandlungen als großes Geheimnis behandelt, bis irgendwann plötzlich über ein Angebot der Unternehmensleitung abgestimmt werden sollte. Als dann einige Kollegen aus der Chromabteilung Einzelheiten über die übrigen Fragen wissen wollten, sagte Marbles nur wie üblich: „Habt doch mal Vertrauen in die Verhandlungskommission – ihr habt sie ja schließlich auch gewählt.“

Da habe ich mich dann gefragt, was wir eigentlich hätten sagen können, wenn wir sie nicht gewählt hätten. Und was hätte er wohl gesagt, wenn er sich nicht auf diese Form von Basisdemokratie hätte stützen können? Der Kollege aus der Chromabteilung brachte seine Zweifel ein bißchen weniger philosophisch zum Ausdruck, als er zu Marbles sagte: „Du bist doch der einzige, der in die Vertrauen hat.“ Ein anderer stimmte dann noch ein und meinte, daß wir eine kämpferische Gewerkschaftsführung brauchen. Diesem konterte Marbles mit einem Hinweis auf dessen Vergangenheit: „Du bist doch schließlich als Vertrauensmann rausgeschmissen worden." Doch der wehrte sich und korrigierte, er sei „fallengelassen" worden, weil er nicht die Absicht hatte, zwischen „Pingpong und Maulhalten" zu wählen. – Marbles war eine sehr komplexe Persönlichkeit. Mit vielen Aktionen machte er sich bei den einfachen Mitgliedern beliebt – selbst wenn er nur einfach zuhörte oder die Arbeiter bei einzelnen Problemen beriet. Auch seine Schlagfertigkeit und sein Mutterwitz sicherten ihm Popularität. Sein Rat war in der Regel der beste, den man kriegen konnte, auch wenn er gegenüber der Firma völlig unkämpferisch ausfiel. Als ich meine Verwarnung wegen zu häufigem Reden mit einem Kollegen erhielt, nahm mich Marbles anschließend zur Seite und erklärte mir, wie ich mich hätte verhalten sollen, und was ich in künftigen Fällen beachten müsse. „Erstens darfst du nichts zugeben", sagte er. Zweitens dürfe man die Mitteilung über die Verwarnung nur unter Protest unterschreiben, um nicht später in eine schlechte Position zu kommen. Eigentlich gelte die Unterschrift zwar nur als Empfangsbestätigung, aber tatsächlich werde es als ein Zeichen der Zustimmung gewertet, wenn der Arbeiter nicht protestiert. Ich hatte nicht protestiert. Und drittens, erklärte Marbles, sollte man schon deshalb selbstverständlich gegen jede Verwarnung protestieren, weil die dann in der Personalabteilung überprüft würde und die Meister auch keine Lust hätten, allzuviel von der Personalabteilung belästigt zu werden.

Wenn Marbles einfache Mitglieder beriet, konnte man manchmal fast seine Einstellung vergessen. Obwohl er so häufig seine Sympathien für das Unternehmen zeigte, schien er zu bestimmten Gelegenheiten geradezu die Personifizierung eines guten Gewerkschafters zu sein. Wenn er dann jedoch anfing, von seinen Verdiensten als Gewerkschaftsgröße zu erzählen, ließ er wieder ganz klar seine Position und die der Organisation erkennen.

Im Januar wurden die Gewerkschaftsbeiträge um einen halben Dollar erhöht. Wir erfuhren davon eines schönen Morgens durch einen Aushang am Schwarzen Brett. Ich sprach Marbles in der Mittagspause darauf an, und er klärte mich auf, daß in der Satzung der Ortsgruppe eine automatische Beitragserhöhung festgelegt ist, wenn sich die Pro-Kopf-Abgaben an die Bundesorganisation erhöhen, und zwar um denselben Betrag. Er war richtig stolz darauf, daß die Mitglieder nichts mehr dazu zu sagen hatten, denn: „Wer würde schon für eine Beitragserhöhung stimmen?" Die Satzung war erst wenige Monate vorher entsprechend geändert worden. Marbles erzählte, daß die Gewerkschaftsführung vorher immer Last damit hatte, die Zustimmung der Mitglieder für die Erhöhung zu bekommen. Die Abstimmung hätte immer wieder verschoben werden müssen, bis sich auf der Monatsversammlung endlich eine Mehrheit dafür abgezeichnet hätte. „Das war regelmäßig eine unangenehme Prozedur“, berichtete er, und er hätte das Thema oft mehrmals auf die Tagesordnung setzen müssen. Ich bemerkte dazu, daß es wohl kaum so schwierig gewesen wäre, die Gewerkschaftsbeiträge zu erhöhen, wenn die Mitglieder den Eindruck hätten, daß damit auch wirklich ordentliche Arbeit in ihrem Sinne geleistet würde. „Und darüber hinaus müßten sie auch verstehen können, warum so viel an die Bezirksleitung und die Bundesorganisation abgezweigt wird. Vor allem müßten wir sehen können, was damit für uns getan wird.“

Und die Gewerkschaftsbürokratie verschlang wahrlich immense Summen. Der Monatsbeitrag lag nach der letzten Erhöhung bei neun Dollar für Arbeiter in den unteren Lohngruppen. Geht man von einem durchschnittlichen Beitrag von zehn Dollar aus, so flossen bei über 1.500 Mitgliedern monatlich mehr als 15.000 Dollar in die Kasse der Ortsgruppe. Davon wurden knapp 3.000 Dollar an die Bezirksleitung abgezweigt, und rund 7.500 Dollar gingen an die Gewerkschaftszentrale in Washington. Der Ortsgruppe blieben also, grob geschätzt, 4.500 Dollar im Monat. Im ganzen Jahr machte das 54.000 Dollar für die Ortsgruppe. Allein von uns bekamen der Bezirk 36.000 Dollar und das Hauptquartier nicht weniger als 90.000 Dollar.

Es blieb die Frage, wofür. Die Mitglieder sahen jedenfalls kaum, daß zu ihren Gunsten etwas mit diesen Geldern ausgerichtet wurde. Allein *The Machinist*, die gewerkschaftliche Wochenzeitschrift, konnte so teuer nicht sein. Es hätte also für einen Streikfond der IAM sein können, aus dem die Ortsgruppe Unterstützung erhielte, wenn sie einen Streik ausrufen sollte. Aber unsere Ortsgruppe hatte seit dem Krieg nur ein einziges Mal gestreikt, und zwar zwei Wochen lang im Jahr 1973. Dafür hatten die Mitglieder keinen Cent Streikunterstützung bekommen. Im August 1974 sah es fast so aus, als könnte es wieder zu einem Streik kommen. Auf einer Versammlung habe ich damals gefragt, wie es mit einer Unterstützung dafür aussieht. Ein Vertreter der Bezirksleitung antwortete darauf, daß wir nur dann etwas bekommen könnten, wenn im Streikfond noch Geld übrig wäre – doch der sei ziemlich leer. Feste Zusicherungen konnte er jedenfalls nicht geben.

Natürlich fällt es den Arbeitern schwer, die monatlichen Beiträge zu zahlen, zumal sie ohnehin nicht viel für ihren eigenen Lebensunterhalt haben. Wichtiger aber ist, daß sie so wenig Gegenleistung für ihre erzwungene Freigiebigkeit bekommen. Endgültig sauer sind sie dann darüber, daß sie nicht einmal mehr Gelegenheit haben, die Abgaben zu diskutieren und eventuell abzulehnen, nachdem ihnen die Funktionäre selbst diese Möglichkeit mit einem geschickten Manöver aus der Hand genommen haben.

Es ist ein regelrechter Teufelskreis, in dem die verhängnisvollen Strukturen der Gewerkschaft nur noch verfestigt werden. Die äußeren Umstände, die Vorschriften, Intrigen, Macht und Herrschaft begünstigten eine autoritäre Haltung der Führung und auf seiten der Mitgliedschaft Passivität und Teilnahmslosigkeit, und gerade hierdurch wurden wieder jene Macht und Herrschaft, die Umstände, Vorschriften und Intrigen verstärkt und in die Zukunft verlängert.

Da war zum Beispiel die Entwicklung eines Freundes von mir. Der hatte vorher in einem Betrieb mit einer durchaus besseren Gewerkschaft gearbeitet, und als er in unserer Firma anfing, engagierte er sich auch sofort wieder in der Gewerkschaft. Nach einiger Zeit wurde er Vertrauensmann. In dieser Funktion bemühte er sich, seine Kollegen zu unterstützen, wo immer es ging. Aber er bekam seinerseits keine Unterstützung von dem zuständigen Betriebsratsvertreter, der innerhalb der Gewerkschaft sein unmittelbarer Vorgesetzter war. Immer wieder weigerte sich dieser, von dem Vertrauensmann aufgesetzte Beschwerden gegenzuzeichnen und weiterzuleiten. Jedenfalls resignierte er, gab seinen Posten als Vertrauensmann schon nach wenigen Monaten wieder ab. Später gab er etwas beschämt zu, daß die Monatsversammlungen schon mehr wären, als er überhaupt investieren wollte.

Für Leute wie ihn, die sich für allgemeine Verbesserungen einsetzen wollen, gibt es drei Möglichkeiten. Sie schließen sich der stärksten Fraktion an und steigen in der Gewerkschaftshierarchie auf. Oder sie ziehen sich frustriert von jeglicher Aktivität zurück. Der dritte Weg ist der schwierigste, nämlich Durchhalten. Dabei müssen sie bei der Firmengewerkschaft immer wieder mit dem Kopf gegen die Wand anlaufen und auf der anderen Seite versuchen, das Bewußtsein der Kollegen schrittweise anzuheben, um so der Gewerkschaftsführung und der Firmenleitung langsam wieder die Kontrolle über die Organisation abzunehmen. Nur wenige wollen sich auf einen so schmerzhaften und zeitraubenden Kampf einlassen. Und selbst unter diesen fallen dann doch noch einige der Versuchung anheim, die sie eigentlich bekämpfen wollten, und machen innerhalb des Apparats Karriere zu ihrem eigenen Vorteil.

Den Arbeitern war dieser Teufelskreis mindestens zum Teil bewußt. Kurz nach meiner Einstellung brachte ein Kollege, der schon 25 Jahre in der Firma war, ein paar von diesen Punkten in einem zufälligen Gespräch auf. Ich war regelrecht verblüfft, als er plötzlich meinte, die Gewerkschaft brauche mehr militante Mitglieder, mehr Kämpfer. Aber dann fügte er gleich hinzu, daß all jene, die sich später für die Belange der Arbeiter einsetzten, von den Funktionären als „Radikale", „Agitatoren" und „Unruhestifter" verschrien würden. Einige davon seien schließlich versetzt oder entlassen worden. Aber es hat auch Fälle gegeben, wo Leute, die sich nicht immun gegen die Verlockungsangebote der Firma gezeigt hatten, einfach gekauft wurden, nämlich um mehrere Lohnstufen befördert und manchmal sogar zum Meister gemacht wurden.

Der Mann bekräftigte sogar noch seinen Ruf nach militanterem Einsatz, indem er auf negative Entwicklungen in der Vergangenheit hinwies. So habe es vor Jahren bei Blancs noch bezahlte Mittagspausen gegeben, doch die Gewerkschaft habe sich die abhandeln lassen und dafür irgendwelche anderen Vergünstigungen erreicht, an die sich heute keiner mehr erinnern könne. Und bei den Löhnen hätten die Verhandlungsführer der Gewerkschaft jahrelang Erhöhungen von drei bis fünf Cent die Stunde befürwortet. In den Versammlungen hätten sie dann erklärt, das sei das Äußerste, was die Gewerkschaft herausholen könne.

Solche Teufelskreise, mit denen die Mitglieder entmutigt werden, gibt es noch in Mengen. Als Beispiel mag die Lebenshaltungsklausel in den Tarifverträgen dienen. In Zeiten starker Inflation ist die Sicherung des Lebensstandards eine vitale Frage für die Arbeiter. In unserem Tarifvertrag war jedoch der Ausgleich für steigende Lebenshaltungskosten so verklausuliert, daß die tatsächlich zu zahlenden Leistungen im Dunkeln blieben. Der automatische Ausgleich für einen Preisanstieg war zunächst einmal an den Konsumpreisindex gebunden, dessen Aussagekraft über den Einfluß der Inflation auf die Löhne ohnehin fragwürdig ist. Darüber hinaus war aber die praktische Bedeutung der Formel, nach der die Lohnangleichung zu vollziehen wäre, kaum zu verstehen. Bei einem Anstieg des Preisindexes um einen Prozentpunkt sollten die Löhne periodisch um einen Festbetrag erhöht werden, etwa um einen viertel oder halben Cent. Eine solche Regelung ist selbstverständlich mehr als gar nichts. Was aber etwa bei einer Preissteigerung um zehn Prozent im Jahr effektiv dabei herauskommt, war fast keinem Arbeiter in der Firma klar. Bedeutet sie nun einen vollständigen Inflationsausgleich oder nur einen teilweisen? Wenn dies der Fall ist, wie hoch ist der Ausgleich – 80 Prozent, 70 Prozent, oder nur 50 Prozent? Und die Gewerkschaftsführung verweigerte jegliche Klärung solcher Fragen, sofern sie sie überhaupt selbst beantworten konnte. Jedenfalls scheiterten alle Bemühungen um präzise Auskünfte, die ich mehrfach gefordert hatte. Da aber nicht klar war, in welchem Maß der Inflationsausgleich geleistet wurde, war auch eine sinnvolle Diskussion über diese Frage ziemlich schwierig. Diese Debatte kam aber immer wieder bei neuen Vertragsverhandlungen auf, und immer war sie total undurchschaubar. Um sich aus der Affäre zu ziehen, stellte man immer eine Forderung, die so über den Daumen gepeilt war, von der aber niemand wirklich wußte, ob sie nun tatsächlich den Preissteigerungsausgleich brachte oder nicht.

Ein weiterer Teufelskreis betrifft die Rechte der Angestellten und Arbeiter. Wenn neue Leute eingestellt worden waren, wurden sie nicht von den Gewerkschaftsvertretern über ihre Rechte aufgeklärt. Die Gewerkschaft begnügte sich damit, ihnen die 160 Seiten umfassende Gewerkschaftssatzung und den 67 Seiten starken Rahmentarifvertrag von 1972 auszuhändigen. Wenn dann irgendetwas los war, tappten die Neuangestellten, was ihre Rechte und Pflichten anging, total im Dunkeln, eckten an und ließen sich einschüchtern. Oft war es dann schon für eine Aufklärung zu spät. Aber noch schlimmer war, daß oft selbst die Vertrauensleute und die Betriebsräte sich in ihren eigenen Verträgen mit den darin enthaltenen Fallen, Klauseln und Hinterlistigkeiten nicht auskannten oder, am allerschlimmsten, sich gar nicht darum zu kümmern schienen.

Eines Tages kam eine Frau in mittlerem Alter zu Marbles und beschwerte sich, daß ihr Meister ihr damit drohte, sie wegen wiederholten Fehlens aus Krankheitsgründen zu verwarnen. Marbles gab ihr den Rat, sich an ihren eigenen Vertrauensmann oder Betriebsrat zu wenden. Wie sich herausstellte, gab es in ihrer Abteilung keinen Vertrauensmann und sie kannte auch den für sie zuständigen Betriebsrat nicht. Es ist überflüssig zu sagen, daß diese Frau überhaupt keine Ahnung hatte, wie sie sich zur Wehr setzen könnte. Marbles wenigstens versuchte, ihr zu helfen. – Eine junge schwarze Kollegin beschwerte sich einmal über Rassendiskriminierung in ihrer Abteilung. Ihre Vertrauensfrau, eine Weiße, gab ihr herzlich wenig Unterstützung, und auch der Beschwerdeausschuß der Gewerkschaft ließ sie abblitzen. Der Ausschuß verwarf ihre Beschwerde, so wie sie aufgesetzt war, als grundlos. Bei der nächsten Versammlung wurde der Fall in dem Ausschußbericht erwähnt mit der Aufforderung, die Klage zurückzuziehen. Die Frau ließ sich jedoch nicht kleinkriegen, und es kam zum Eklat: Gemeinsam mit einigen Kollegen begann sie eine Prügelei im Saal. Als Erfolg ihrer Aktion stimmte die Versammlung gegen die Empfehlung des Ausschusses und gab ihr damit recht. Dennoch war auch vier Monate später – nachdem ich rausgeschmissen worden war – immer noch nichts geschehen, um den von ihr beklagten Zustand zu ändern.

Vorfälle wie dieser zeigen, wie unsere Gewerkschaft immer wieder gegen die Grundsätze verstieß, nach denen sie einmal von der amerikanischen Arbeiterbewegung aufgebaut worden war. Obwohl die Gewerkschaften die Institution am Arbeitsplatz sind, die ein wirkliches Gegengewicht zu Macht und Herrschaft des Managements darstellen könnte, haben sie sich immer weiter in eine Unterstützerfunktion des Managements hineingemogelt. Mit ihren internen Verfahren und Regeln und unter dem Deckmantel angeblicher Demokratie tragen sie dazu bei, daß Autoritätshörigkeit und Passivität der großen Masse im Leben der Arbeiter immer mehr Gewicht gewinnen. Dies hat zum einen zur Folge, daß sich die einzelnen Arbeiter trotz der Gewerkschaft auf zahlreichen Gebieten den Maßnahmen der Unternehmensleitung schutzlos ausgesetzt fühlen. Zum anderen haben sie ihre Hoffnungen auf eine Verbesserung ihrer Lebensbedingungen immer weiter zurückgesteckt und akzeptieren mehr und mehr, daß nur das als verhandlungsfähig angesehen wird, was die Unternehmensleitung zugesteht.

Nach der in den 30er und 40er Jahren entwickelten Arbeitsgesetzgebung neigen die Gewerkschaften in „organisierten" Betrieben dazu, ihre Verhandlungsbefugnisse immer stärker zu einem Monopol auszubauen, durch das sie als einzige befugt sind, Forderungen und Bestrebungen der Arbeiter zu artikulieren und zu vertreten. In dieser Beziehung können Arbeiter, die ausschließlich durch die Gewerkschaft vertreten sind, in manchen Fällen schlechter dastehen als ohne diese Organisation. Gäbe es die Gewerkschaften nicht, so würde es den Arbeitern zumindest leichter fallen, sich zu direkten Aktionen zusammenzuschließen, ihre Beschwerden vorzubringen und selbst für Abhilfe zu sorgen. Heutzutage fungieren die Gewerkschaften in den USA lediglich als „kritische" Teile jenes Apparats von Recht und Ordnung, mit dem der „Arbeitsfrieden" gewahrt werden soll. Dieser Apparat dient dem Schutz der Herrschaft des Privateigentums, wobei die Sorge für die Arbeiter nur Beiwerk ist. Erst in zweiter Linie – und immer noch in dem kapitalistischen Rahmen von Recht und Ordnung – kämpfen die Gewerkschaften für die Interessen der Arbeiter. Die Gewerkschaft bei Blancs, wo nur organisierte Arbeiter eingestellt wurden, war ein Paradestück für institutionalisierte Kollaboration.

Die Gewerkschaft „in Aktion": Tarifverhandlungen

Die Untersuchung der Gewerkschaftsarbeit zeigt, daß sie zwar zur Hebung des Lebensstandards und zu größerer Sicherheit ihrer Mitglieder im Rahmen des kapitalistischen Systems beigetragen, zugleich aber einen Beitrag zur Befriedung, Demoralisierung und Desorganisierung ihrer Mitglieder geleistet hat, die als Arbeiter ein Klasseninteresse haben. Im Endeffekt stützt die Gewerkschaft also gerade das Grundverhältnis von Kapital und Arbeit in den USA.

Offenkundig wurde dies an der Art und Weise, wie die Ortsgruppe mit den wichtigsten Fragen verfuhr. Die eine ist der neue Tarifvertrag, mit dem das Verhältnis zwischen Arbeiter und Unternehmen über Jahre hinweg geregelt wird. Dieses Problem stellt sich in Abständen immer wieder und bedeutet für die große Mehrheit der Mitglieder eine grundlegende Angelegenheit von substantieller Wichtigkeit. Das andere Thema ist die Wahl und Nominierung der mittleren Funktionärsebene wie etwa der Betriebsratsmitglieder. Das Interesse der Mitglieder an diesem jährlichen Vorgang ist beträchtlich geringer.

In beiden Fällen kommen dieselben, voneinander abhängigen Faktoren zum Tragen, nämlich sowohl die Beziehung nach außen zwischen Arbeiter und Unternehmer als auch die organisationsinterne zwischen den einfachen Gewerkschaftsmitgliedern und ihren Funktionären. Bei den Vertragsverhandlungen steht die Außenbeziehung zum Unternehmen im Vordergrund, während die organisationsinternen Fragen im Bewußtsein der Arbeiter weit zurückgedrängt werden, obwohl sie auch hier alles andere als unwichtig sind. Im Gegensatz dazu wird bei den Wahlen vorrangig die interne Beziehung interessant, während das Verhältnis zum Unternehmen in den Hintergrund tritt. In beiden Fällen ist also das Bewußtsein von der Wichtigkeit des jeweils zweitrangigen Aspekts äußerst begrenzt. Umgekehrt ist das Maß der Anteilnahme an den Ereignissen daher nur ein Gradmesser für das Interesse an der jeweils vorrangigen Frage. Das Engagement der Arbeiter in der Phase der Vertragsverhandlungen schlägt praktisch kaum auf die Wahlen durch. Die Beteiligung daran ist extrem gering. Damit aber verzichten die Arbeiter darauf, ihre wichtigste Waffe gerade auch bei den Vertragsverhandlungen selbst stärker in die Hand zu nehmen.

Der alte Vertrag lief Ende Oktober 1974 aus. Ab September verfolgten die Arbeiter die Verhandlungen um den neuen Vertrag immer aufmerksamer. Anfang Oktober war es schon Thema Nummer Eins. Doch die Spannung stieg noch weiter bis zum 3. November, als die entscheidende Versammlung stattfand. Bei den darauffolgenden Wahlen im November und Dezember war das Interesse dagegen auf einen Tiefpunkt gesunken.

Als ich im Juli bei Blancs anfing, hatten gerade die ersten Gespräche über den Vertrag begonnen. In zahlreichen Diskussionen äußerten die Arbeiter ihre Erwartungen, und es wurde auch gelegentlich über die Möglichkeit eines Streiks spekuliert, falls anders kein akzeptables Ergebnis zu erreichen wäre. Natürlich spielten in diese Erwägungen und Diskussionen viele Einflüsse hinein; die Kollegen sagten, was sie ganz allgemein von der Firma oder von der Gewerkschaft dachten und wie sie ihren jeweiligen Job fanden. Es wurden Überlegungen angestellt, wie sich wohl die Rezession auf die Verhandlungen auswirken würde. Einige kramten noch einmal Erinnerungen an die früheren Vertragsverhandlungen hervor, und auch der Streik aus dem vergangenen Jahr war wieder im Gespräch.

Dieser Streik wurde extrem unterschiedlich bewertet, doch schien er generell eine tragende Rolle dabei zu spielen, wie die Arbeiter die Aussichten für die bevorstehenden Verhandlungen einschätzten. Immerhin lagen die Verhandlungen vom Herbst 1973 nur kurze Zeit zurück und wurden daher als bester Maßstab genommen, wie die Unternehmensleitung wohl in den neuen Verhandlungen auftreten würde. Mehr noch wurde der Streik aber als sichtbarer Nachweis dafür gewertet, wie weit die Firma mit einem Arbeitskampf zu wesentlichen Zugeständnissen zu bewegen ist. Zugleich gab er ein Bild dafür ab, wie effektiv die Kollegen bei Blancs einen Streik organisieren könnten und was das kostet. Insgesamt also war dieser erste Streik seit dem Zweiten Weltkrieg eine Art praktischer Kosten-Nutzen-Analyse, nach der die Notwendigkeit und das Potential für einen eventuellen neuen Arbeitskampf bemessen wurde.

Die Mehrheit der Arbeiter wertete den zurückliegenden Streik als Fehlschlag. Das führte dann zu einer gewissen Resignation darüber, ob man dieses Kampfmittel durchhalten könnte und ob es überhaupt etwas bringen würde. Einige Arbeiter zeigten dagegen konkret auf, daß mit dem Streik bestimmte Erfolge erzielt worden waren, wie z. B. die Zahlung von Firmenbeiträgen für eine Altersversicherung. Die meisten waren jedoch der Ansicht, daß die Kosten für dieses Ergebnis zu hoch waren.

Die Kosten waren eine grundlegende Frage, und für viele Arbeiter waren sie offenbar unerwartet gekommen. Der Streik hatte zwei Wochen gedauert, und während dieser beiden Wochen erhielten sie keine Löhne – ausgerechnet in der Zeit vor den Herbst- und Weihnachtsferien. Und die Gewerkschaft zahlte auch keinen Cent Streikunterstützung. Viele sagten später, sie hätten in dem guten Glauben für den Streik gestimmt, daß ihre Gewerkschaft von Anfang an Ausfallgeld zahle. Doch die IAM zahlt erst ab der dritten Woche, obwohl der Fonds groß genug ist, um die Unterstützung schon vom ersten Tag an zu geben. Aufgrund dieser Erfahrung wiesen viele die Idee, abermals zu streiken, weit von sich. Andererseits war man sich darüber einig, daß die Firma ohne Druck kaum zu größeren Zugeständnissen bereit wäre, was einen länger dauernden Arbeitskampf erfordern würde. Von der dritten Woche an hätte die Gewerkschaft dann wöchentlich maximal 40 Dollar an jeden ausgezahlt. Ein neuerlicher Arbeitskampf hätte also bedeutet, daß die Kosten noch weniger zu ermessen gewesen wären, und er wurde damit nur noch unwahrscheinlicher.

Das Streikrecht ist eine ziemlich abstrakte Sache. In der Praxis ist es durch wirtschaftliche Erwägungen so weit eingeschränkt, daß es selbst bei einer starken Gewerkschaftsführung nur dann ausgeschöpft wird, wenn sich die Arbeiter mißbraucht fühlen oder ihre Lage als völlig unerträglich ansehen. Es ist nicht einfach nachzuvollziehen, was schon ein zweiwöchiger Ausstand für viele Gewerkschaftsmitglieder bedeutet. Ein junger weißer Familienvater erzählte mir, daß er nach den zwei Wochen regelrecht am Rande des Zusammenbruchs gestanden hätte. Er versicherte aber gleichzeitig, daß er mit einem Bankkredit noch ein oder zwei Wochen durchgehalten hätte.

Bei Blancs fehlte einfach die Führung, die für einen effektiven Streik nötig ist. Unser derzeitiger Vorstand war bei der Vertretung der Arbeiterinteressen alles andere als mutig. Auch 1973 hatte die Führung zunächst empfohlen, das letzte Angebot der Firma anzunehmen. Sie änderte ihre Haltung erst, als der Bezirksgeschäftsführer, Sid Ryan, das Angebot bekanntgab und sofort ausgepfiffen wurde, als er zugleich die Zustimmung der Verhandlungskommission erklärte. Die Mehrheit der Mitglieder stimmte gegen die Annahme. Immer wieder beklagten sie, daß ihre Organisation sofort wieder für Zustimmung eintrat, als die Firmenleitung während des Streiks das erste weitergehende Angebot vorgelegt hatte. Zu dem Zeitpunkt, kurz bevor die ersten Streikgelder ausbezahlt worden wären, waren die Mitglieder jedoch schon so weit demoralisiert und desorganisiert, daß sie sich ihren Funktionären anschlossen.

Und so sah es auch 1974 aus. Die Bemühungen der Gewerkschaftsführung, die Arbeiter zu einer geschlossenen Front zu einigen, waren saft- und kraftlos. 1973 hatte sie keinerlei Vorbereitungen für einen Streik getroffen und wurde davon selbst regelrecht überrollt. Gerade weil diese Vorbereitungen gefehlt hatten, waren die Erfolgschancen des Streiks ohnehin äußerst gering gewesen. Die Gewerkschaftsmitglieder hatten es gar nicht so schnell begriffen, daß sie nun Forderungen stellen sollten, und daß dieser Streik ihr Streik war. Sie waren einfach überfordert. Zugleich wurde der Streik praktisch überhaupt nicht organisiert. Nicht eine einzige Versammlung wurde während der Zeit einberufen, bei der die Arbeiter stärker hätten einbezogen werden können. Die wichtigste Informationsquelle in diesen zwei Wochen war dagegen eine von unabhängigen Reformern aus dem Betrieb herausgegebene Zeitung mit dem Titel *Like It Is.*

Dasselbe Bild zeigte sich auch 1974 in den letzten Wochen vor der Entscheidung über den neuen Vertrag. Als sich Anfang August einige von uns in Gewerkschaftsversammlungen nach der möglichen Höhe einer eventuellen Streikunterstützung und den Vorbereitungen für einen unter Umständen notwendigen Arbeitskampf erkundigten, wurden wir schlicht abgebügelt. Ein Spitzenfunktionär plusterte sich auf mit den Worten: „Wir sollten nicht über Streik reden, sondern hart verhandeln." Die Führung blieb auch dabei, als immer mehr Stimmen laut wurden – sogar von älteren und eher konservativen Arbeitern –, daß man vielleicht doch die Arbeit niederlegen müßte, wenn das Angebot der Firma zu schlecht sein sollte. Die Ortsgruppe wurde einfach in keiner Weise mobilisiert. Es kam noch hinzu, daß Anfang August die Gewerkschaftszeitschrift eingestellt wurde, die bis dahin der einzige wirksame Kommunikationskanal zwischen Führung und Mitgliedern außerhalb der Monatsversammlungen war. Nun gab es zwischen den Versammlungen überhaupt keine klaren Informationen mehr über die Fragen des Tarifvertrags und eventuelle Streikvorbereitungen.

Die Arbeiter wußten ganz genau, daß sie hart dafür würden kämpfen müssen, wenn sie mehr erreichen wollten, als die Firma ihnen freiwillig zugestehen würde. „Geschenkt hat die uns noch nie etwas", stellte einer fest, der schon über 35 Jahre dort beschäftigt war. Eine starke Minderheit, vielleicht sogar eine Mehrheit, lehnte in der Zeit vor den Verhandlungen einen Arbeitskampf strikt ab. Einer, der gerade sein 30-jähriges Firmenjubiläum gefeiert hatte, begründete diesen Fatalismus: Er habe im letzten Jahr gestreikt und dafür keine Unterstützung bekommen, und das werde er nicht noch einmal tun. Eine junge Schwarze faßte ihre Erfahrungen aus dem Vorjahr zusammen: „Wir gehen doch nicht in einen Streik, den wir verlieren!"

Rückblickend kann man sagen, daß die Führung nichts dafür getan hat, den Arbeitern auch nur die Vorstellung eines neuerlichen Streiks konkret nahezubringen, obwohl das Stichwort doch immer wieder genannt wurde. Die Angst behielt bei den Arbeitern die Oberhand, obwohl sie manchmal kurzfristig durch vereinzelte Vorkommnisse und Aktionen zerstreut wurde, bei denen ihnen dann ihre potentielle Macht dämmerte. Diese Angst bedeutete schließlich, daß die Forderungen in den Verhandlungen ganz drastisch beschnitten würden. Unter solchen Voraussetzungen konnte es nicht mehr die Frage sein, was die Arbeiter durch einen gemeinsamen Kampf erreichen könnten. Es ging nur noch darum, womit sie sich zufrieden geben würden, da sie nun einmal vereinzelt und zerstritten, eingeschüchtert und fast schon befriedet waren. Nur noch verstärkend wirkte dazu die Unbeholfenheit, mit der die Forderungen aufgestellt wurden, die inhaltliche Zurückhaltung dieser Forderungen selbst, aber auch die Fraktionierung unter den Arbeitern und das Fehlen einer Führung, die auf Solidarisierung hingearbeitet hätte.

Die Forderungen erstreckten sich auf den gesamten Bereich von Arbeitsplatz, Lebenshaltungskosten und Pausenregelungen. Klaren Vorrang hatten eindeutig die Löhne und Wünsche zur finanziellen Absicherung. Das ergaben Umfragen, die sowohl von der Zeitung *Like It Is* als auch von dem Zweiten Vorsitzenden der Ortsgruppe veranstaltet wurden, und denselben Eindruck gewann ich bei persönlichen Gesprächen mit vielen einzelnen Arbeitern. Über drei Forderungen herrschte weitgehende Übereinstimmung: eine deutliche Lohnerhöhung von mindestens 50 Cent pro Stunde, ein besserer Schutz vor den Folgen der Inflation und Lohnfortzahlung im Krankheitsfall.

Die Bedeutung der verschiedenen Forderungen für die einzelnen Arbeiter war sehr unterschiedlich, je nach deren besonderer Situation im Betrieb. Der Block derjenigen, deren Lohnhöhe vor allem durch diverse Zuschläge zustandekommt, interessierte sich naturgemäß weniger für eine deutliche Erhöhung der Stundenlöhne. Den älteren Arbeitern, die in absehbarer Zeit in Rente gehen würden, waren Steigerungen der betrieblichen Rente und der Alterssicherung wichtiger als Löhne und Inflationsausgleich. Genau umgekehrt sah es bei den jüngeren Kollegen aus, die den größten Block der Blancs-Arbeiter stellten. Verbesserungen in den Leistungen der Krankenversicherung, vor allem der zahn- und augenärztlichen Versorgung und der Erstattung von Rezeptgebühren, waren wiederum für viele wichtig, die größere Familien hatten. Eine andere Gruppe sah eine Verlängerung des Urlaubs für wesentlicher an, wobei sie noch vorrangig für eine Abschaffung der Werksferien plädierte, um ihre Urlaubszeit selbst wählen zu können. Bezüglich der Überstunden bestanden manche darauf, daß sie verstärkt auf freiwilliger Basis geleistet werden könnten. Eine Gruppe setzte sich dafür ein, daß die Tarifverträge für kürzere

Dauer abgeschlossen werden, um mehr Flexibilität wahren zu können. Auch wann der neue Tarifvertrag auslaufen sollte, wurde zur Diskussion gestellt, wobei manche für das Frühjahr stimmten statt für den Spätherbst, weil diese Jahreszeit für Kampfmaßnahmen – wie z. B. für das notwendige Streikpostenstehen – sehr unangenehm ist. Darüber hinaus sind die Arbeiter in der Zeit vor Weihnachten am kampfschwächsten, was die Firma durchaus miteinkalkuliert, um den Tarifvertrag möglichst reibungslos auslaufen zu lassen.

Es wäre durchaus möglich und vor allem notwendig gewesen, aus diesem Wust von zum Teil entgegengesetzten, zum Teil sich überschneidenden Forderungen eine deutliche Verhandlungsposition herauszufiltern und die Unterstützung der Mitglieder dafür zu suchen. Doch davon konnte keine Rede sein. Die Gewerkschaftsführung unterließ es völlig, der Basis ihre Marschroute für die Verhandlungen darzulegen. Sie unternahm keinerlei Anstrengungen, die Mitglieder auf ein gemeinsames Ziel hin einzuschwören. Statt dessen hüllten sich die Funktionäre in Schweigen und riefen lediglich zu blindem Vertrauen in die Verhandlungskünste des zuständigen Ausschusses auf. Nur ganz wenige Verhandlungsthemen wurden auf den vorangehenden Gewerkschaftsversammlungen halbwegs eingehend besprochen. Insgesamt waren die Arbeiter weder in der Lage, ihre Ansichten über den Verlauf darzulegen, noch konnten sie die Ergebnisse realistisch bewerten oder gar Kampfmaßnahmen für den Fall vorbereiten, daß die Ergebnisse unzureichend wären. Kurz gesagt: Nach den Diskussionen über die Forderungen waren die Arbeiter genauso zerstritten wie vorher.

Mit diesem Verfahren wurde so ziemlich alles falsch gemacht, was man nur falsch machen konnte. Und die Hauptverantwortung dafür ist der Gewerkschaftsführung anzulasten – sowohl für das, was sie tat, als auch für alles, was sie unterließ. Daß die Unternehmensleitung ausschließlich für ihre Interessen eintreten würde, hatte keiner anders erwartet. Die wenigen Aktivisten im Betrieb, zu denen ich gehörte, waren in keiner Phase in der Lage, einen echten Kristallisationskern für ein Bündnis der Arbeiter zu bilden. Und von selbst kamen die einfachen Gewerkschaftsmitglieder nicht so weit, sich zur Durchsetzung ihrer gemeinsamen Interessen gegen den gemeinsamen Gegner zusammenzuschließen.

Es war vielmehr sogar so, daß einzelne Gruppen immer wieder andere Gruppen angriffen, und manche Arbeiter zogen sogar ständig über sämtliche andere Kollegen her. Viele der älteren Männer, die allein ihre Familien zu ernähren hatten, kritisierten die Teilnahmslosigkeit und den mangelnden Einsatz der Kolleginnen, die als Zweitverdiener in ihren Familien weniger an Fragen des Lohns interessiert waren. Einige Weiße, vor allem Frauen im mittleren Alter, schimpften über ein paar jüngere schwarze Kollegen, die sich auf den Versammlungen besonders militant gaben, und wieder andere Schwarze wurden wegen rüpelhafter Manieren angegriffen, oder weil sie betrunken waren.

Es gab auch viele, die Kritik an der Führung der Ortsgruppe übten. Sie erinnerten daran, daß die Funktionäre immer wieder dazu aufgefordert hatten, sich mit Stundenlohnerhöhungen von drei bis fünf Cent zufrieden zu geben. Doch obwohl sie deutlich erkannten, daß die Führung der Ortsgruppe die Interessen der Arbeiter nicht angemessen vertrat, ließen nur wenige Entschlossenheit erkennen, sich um einen Wechsel in der Führung zu bemühen oder wenigstens einigermaßen regelmäßig zu den Versammlungen zu kommen. Im Einklang mit den meisten Funktionären beklagten schließlich einige Arbeiter, daß „ein paar Agitatoren nur Unruhe stiften".

Die Situation war geprägt von den Fraktionierungen unter den Arbeitern, wie sie sich aus der Rasse, dem Alter, Geschlecht und dem Lohnanreizsystem ergeben, aber auch von kleineren Auseinandersetzungen, die vor allem auf Selbstsucht beruhten. Eine Reihe jüngerer Schwarzer hätte durchaus das Zeug dazu gehabt, das allgemeine Bewußtsein und das Verständnis der Arbeiter für die einzelnen Fragen zu heben, und sie fanden auch den nötigen Rückhalt, um den älteren Funktionären Paroli bieten zu können. Doch beharrten sie wiederum zu sehr auf ihrer politischen Position innerhalb der Gewerkschaft und stellten sich mehr in den Vordergrund, statt die anderen zu überzeugen.

Diese gesamte Konstellation hatte natürlich ihre Auswirkungen auf den Verlauf der Verhandlungen. Dieser Prozeß selbst spielte sich auf drei Ebenen ab, von denen jede wieder Rückwirkungen auf die anderen hatte. Die erste ist die Ebene des Verhandlungsausschusses, in dem sich Vertreter der Gewerkschaft und des Unternehmens hinter verschlossenen Türen um ein für beide Seiten annehmbares Abkommen bemühten. Als zweite ist die Ebene der Gewerkschaftsversammlungen zu nennen, bei denen die Mitglieder zumindest formal Gelegenheit hatten, sich über den Ablauf der Verhandlungen zu informieren und ihre Meinung dazu zu sagen, wo Kritik oder Unterstützung bekundet werden konnte und wo schließlich über Annahme oder Ablehnung des letzten Angebots der Firmenleitung zu beschließen war. Die dritte Ebene ist die der täglichen informellen Gespräche und Debatten während der Arbeit. Eine unverhältnismäßig dominierende Rolle spielten dabei die geheimen Verhandlungen auch für die Diskussionen auf den beiden anderen Ebenen.

Der auffallendste Zug an dem gesamten Prozeß war die Tatsache, daß die kleine Gruppe der unmittelbar an den Verhandlungen Beteiligten ihr Vorgehen völlig abschirmte und kein Wort nach draußen dringen ließ. Von Unternehmensseite wurde das kritische Thema der Löhne und Absicherungen auf die letzte Verhandlungswoche verschoben. Die Gewerkschaftsführung willigte in diese Taktik ein und bewahrte nach außen Stillschweigen über die Inhalte der Verhandlungen und die erzielten Fortschritte. Wenn auch widerwillig, so akzeptierten doch auch die Mitglieder die Geheimhaltung, die von den Verhandlungsführern ohne weitere Begründung als notwendig hingestellt wurde. Die Basis konnte also während der Verhandlungen und entsprechend auch bei der Schlußabstimmung praktisch keine aktive Rolle spielen. Dieses Votum war faktisch nur noch eine Formsache. Die Mitglieder hatten gar keine reale Möglichkeit, das Friß-oder-stirb-Angebot der Firmenleitung ausführlich zu prüfen und zu werten oder etwa noch Alternativen breiter zu diskutieren.

Macht und Herrschaft lagen bei den wenigen Verhandlungsführern, weil sie bis zu der Einigung die einzigen waren, die direkte Einwirkungsmöglichkeiten auf den Verlauf der Verhandlungen hatten. Sie hatten das Informationsmonopol. Mit der Geheimhaltung wurde aber zugleich das Ausmaß verdeckt, in dem die Unternehmensseite die Verhandlungen sowohl vom Tempo als auch von den Themen her bestimmte. Indem sich die Verhandlungsführer der Gewerkschaft auf die Geheimhaltung einließen, stärkten sie nur noch die dominierende Position des Unternehmens und trugen auf der anderen Seite dazu bei, daß das Bild von den fehlenden Eingriffsmöglichkeiten der Arbeiter in Gewerkschaftsangelegenheiten neu bestätigt wurde. Die wenigen Funktionäre hatten es damit leichter, die Kontrolle über die Arbeiter zu behalten. Und ein Verlust der Kontrolle hätte sowohl der Gewerkschaftsführung wie auch der Firmenleitung gedroht, wenn es zu einer Politisierung und Mobilisierung der einfachen Gewerkschaftsmitglieder gekommen wäre. Genau darin bestand die Grundlage für das kooperative Verhältnis zwischen Unternehmensleitung und Gewerkschaftsführern nach Maßgabe der Firmeninteressen, genau das war die „Verhandlungsgrundlage" dieser ungleichen, aber geradezu symbiotischen Beziehung.

Zum ersten Mal habe ich am 11. August an einer Versammlung teilgenommen. Dabei wies die Führung alle Vorstöße zurück, die einzelnen Punkte zu diskutieren, die Arbeiter zu mobilisieren, die Kommunikation zu öffnen und Vorbereitungen für einen eventuellen Streik einzuleiten. Dabei zielten diese Initiativen durchaus nicht darauf, schon zu diesem Zeitpunkt über einen Streik zu entscheiden, was ohnehin erst nach Kenntnis des letzten Angebots hätte geschehen können. Aber es sollten alle Möglichkeiten offengehalten werden. Es sollte sichergestellt sein, daß die Arbeiter über die Inhalte des Tarifvertrags so weit Bescheid wissen, daß sie bei der abschließenden Diskussion auch mit begründeten Argumenten für und wider ihn würden aufwarten können. Und sie sollten im voraus wenigstens so weit auf einen möglichen Streik vorbereitet sein, daß sie diese Frage auch realistisch entscheiden könnten.

Ein paar Vorgänge bei diesem Treffen ließen nachträglich den Verdacht aufkommen, daß die Gewerkschaftsführung solche Entwicklungen einfach nicht zulassen, mindestens aber nicht bestärken wollte. So wurde im Verlauf der Versammlung bekannt, daß der Ausschuß, der die nicht auf den Lohn bezogenen Forderungen zusammenfassen und so den Verhandlungsbeauftragten zuarbeiten sollte, überhaupt noch nicht gewählt worden war. Ein Antrag zur Wahl eines Ausschusses für die Vorbereitung eines eventuellen Streiks wurde von dem Vorsitzenden mit der Begründung abgewiesen, daß die Ernennung eines solchen Ausschusses der Satzung nach in seinen Aufgabenbereich fällt. Schließlich wurde mit mehrheitlicher Zustimmung der Versammlung nach dem Kassenstand des gewerkschaftlichen Streikfonds gefragt, doch die Führung ignorierte dies schlicht.

Es ist durchaus nicht zu früh, sich schon im August Gedanken über Verhandlungen zu machen, die noch gar nicht begonnen haben und die einen Vertrag betreffen, der erst Anfang November in Kraft treten soll. Man muß dabei bedenken, daß zwischen jenem Treffen und der Abstimmung über Annahme oder Ablehnung des Vertrags nur zwei ordentliche Versammlungen lagen. Wenn aber die anstehenden Fragen nicht frühzeitig ausdiskutiert und die erforderlichen Vorbereitungen nicht getroffen werden, dann ist auch die Wahrscheinlichkeit geringer, daß die künftigen Schritte von den Mitgliedern mitgetragen werden. Und zu eigener Aktivität wird die Basis auch nicht gerade ermutigt.

Auf den nächsten Versammlungen bestätigte die Führung nur noch ihre Methoden der Manipulation und Obstruktion. Besonders wichtig war das Treffen am 8. September, als die Verhandlungen bereits begonnen hatten, weil die Mitglieder zu dem Zeitpunkt in einer Vorabstimmung zu entscheiden hatten, ob sie eventuell streiken würden. Diese Streikbilligungsabstimmung hat zweifache Bedeutung. Zum einen ist sie ein klares Druckmittel in den Händen der gewerkschaftlichen Verhandlungsführer und eine Warnung an das Unternehmen. Zum anderen ist ein positives Votum dabei aber auch Voraussetzung dafür, daß die Ortsgruppe im Falle eines tatsächlichen Streiks Geld aus der Unterstützungskasse der Bundesorganisation erhalten kann. Diese Abstimmung ist damit praktisch auch eine Vorentscheidung für jeden weiteren Beschluß.

Trotz ihrer großen Bedeutung hatte der Präsident die Versammlung am vorangehenden Mittwoch noch nicht öffentlich angekündigt. Ein junger Kollege reagierte sauer und hängte am Nachmittag eine selbstverfaßte Ankündigung aus, wobei er wütend über die Trägheit der Führung schimpfte. Schon kurze Zeit später war sein Zettel wieder vom Schwarzen Brett verschwunden. Erst am Donnerstag wurde die offizielle Einberufung ausgehängt – der Satzung war Genüge getan, wonach eine Versammlung 48 Stunden vorher angekündigt sein muß.

Offenkundig nicht zuletzt wegen der unzureichenden Ankündigung fehlten an dem fraglichen Sonntag 60 bis 70 Stimmen, um die Mindestbeteiligung von 30 Prozent der Mitglieder an der Streikbilligungsabstimmung zu erreichen. Den knapp 400 Anwesenden kam das Treffen vor wie eine Warteübung, immer in der vagen Hoffnung, daß doch noch genügend Kollegen kommen würden, um die Abstimmung ordnungsgemäß durchführen zu können.

Die Themen der Verhandlungen wurden angesprochen, aber nicht systematisch durchdiskutiert. Wie üblich wurde die Versammlung mit der Verlesung der Protokolle der vorangegangenen Sitzungen, von Briefen sowie der Spesen- und Entschädigungszahlungen begonnen. Es waren immer noch nicht genügend Mitglieder gekommen, und so wurden anschließend mehrere Berichte vorgetragen, von denen sich einige auch mit Themen des Tarifvertrags befaßten. Mit einer Ausnahme waren die Berichte mehr oder weniger unerträglich: schlecht vorbereitet, wenig aussagekräftig, schwer nachzuvollziehen und manchmal sogar völlig unverständlich. Lediglich Joanne Tower machte eine Ausnahme, als sie über die bisherige Arbeit des Ausschusses berichtete, der sich mit den von Lohnfragen unabhängigen Forderungen befaßte. Es war dies wohl der einzige überhaupt ernst zu nehmende Bericht über Tarifvertragsfragen, den ich auf Gewerkschaftsversammlungen gehört habe: im Stil klar und durchschaubar, womit den Mitgliedern das Verständnis erleichtert wurde. Doch war ihr Bericht so umfangreich, daß es ebenfalls schwerfiel, sich auf die zentralen Punkte zu konzentrieren. Er behandelte Fragen, die von der Urlaubszeit über bezahlte Mittagspausen, Überstundenzuschläge bis hin zur Laufzeit des Vertrags und Fortbildungsprogrammen reichten. Zwar wurde darin eine Reihe wichtiger Forderungen aufgestellt, doch waren diese nicht so zusammengefaßt, daß damit eine breite Zustimmung über Mindestbedingungen erleichtert worden wäre. Ein solcher

Konsens ist aber erforderlich, wenn die Arbeiter nicht als einzige Alternative die Annahme des letzten Angebots der Firma sehen sollen.

Als dieser Tagesordnungspunkt abgehakt war, wurde aus den Reihen der Mitglieder scharfe Kritik an der Führung geäußert, weil die Versammlung nicht frühzeitig genug einberufen worden sei. Zur Verteidigung des Verfahrens meldeten sich mehrere Betriebsratsmitglieder zu Wort. Die Mitglieder wüßten doch ganz genau, daß die Versammlungen regelmäßig am zweiten Sonntag des Monats stattfinden, führte einer an, und die Ankündigung sei immerhin satzungsgemäß rechtzeitig ausgehängt worden. Überhaupt seien die Mitglieder schuld an der geringen Beteiligung und nicht der Vorstand. Er bekräftigte seinen typischen Funktionärsstandpunkt noch mit den Worten: „Wer sich um nichts kümmert, der hat es auch nicht verdient, daß er verteidigt wird."

Anschließend griff Bert, ein junger weißer Radikaler, noch einmal das Thema Streikvorbereitungsausschuß auf, doch sein Antrag wurde wiederum vom Vorsitzenden vom Tisch gefegt. Darauf forderte Bert den Vorsitzenden auf, noch einmal genauer auf die Lohn- und die anderen Nebenforderungen einzugehen, weil die schließlich ein Ausgangspunkt bei den Verhandlungen sein sollten. Dieser zögerte erst und wies darauf hin, daß die Forderungen schließlich schon in der August-Versammlung vorgetragen worden wären – als nur etwa ein Fünftel der jetzt Versammelten gekommen war. Dann ließ er sich doch noch überreden und las die Forderungen vor, doch eine weitergehende Diskussion entstand daraus nicht.

Daß hierzu keine weiteren Wortmeldungen kamen, hat mich völlig überrascht. Immerhin wußte ich, wie sehr die Arbeiter an der Frage der Löhne und des Inflationsausgleichs interessiert waren. Erst wenige Tage zuvor hatten mir einige Kollegen versichert, sie wollten ganz bestimmt auf der Versammlung danach fragen. Und nun schien es so, als sollte das Thema undiskutiert abgeschlossen und damit eine der wenigen Möglichkeiten zur verbindlichen Debatte ausgelassen werden. Deshalb entschloß ich mich, selbst etwas dazu zu sagen.

In einer kurzen, improvisierten Rede trat ich dafür ein, daß in dem neuen Vertrag unbedingt ein voller Inflationsausgleich verankert sein müsse, und zwar in einer Form, die jeder nachvollziehen könne. Ich wies darauf hin, daß die Formel in dem alten Vertrag nicht nur für alle reichlich unverständlich sei, sondern mehr verberge als klarstelle. Mit einem solchen Verfahren könne nur dem Management genützt werden. Wenn der Vorstand weiterhin die alte Formel unterstützen sollte, so liege dies nicht in unserem Interesse. Im übrigen sei es eine der wichtigsten Fragen bei dem neuen Tarifvertrag, ob die Firma oder die Arbeiter die Inflationsverluste zu zahlen haben. Offenbar war ein großer Teil der anwesenden Mitglieder froh, daß dies einmal ausgesprochen worden war, wie ich dem Beifall und zahlreichen Bekundungen am kommenden Tag im Betrieb entnehmen konnte.

Vor dem nächsten Treffen am 13. Oktober wurde keine außerordentliche Versammlung für das Streikbilligungsvotum einberufen, obwohl der Vorsitzende zunächst von einer solchen Sitzung gesprochen hatte. Im Oktober kamen dann fast 700 Arbeiter, womit also die Abstimmung über die Bühne gehen konnte. Mit 528 gegen 27 Stimmen wurde dabei ein möglicher Streik befürwortet. Noch vor der Abstimmung waren an die 150 Mitglieder wieder gegangen, von denen viele offenbar nur gekommen waren, um ihren Namen auf die Teilnehmerliste zu setzen (was formell für das Quorum völlig genügte), während sie ansonsten von den Versammlungen genug hatten. Trotz des positiven Abstimmungsergebnisses lief die Versammlung in einer Weise ab, die den Mitgliedern keinerlei tieferen Einblick in die Verhandlungsthemen bot. Es schien ganz im Gegenteil immer unwahrscheinlicher, daß sich die Arbeiter auf einige Hauptforderungen würden einigen können. Im Endeffekt sah es so aus, daß auf diesem letzten Treffen vor Auslaufen des alten Vertrags außer der Streikabstimmung kein einziger Beitrag geleistet wurde, um die Verhandlungen voranzubringen. Die Vertragsthemen schienen beinahe völlig vergessen. Statt dessen wurden die Gräben zwischen Schwarzen und Weißen vertieft, und es gab zusätzlich Streit über Fragen von Recht und Ordnung.

Zwei unerwartete Ereignisse beherrschten die Versammlung und lenkten die Aufmerksamkeit von den Vertragsfragen ab. Erstens ging es um die Beschwerde der jungen schwarzen Kollegin, von der schon die Rede war. Der Fall führte bei dem Treffen zu scharfen Unmutsäußerungen von einer starken Gruppe von Schwarzen, die der Firmenleitung systematische Diskriminierung und das absichtliche Schüren von Rassenauseinandersetzungen vorwarfen. Zum anderen hätte Bert durch seine Rede beinahe eine Schlägerei mit Tank, dem Vorsitzenden, provoziert. Beide Vorfälle kamen angesichts der Wichtigkeit der Tarifverhandlungen zu diesem Zeitpunkt äußerst ungelegen, doch schien wenigstens der offene Ausbruch des ersten Konflikts mehr oder weniger unvermeidlich. Der Zusammenstoß zwischen Bert und Tank dagegen wäre durchaus zu vermeiden gewesen, und er war auch völlig unproduktiv. Daran ändert auch die Tatsache nichts, daß der Vorsitzende ganz erheblich zur Eskalation beitrug, indem er fürchterlich aufbrauste, weil Bert seine Autorität bezweifelte.

In der Auseinandersetzung um die Beschwerde der Schwarzen kam es zu heftigen Wortgefechten und teilweise sogar zu Drohungen zwischen einigen schwarzen und weißen Mitgliedern. Der Konflikt hatte sich daraus entwickelt, daß der Beschwerdeausschuß den Antrag der Frau, die schon neun Jahre lang bei Blancs angestellt war, zurückgewiesen hatte. Das war schon ein ungewöhnlicher Vorgang, denn normalerweise wurden derartige Beschwerden wie auch die meisten anderen Anträge, bei denen es um Einzelpersonen geht, praktisch automatisch bearbeitet und weitergeleitet. In diesem Fall hatte sich jedoch eine ansehnliche Front gegen die Beschwerde stark gemacht, während die Frau ihrerseits von einem großen Block unterstützt wurde, dem sich viele Schwarze und auch Weiße, Frauen wie Männer anschlossen. Die Debatte wurde immer hitziger. Der Vorstand unterstützte das Vorgehen seines Beschwerdeausschusses, doch die andere Seite erwies sich als stärker, der Ausschuß wurde überstimmt und beauftragt, der Sache nachzugehen und für Abhilfe sowohl in diesem Einzelfall als auch generell bei Rassendiskriminierung zu sorgen.

Der zweite Eklat entstand aus der Rede von Bert, mit der er gegen den Vorsitzenden agitierte und Tank aufforderte, doch klar zu bekennen, auf welcher Seite er stehe. Tank rief Bert dabei mehrfach zur Ordnung – zu Recht, wie manche Kollegen meinten –, und stellte ihm schließlich sogar das Mikrofon ab. Doch Bert gab noch nicht auf, sondern pochte auf sein Recht, die Meinung frei sagen zu dürfen, wofür er sogar einige Unterstützung bekam. Eines ergab das andere, und bevor der Saal überhaupt richtig mitbekommen hatte, was los war, sprang Tank auf, den Vorstandshammer in der Hand, stürzte auf Bert zu und packte ihn am Hemd. Einen Moment lang schien es, als würden sie sich gleich prügeln, doch schließlich ließen sie voneinander ab.

Beide Konflikte hätten noch schlimmer ausgehen können, aber trotzdem war diese Versammlung zumindest eine verpaßte Gelegenheit. Am schlimmsten daran war, daß das ohnehin schon begrenzte Solidaritätsgefühl unter den Arbeitern, wie es noch vor der Versammlung bestanden hatte, durch die Vorfälle noch einen erheblichen Bruch bekam. Die meisten, mit denen ich mich anschließend unterhielt, reagierten leicht verstört auf die Vorfälle, und zwar wegen des Chaos, das sich in ihren Augen auf der Versammlung gezeigt hatte und weiter ausbreiten könnte. Nicht wenige Frauen, von denen ich zum Teil eine sehr hohe Meinung hatte, meinten, sie würden künftig den Versammlungen völlig fern bleiben, wenn sie wieder solche Unruhen befürchten müßten.

Auf der Versammlung gab es auch einen Bericht über die Tarifverhandlungen, doch der war dann eher eine Parodie. Er wurde verlesen, als gerade die Stimmen von der Streikbilligungsabstimmung ausgezählt wurden und neun Zehntel der Teilnehmer bis zur Mitteilung des Ergebnisses den Saal verlassen hatten. Selbst die wenigen, die in dem fast leeren Raum geblieben waren, unterhielten sich meist in den ersten Reihen, so daß auch wir kaum mitbekamen, daß überhaupt von den Verhandlungen die Rede war.

Noch acht Tage vor Ende Oktober – am Donnerstag, dem 31.10., lief der alte Vertrag aus – wußten wir nicht einmal, wann die Schlußabstimmung stattfinden sollte. Es war nicht klar, ob eine außerordentliche Versammlung für den letzten Oktobersonntag oder etwa für Freitag, den 1. November, angesetzt würde, oder ob die Laufzeit um einige Tage verlängert werden sollte und die Entscheidung der Mitglieder erst am 3. November fallen sollte. Die Führung wollte keine Extraversammlung einberufen, um über die Verlängerung beschließen zu lassen, und informierte uns darüber lediglich am 25. Oktober, einem Freitag. Zugleich wurde die Versammlung für den ersten Novembersonntag einberufen. In dieser Mitteilung wurde schließlich noch versichert, die Führung würde „alles tun", um den endgültigen Vertragsentwurf bis zum 2. November unter Dach und Fach zu bringen – einem Samstag, an dem kaum ein Arbeiter im Betrieb sein würde.

Spontane Wut war die unmittelbare Reaktion der meisten Kollegen vor allem auf den letzten Punkt der Mitteilung. Einige erinnerten daran, daß schon im vorangegangenen Jahr schriftliche Zusammenfassungen der Hauptpunkte des Vertrags erst am Freitagnachmittag verteilt worden waren, so daß die meisten sie nicht mehr vor der Versammlung zu sehen bekommen hatten. Aufgrund der Bemühungen eines jüngeren schwarzen Mitglieds des Verhandlungsausschusses und seines Vaters, der der Zweite Vorsitzende der Ortsgruppe war, wurden schließlich doch noch die wichtigsten Kernpunkte wenigstens der Lohn- und Absicherungsformeln mitgeteilt, und zwar am Freitag um 16.30 Uhr.

Auf den ersten Blick sah das Angebot zwar nicht überwältigend, aber auch nicht besonders schlecht aus. Einige Kollegen lobten es sogar als den besten Vertrag, der jemals mit Blancs ausgehandelt wurde, und damit hatten sie ohne Zweifel recht. Der Tarifvertrag sollte eine Laufzeit von drei Jahren haben und keine Öffnungsklauseln erhalten, so daß Löhne wie Nebenvereinbarungen für den gesamten Zeitraum unkündbar festgelegt sein sollten.

Im einzelnen sah der Entwurf Erhöhungen der Stundenlöhne um 35 Cent im ersten Jahr und jeweils 20 Cent in den beiden folgenden Jahren vor. Die Qualifikationszuschläge sollten ab einem bestimmten Lohnniveau in jeder Lohngruppe um zwei Cent im ersten und jeweils einem Cent in den folgenden Jahren steigen. Für mich hätte dies im ersten Jahr eine Steigerung von insgesamt elf Prozent ausgemacht, aber damit wäre ich auch nur auf vier Dollar pro Stunde gekommen. Auch die Regelung des Inflationsausgleichs sah günstiger aus als in dem alten Vertrag. Danach sollten die Stundenlöhne um jeweils einen Cent erhöht werden, wenn der Konsumpreisindex um 0,3 Punkte stieg, nachdem die Bemessungsgrundlage bislang bei 0,5 Punkten lag.

Die bezahlten Werksferien über Weihnachten und Neujahr sollten um drei Tage verlängert werden und künftig vom 23. Dezember bis zum 2. Januar dauern. Die betriebliche Altersrente, bei der es bislang für jedes Arbeitsjahr bei Blancs 8 Dollar im Monat gab, sollte während der Vertragsdauer in drei Stufen auf 10, dann 11 und schließlich 12 Dollar monatlich erhöht werden. Wer also 30 Jahre lang bei der Firma gearbeitet hatte, würde selbst im dritten Jahr des Vertrages nicht mehr als 360 Dollar im Monat Pension bekommen, ein Betrag, der die Bezeichnung „Alterssicherung" kaum verdient.

Auch die Krankenversicherung wurde verbessert. Danach sollten im ersten Jahr Krankenhauskosten übernommen werden und vom dritten Jahr an auch Zahnarztkosten und ein Teil der Rezeptgebühren. Darüber hinaus sah der Entwurf noch zahlreiche weitere Verbesserungen vor. Die populärste darunter war eine Regelung für die Leistung von Überstunden an Samstagen und Sonntagen, die versuchsweise im Sommer für sechs Monate auf „völlig freiwillige" Basis gestellt werden sollten.

Fast 1.100 Mitglieder kamen am Sonntag auf die Gewerkschaftsversammlung, bei der es um Zustimmung oder Ablehnung des Entwurfs ging. Entgegen viel geäußerten Befürchtungen kam es nicht erneut zu Rangeleien; das Treffen verlief weitgehend ruhig. Der Vorstand hatte die Versammlung souverän in der Hand und hielt sich nicht allzu sehr an demokratischen Formalitäten fest. Dabei konnte er sich auf eine Woge der Erleichterung und Zustimmung für den Tarifvertrag stützen, die andererseits Kritik an einzelnen Passagen äußerst schwierig machte. Wenngleich hier noch die einzige Gelegenheit gewesen wäre, eingehender über einige Regelungen zu diskutieren, schien doch ein beträchtlicher Teil der Mitglieder nichts mehr davon hören zu wollen. Nur einige wenige äußerten Kritik an einzelnen Punkten, und noch weniger Kollegen sprachen sich für eine vollständige Ablehnung aus, und von diesen waren sogar ein paar betrunken. Die Annahme des Vertrags stand schon zu Beginn der Versammlungen außer Zweifel, und in der Abstimmung sprachen sich 875 dafür und 219 dagegen aus.

Der vorherrschende Zug an der Versammlung war die Tatsache, daß der Vorstand – mit einer einzigen Ausnahme – und die Mitglieder des Verhandlungsausschusses von sich aus keinen Versuch machten, auch eine kritische Wertung des Vertrags in die Diskussion zu bringen. Ihnen ging es vielmehr darum, das Ausgehandelte an die Mitglieder zu „verkaufen", und sie lobten den Entwurf daher über den grünen Klee. Der Verhandlungsführer der Gewerkschaft, Bezirksgeschäftsführer Sid Ryan, legte den Entwurf im einzelnen dar, wobei er die einzelnen Positionen vorlas und Erklärungen zur besseren Verständlichkeit hinzufügte. An keiner Stelle jedoch wies er auf Schwachstellen hin, etwa auf ungelöste Probleme, auf nicht erfüllte Forderungen oder auf die Punkte, in denen der neue Tarifvertrag keinen Fortschritt oder gar einen Rückschritt bedeutete. Angesichts der Wirtschaftskrise, aber auch der allgemein positiven Bewertung des Angebots unter den Mitgliedern hätte die Versammlung sicher auch einem schlechteren Entwurf zugestimmt. Dennoch ging es der Führung ausschließlich darum, diese Bereitschaft noch mehr zu vergrößern und nicht zuletzt sich selbst zu beweihräuchern. Dabei stellte sich dennoch heraus, daß unsere Verhandlungsvertreter völlig davon abhängig waren, wie das Angebot der Unternehmensleitung aussah. Und jeder Versuch, jetzt gegen die Annahme aufzutreten, wäre auf den gemeinsamen Widerstand der Gewerkschaftsführung und der Firmenleitung gestoßen.

Dennoch wies das Angebot eine Reihe schwerwiegender, zum Teil offenkundiger Schwächen auf. Da der Vorstand darüber kein Wort verloren hatte, einige Kollegen aber bereits auf die gegenüber der Forderung geringe Lohnsteigerung hingewiesen hatten, nahm ich mir ein paar andere Schwachstellen vor. Ich war der Auffassung, daß die Mitglieder ablehnende Meinungen wenigstens anhören sollten, bevor sie endgültig darüber abstimmten. Also trug ich Folgendes vor:

„Sid hat uns erzählt, was alles gut ist an dem Tarifvertrag, und das ist eine ganze Menge. Bevor wir aber abstimmen, müssen wir sicher gehen, daß wir auch alle wichtigen Klauseln voll verstanden haben.

In den vergangenen Jahren gab es häufiger Fehlinterpretationen oder unzureichende Darlegungen solcher Fragen. Wie hätte es sonst passieren können, daß wir plötzlich keine bezahlte Mittagspause mehr hatten? Oder wieso war der Inflationsausgleich plötzlich geringer? Der neue Vertrag ist eine der wichtigsten und einschneidendsten Angelegenheiten für die nächsten drei Jahre. Und ich fürchte, daß wir noch nicht alle Punkte darin hundertprozentig verstanden haben.

Da ist zum Beispiel der Inflationsausgleich. Und gerade heute in einer Zeit starker Inflation ist der von besonderer Bedeutung. In einem wichtigen Punkt ist er besser als im alten Vertrag. Ein Penny pro Stunde mehr bei einem Anstieg des Preisindexes um 0,3 Prozentpunkte ist einfach mehr als bei 0,5 Punkten. Auf den ersten Blick sieht die neue Regelung also hervorragend aus.

Ich glaube trotzdem nicht, daß sie so ungeheuer gut ist. In einem Punkt ist die neue Formel sogar schlechter als die bisherige, denn die Angleichung soll nun nur noch alle sechs Monate vorgenommen werden und nicht mehr alle drei Monate. Wir bekommen sowieso nie so viel raus, wie wir vorher schon durch die Inflation verloren haben. Und je länger die Zeitspanne bis zur nächsten Angleichung ist, desto mehr verlieren wir. Die Anpassung sorgt nur dafür, daß wir nach Ablauf der jeweiligen Periode nicht noch weiter zurückfallen. Einmal angenommen, die Preise steigen ausgerechnet zu Beginn der Periode besonders stark, dann bezahlen wir vielleicht 10 % mehr für Benzin und 4 bis 5 % für Lebensmittel. Und das mehrere Monate lang bis zur nächsten Angleichung. Schon bei einer vierteljährlichen Anpassung macht das einen erheblichen Verlust aus.

Schon nach dem alten Vertrag lagen wir mindestens drei Monate zurück mit unserem Inflationsausgleich. Und im neuen Vertrag ist keine Rede davon, daß dieser Rückstand erst einmal aufgeholt werden sollte. Eine erste Anpassung kann danach nicht vor dem 5. Mai 1975 vorgenommen werden. Bis dahin werden wir also mindestens neun Monate zurückliegen. Neun Monate, das kann bei einem Anstieg der Lebenshaltungskosten um rund 15 % im Jahr einen realen Lohnverlust von mehr als 10 % bedeuten. Und damit wäre schon fast die gesamte Lohnerhöhung im ersten Jahr des Vertrags aufgefressen. Mit anderen Worten: Bis zum Mai können wir schon das meiste wieder verloren haben, was wir nach dem Vertrag bekommen sollen. Und es geht noch weiter: Die letzte Anpassung soll am 2. Mai 1977 erfolgen. Von da an bis zum 2. Oktober, also über fünf Monate, ist ein Schutz des Lebensstandards überhaupt nicht gegeben. Wir fallen also noch einmal zurück. Wenn dann in dem folgenden Tarifvertrag wieder eine ähnliche Regelung getroffen werden sollte wie in dem vorangegangenen und dem neuen, dann wäre also wieder nicht schon zu Beginn der Laufzeit für eine Vorabangleichung gesorgt, und damit würden wir noch einmal um Monate zurückfallen.

Ich finde, daß in der Frage des Inflationsausgleichs noch weit mehr getan werden müßte. Die erste Angleichung müßte am ersten Tag des neuen Vertrags geschehen und zusammen mit der Lohnerhöhung gezahlt werden. Und die letzte Anpassung müßte am Ende der Laufzeit geschehen. Und schließlich müßte die Anpassung alle Vierteljahre und nicht nur halbjährlich erfolgen. Durch den neuen Vertrag sind unsere effektiven Löhne nicht gesichert."

Die Rede kam durchaus gut an. Doch ein Stimmungsumschwung war dadurch genauso wenig zu erreichen wie durch Bemühungen anderer Einzelmitglieder und kleiner Gruppen. Eine eingehendere Diskussion hätte auf dieser Versammlung nur unter einer Voraussetzung eingeleitet werden können, nämlich wenn einer der beiden radikaleren Schwarzen aus dem Verhandlungsausschuß offen aufgetreten wäre und über den tatsächlichen Ablauf der Verhandlungen berichtet hätte. Nur sie wären in der Lage gewesen, eventuell einen Teil der Mitgliedschaft hinter sich zu bringen, wenn sie aufgezeigt hätten, daß durchaus auch ein besserer Vertrag zu erreichen gewesen wäre. Doch die Mitglieder des Verhandlungsausschusses waren zur Verschwiegenheit verpflichtet, und die beiden Schwarzen standen unter ungeheurem Druck des Vorstands und der Mehrheit des Ausschusses. An einer Stelle schien es fast, als wollte einer der beiden aus der geschlossenen Front ausscheren, doch der Vorsitzende hob sofort zu einer Warnung an, ja nichts über die internen Verhandlungen zu erzählen. Der Ablauf der Verhandlungen und auch die Meinungen der Minderheit blieben also nicht nur während der Gespräche, sondern auch nach der Einigung geheim. Die einfachen Mitglieder bekamen keinerlei Einblick in die Ansichten und einzelnen Schritte derjenigen, die am engsten mit den Verhandlungen befaßt waren.

Der eine von den beiden radikaleren Verhandlungsteilnehmern konnte das nicht völlig hinnehmen, obwohl er nicht einmal von seinem zweiten Kollegen unterstützt wurde. Gegen Ende der Versammlung stand er tatsächlich auf und sagte: „Ich finde nicht, daß die ganz unten viel von diesem Vertrag haben, gerade die jungen Schwarzen in den unteren Lohngruppen, die erst ein oder zwei Jahre dabei sind.“ Er ließ auch durchblicken, daß der Verhandlungsausschuß seiner Ansicht nach nicht alles getan habe, um ein besseres Angebot zu erzielen. Aber er war einfach zu sehr eingeschüchtert, um weiterzugehen. Ohne größere Einwirkung der Mitglieder auf den Verhandlungsablauf und ohne systematische kollektive Diskussion auf den Versammlungen blieb die Urabstimmung zum Schluß ein rein formaler Akt.

Die Kollegen: Gerüchte und Spekulationen

Wie uninformiert die einfachen Mitglieder während der gesamten Verhandlungsphase auch blieben, sie interessierten sich doch ganz entschieden für den Tarifvertrag und waren sogar äußerst aktiv, doch spielte sich dies auf einer anderen Ebene ab. Im Betrieb versammelten sich die Arbeiter täglich in kleinen Gruppen; während der Frühstücks- und Mittagspause wurde das Thema in der Kantine, in den Umkleideräumen, in allen möglichen Nischen des Werks immer wieder heiß debattiert. Es ging darum, was in dem Tarifvertrag verankert werden sollte, was wohl zu erreichen wäre, welche Alternativen wir hätten, ob die Firma wohl auf einen Streik vorbereitet wäre, und nicht zuletzt wurde darüber spekuliert, was in den Verhandlungen vor sich ging. Diese letzte Frage rückte gegen Anfang Oktober immer stärker in den Vordergrund, denn es war allen klar, daß bei den formellen Verhandlungen die wichtigsten Entscheidungen getroffen werden. Da aber weder die Firmenleitung noch die Gewerkschaft offiziell etwas über den Fortgang der Verhandlungen verlauten ließen, waren die Arbeiter in ihren täglichen Diskussionen auf Spekulationen zurückgeworfen, ohne festen Anhaltspunkt für ihr Engagement. Angesichts der Geheimhaltung waren wir daher gezwungen, unser Interesse in ganz absurden Formen zu äußern. Wir waren machtlos, da uns jede Möglichkeit des Eingreifens und der Partizipation genommen war. Wir mußten uns auf das beschränken, was uns übrig blieb.

Es war klar, daß jedes weitergehende Gespräch nur um Gerüchte kreisen konnte. Wie zuverlässig die jeweiligen Informationsquellen auch gewesen sein mögen – ohne Möglichkeit der offiziellen Bestätigung war jede Information einfach nicht mehr nachzuvollziehen, wenn sie einmal von einem Kollegen an den nächsten weitergegeben worden war. Wenn ich beispielsweise von einem Mitglied des Verhandlungsausschusses oder einem anderen zuverlässigen Informanten privat erfuhr, daß die Firmenleitung einen Drei-Jahres-Vertrag vorgesehen habe und dabei die Löhne nach dem ersten Angebot zunächst um 13 Cent erhöht werden sollten, dann konnte dies für andere Kollegen nur als Gerücht erscheinen, solange sie dies nicht auch von anderer Seite hörten und so vage bestätigt bekamen. Zuverlässige Informationen waren praktisch nicht von falschen oder mißverstandenen Informationen zu unterscheiden. Dadurch war es äußerst schwer, eingehende Diskussionen etwa auch über Handlungsstrategien und -taktiken gegenüber dem Unternehmen zu führen.

Im Oktober drehten sich die Gerüchte vor allem um zwei

Fragen: um den Fortgang der formellen Verhandlungen sowie um den Grad, in dem das Unternehmen auf einen Streik vorbereitet war. Bei dem zweiten Punkt wurden mehr Vermutungen als Einschätzungen angestellt. Zu beurteilen waren die Nachfrage nach Erzeugnissen, die bei Blancs hergestellt werden, wobei sowohl das Ausmaß der schon produzierten Vorräte als auch die Frage wichtig war, ob die Firma mit den Lieferungen etwa zurücklag oder gar schon ein Polster geschaffen hatte. Anfang Oktober hörten wir zum Beispiel von einem Kollegen aus der Wartungsabteilung, daß bereits Bestellungen ausgeliefert würden, die nicht vor Januar fällig wären. Der Mann hatte es von einem Kollegen aus der Auslieferungsabteilung gehört, und er kommentierte den Hinweis: „Die sind wirklich auf einen langen Streik eingerichtet, vor allem nachdem wir so viele Überstunden schieben mußten.“ Dagegen berichtete Mitte Oktober ein älterer Arbeiter, daß die Firma mit den Lieferungen hinterherhinke. „Überall brennt's. Alles sind Eilaufträge“, schimpfte er. Und außerdem hätte er gehört, daß die Firma „vertragsbrüchig“ würde und nur noch Teillieferungen rausgingen, um die Kunden wenigstens bei der Stange zu halten.

Eher als bewußte Taktik kann ein anderer Typ von Gerüchten gelten, die gelegentlich ausgestreut wurden. An dem Tag, an dem der alte Vertrag nominell auslief, berichtete ein Betriebsratsvertreter, er hätte gehört, daß die Firma im Falle eines Streiks die Auslieferung und die Annahme von der Polizei überwachen lassen wolle, damit die Rohstoffe und die Fertigprodukte ungehindert durchkommen könnten. Zu dem neuen Vertrag meinte er gleich anschließend: „Ist wohl besser, wir nehmen, was wir halt kriegen können.“ Kurz zuvor war der Mann noch gesehen worden, als er mit einem der Firmendirektoren gesprochen hatte.

Alle diese Gerüchte wurden natürlich nicht nur zum Zeitvertreib ausgestreut. Immerhin hatten sie beträchtlichen Einfluß darauf, wie wir unsere Verhandlungsposition gegenüber dem Unternehmen beurteilten. Im Umkleideraum erklärte einmal ein anderer Betriebsratsvertreter, Blancs sei mit den Lieferungen weit voraus. Ein paar von uns hielten ihm daraufhin vor, das sage er nur aus taktischen Gründen. Darauf lenkte er ein und meinte, ihm gehe es nur darum, „daß die Leute vorbereitet sind“. Einer hakte nach: „Zur Vorbereitung könnten wir gut ein paar harte Informationen über den Lieferstand der Firma gebrauchen.“ Doch dazu wollte sich der Mann nicht äußern und schob das Informationsdefizit auf Tank, den Vorsitzenden.

Die meisten Gerüchte kreisten indessen um den Stand der Verhandlungen – ob dabei Fortschritte gemacht würden oder nicht. Hier war das Informationsdefizit total. Das gab – in einiger

Verwirrung – Mitte Oktober sogar ein Funktionär zu, der selber mal Insider gewesen war und dem Vorstand sowie dem Verhandlungsausschuß angehört hatte. „Ich habe auch nicht den geringsten Dunst, was da abläuft", sagte er und war plötzlich – nun als Außenstehender – ebenfalls der Meinung, daß mehr Öffentlichkeit nötig wäre.

Fast immer wurde Unmut über den Inhalt der Gerüchte geäußert. Anfang Oktober machte sich ein Kollege darüber lustig, daß man sich angeblich geeinigt hätte, eine sexistische Sprache zu vermeiden und künftig die Worte „er" und „sie" durch das Mehrzahl-„sie" im Vertrag zu ersetzen. Mitte Oktober drang durch, daß es bei den Verhandlungen immer noch um die Nebenforderungen ging und die Löhne überhaupt noch nicht behandelt worden waren. Als es wenige Tage später hieß, daß die Unternehmensleitung eine dreitägige Verlängerung des alten Vertrages vorgeschlagen hätte, setzte sich langsam die Auffassung durch, daß vor allem sie die Verhandlungen über Löhne und Absicherungen verzögerte. Voller Wut redeten daraufhin viele darüber, ob man darauf eingehen sollte, selbst wenn der neue Vertrag rückwirkend ab 1. November abgeschlossen würde.

Gleichzeitig wußte keiner Bescheid, wie der weitere Ablauf für die Mitglieder aussehen und, vor allem, wann die Urabstimmung stattfinden sollte. In der Woche vor Ablauf des alten Vertrags hieß es allenthalben, daß Tank wohl einen Aushang machen müßte, wenn die Versammlung nicht am kommenden Sonntag stattfinden und der alte Vertrag tatsächlich noch am Freitag und Samstag, dem 1. und 2. November, weiterlaufen würde.

Am 22. Oktober tauchte plötzlich das Gerücht auf, daß sich die Kollegen der Gießerei, die in einer gesonderten kleinen Ortsgruppe organisiert waren, unabhängig von uns auf einen neuen Tarifvertrag geeinigt hätten. Zur gleichen Zeit wurde bekannt, daß die Firma einen Drei-Jahres-Vertrag ohne Öffnungsklauseln anstrebte. Offenbar kurz vor Eintritt in die eigentlichen Lohngespräche hieß es, daß das Angebot der Firma auf 1,05 Dollar für die gesamte Laufzeit laute, was 40 Prozent mehr gewesen wäre, als zum Schluß herauskam. Am 24. Oktober kamen die Gießereiarbeiter wieder ins Gerede, doch im Gegensatz zu dem ersten Gerücht wollten nun einige gehört haben, daß dieser Betrieb am nächsten Tag die Arbeit niederlegen würde. Das hätte zur Folge gehabt, daß wir ausgesperrt worden wären, und wir hätten dafür Arbeitslosengeld bekommen, das deutlich höher ist als die Streikunterstützung. Am folgenden Tag erfuhr ich vage, daß sich der Streikausschuß zerstritten habe über die Frage der Laufzeitverlängerung. Angeblich wären die beiden radikaleren Schwarzen dagegen, die zehn übrigen Mitglieder dafür. Eine Bestätigung hierfür wäre schon deshalb wichtig gewesen, um eine klarere Entscheidungsgrundlage für die bevorstehenden Wahlen zu bekommen.

Zu Beginn der Woche, in der der alte Vertrag auslief, ging dann herum, daß mit den Lohngesprächen erst begonnen würde. Zusätzlich erfuhr ich, daß die Firma 1,50 Dollar insgesamt für Lohnerhöhung und Inflationsausgleich über den gesamten Zeitraum von drei Jahren angeboten habe. Dabei hätten nur die beiden Schwarzen gegen einen langfristigen Vertrag ohne Öffnungsklauseln gestimmt. Dies wurde mir am Dienstag von anderer Seite bestätigt. Die Kollegen reagierten darauf mit Unglauben und Wut, wobei viele Entschlossenheit zum Streik bekundeten, falls sich dies als letztes Angebot herausstellen sollte. An den beiden letzten Verhandlungstagen tauchten dann noch einmal zahlreiche Gerüchte über die vorgesehenen Regelungen zu den Renten, dem Urlaub und wieder dem Inflationsausgleich auf.

All diese Gerüchte führten nur zu Konfusion und Uneinigkeit. Das einzig Positive daran war die Folge, daß die Kollegen sich auf dieser Grundlage immer wieder über ihre Forderungen und Wünsche unterhielten. Darüber hinaus jedoch führten sie eher zu Lähmung und gelegentlich auch Streit. Vor allem konnten wir in dieser unübersichtlichen Lage nicht darüber nachdenken, wie wohl der bestmögliche Abschluß zu erreichen wäre. Auf der anderen Seite wurden die Gerüchte offenbar auch gezielt ausgestreut, und das sogar von Gewerkschaftern aus dem Verhandlungsausschuß. Das Ziel dabei war es etwa, das letzte Angebot nach den verwirrenden Vorinformationen attraktiver erscheinen zu lassen. Schließlich neigten auch viele Arbeiter dazu, von sich aus Gerüchte gerade über die Themen in die Welt zu setzen, von denen sie jeweils besonders betroffen wurden. Indem sie sich derart mit Einzelinteressen befaßten, verstärkten sie wieder nur die allgemeine Uneinigkeit. Jedenfalls trugen die isolierten und konfusen Gerüchte in keiner Weise dazu bei, einen Konsens über gemeinsame Mindestbedingungen zu finden.

Unsere Informationen blieben so lange unzureichend oder falsch oder fehlten völlig, bis wir nur noch die Wahl hatten, das letzte Angebot unbesehen anzunehmen oder in den Streik zu treten. Mit Manipulationen wurden die Arbeiter von der Gewerkschaftsführung regelrecht in die Irre geleitet. Von allen Funktionären hatte ich damals den engsten Kontakt zu Marbles, mit dem ich mich fast täglich beim Mittagessen unterhielt. Trotz aller Hochachtung muß ich sagen, daß Marbles geradezu die Personifizierung dieser Taktik des Hinhaltens, des Ablenkens, der Verwirrung und Unruhe und nicht zuletzt der Spaltung darstellte.

Marbles führte den Vorsitz in dem Ausschuß, der für die Ausarbeitung der Nebenforderungen zuständig war. Anfang September fragte ich ihn, ob der Ausschuß schon einen Beschluß über die Frage des Inflationsausgleichs gefaßt hätte. Dabei wollte ich vor allem wissen, ob mein Vorschlag aufgegriffen wurde, die Anpassung in Prozenten auszudrücken statt wie bislang in Festbeträgen, aus denen das Maß der tatsächlichen Absicherung nicht deutlich wird. Er deutete an, daß sich der Ausschuß meine Prozentformel zu eigen gemacht hätte. Als ich nachhakte, ließ er jedoch durchblicken, daß er weiter die alte Regelung befürwortete. Er arbeite jedoch darauf hin, daß der Ausschuß auch noch andere Möglichkeiten prüfe, etwa die Regelung, wie sie im Werk Baltimore der Bethlehem Steel Company angewendet wird. Ich beharrte jedoch darauf, die Prozentlösung sei die beste, weil nur danach die Höhe des Inflationsausgleichs exakt zu überprüfen sei. Denn die Firma würde schließlich auf gar keinen Fall eine hundertprozentige Sicherung des Lebensstandards übernehmen und entsprechend auch keiner Formel zustimmen, nach der die Angleichungen höher wären als die Inflationsrate. Marbles gab dazu keinen Kommentar. Dafür erfuhr ich ein paar Stunden später von einem anderen Mitglied des Ausschusses, daß die Frage des Inflationsausgleichs dort überhaupt noch nicht behandelt worden sei. Und ein paar Wochen später, als die Verhandlungen bereits liefen, wurde mir auch noch klargemacht, daß dieses Thema überhaupt nicht zum Aufgabenbereich dieses Ausschusses zählte, sondern zusammen mit den Löhnen behandelt wurde.

Nachdem ich mich auf der Versammlung im September für die Prozentlösung stark gemacht hatte, kam Marbles zu mir und sagte: „Die Kollegen fanden deine Rede gut.“ – „Natürlich“, antwortete ich, „denn die Kollegen finden klare Worte gut, die ihre Interessen unterstützen.“ Er war offensichtlich beeindruckt von dem Echo auf meinen Beitrag und versuchte jetzt, mich für seine Position zu gewinnen oder mich wenigstens ins Gespräch einzubeziehen. Ganz offen gestand er ein, daß die Firma auf keinen Fall einer deutlichen Lohnerhöhung zustimmen würde, wenn gleichzeitig noch ein Inflationsausgleich für die Preissteigerungen seit der letzten Anpassung im Frühjahr geleistet werden sollte. Ich entgegnete ihm jedoch, bei dieser Frage müsse man in den Verhandlungen hart sein und dürfe nicht vorzeitig kapitulieren. Es müsse wenigstens versucht werden, zugleich eine starke Erhöhung und vollen Inflationsausgleich zu bekommen. Marbles erzählte darauf, sie wollten eine 25prozentige Erhöhung durchsetzen, mit der allerdings auch die letzten Preiserhöhungen ausgeglichen sein sollten, und dazu solle ein voller Inflationsausgleich für die Zukunft kommen. Was in dem neuen Tarifvertrag schließlich herauskam, war eine durchschnittliche Lohnerhöhung von nur sieben Prozent über drei Jahre und ein unzureichender Inflationsausgleich. Es deutete alles darauf hin, daß die Forderung nach einer Prozentregelung für die Lohnsicherung in den Verhandlungen überhaupt nicht ernsthaft erhoben wurde.

Mitte September habe ich Marbles auch gefragt, wann denn wohl eine außerordentliche Versammlung für die Streikbilligungsabstimmung einberufen würde. Er meinte, das würde erst geschehen, wenn der Vorsitzende zurück wäre. Auf die Weise erfuhr ich, daß Tank zusammen mit seinem Stellvertreter ausgerechnet in der Zeit auf einen Lehrgang nach Wisconsin gefahren war, als die heiße Phase der Tarifverhandlungen begann und die Organisierung der Arbeiter dafür völlig im argen lag. Thema des einwöchigen Gewerkschaftskurses: Grundsatzfragen des Tarifvertragswesens. Doch Marbles bemerkte gleich dazu, daß er eigentlich gar keine außerordentliche Versammlung vor dem nächsten Treffen am 12. Oktober für nötig halte. Und so gab es denn auch keine.

Als ich eines Tages Mitte Oktober zur Kantine zurückfuhr, um den Müllcontainer zu leeren, sah ich Marbles mit einigen Arbeitern aus der Chromabteilung herumstreiten, die offensichtlich unzufrieden mit dem schlechten Informationsfluß über die Tarifverhandlungen waren. Marbles tönte wie üblich, doch Vertrauen in die Verhandlungskommission zu haben, die das schon richtig machen würde. Der übliche Höhepunkt einer solchen Rede war gewöhnlich, daß er spitz bemerkte: „Schließlich habt ihr sie ja gewählt." Aber diesmal endete die Diskussion offenbar nicht in dieser rhetorischen Lobhudelei der formalen Demokratie, sondern einer der Chromarbeiter entgegnete ihm statt dessen: „Du bist wirklich der einzige, der Vetrauen zu denen hat." Ein anderer hakte ein und meinte: „Wir brauchen eine kämpferische Gewerkschaftsführung."

In der Tat bekamen wir einen ziemlichen Haß auf diese Art von Führung, die von Marbles repräsentiert wurde. Eine typische Handlungsweise dieser Führung zeigte sich darin, wie die Verlängerung des alten Vertrags durchgezogen wurde. Wie bereits gesagt, sollte unser alter Vertrag mitten in der Arbeitswoche auslaufen. Deswegen stand zur Diskussion, entweder den Vertrag zu verlängern, um den Rest der Arbeitswoche durchzuarbeiten, eine Versammlung am Tag nach Auslaufen des alten Vertrags einzuberufen und über das Angebot der Firma zu beratschlagen oder aber die Versammlung am Sonntag einzuberufen, bevor der Vertrag auslief. Da die Firma sowieso schon ihr Angebot verspätet bekanntgegeben hatte, fiel die zweite Möglichkeit gleich weg. So blieb also nur die erstere. Marbles diskutierte die Sache so engagiert, als ob er der einzige wäre, der sich wirklich um die Interessen der Arbeiter kümmerte. Er sagte, daß er Tank den Rest gegeben habe, für eine Verlängerung zu stimmen. Er sagte, daß einige Mitglieder total sauer darüber sein würden, aber die wären noch saurer, wenn sie auch nur einen Tag Lohnausfall auszustehen hätten. Damit spielte er auf eine Geschichte von Weihnachten letzten Jahres an, als die Heizung im Werk schon ausgeschaltet worden war und man dann einigen Arbeitern in der Produktion angeboten hatte, entweder schon früher nach Hause zu gehen oder noch im Kalten weiterzuarbeiten. Die Arbeiter hatten tatsächlich weitergearbeitet. Ich antwortete ihm, daß ich glaubte, die Arbeiter würden sehr wohl schon am 1. November aufhören zu arbeiten, um das Firmenangebot richtig diskutieren zu können, denn es ginge da ja schließlich auch um Geld. „Warum beruft ihr nicht eine Versammlung ein, um über eine Verlängerung des Vertrags abzustimmen?", fragte ich ihn. Darauf antwortete er: „Wenn die Gewerkschaft eine Versammlung einberuft, um über die Verlängerung abzustimmen, dann kann das Ärger geben." Offensichtlich meinte er damit, daß die Leute durchaus gegen eine Verlängerung stimmen könnten und das würde der Gewerkschaftsführung überhaupt nicht passen. Denn etwas später meinte er noch, daß die Gewerkschaft es sich nicht leisten könne, eine Extraversammlung einzuberufen, um über die Verlängerung zu beraten, das sei zu riskant. Die Haltung der Gewerkschaftsspitze gegenüber ihrer Mitgliedschaft war von ganz tiefem Mißtrauen geprägt.

Marbles fand immer neue Methoden, die Kollegen zu verschrecken. Einmal erzählte er vom Zusammenbruch einer Bank, die deshalb die Einlagen nicht mehr in vollem Umfang auszahlen könne. Er glaube auch, daß dadurch der nationale Streikfonds der IAM ziemlich auf Null heruntergekommen sei und wir im Falle eines Streiks wohl nicht einmal den Höchstsatz von 40 Dollar in der Woche bekommen könnten. Außerdem gab sich Marbles immer sehr besorgt, daß eine Minderheit der Mitglieder die Mehrheit aufhetzen könne. Wegen dieser Gefahr wolle der Vorstand auch nicht mehr Versammlungen einberufen als unbedingt erforderlich sei. Dieser Mann war einfach ein vorzüglicher Desorganisator. „Er ist clever, aber leider in die falsche Richtung", sagte ein älterer Schwarzer, der schon lange Jahre bei Blancs arbeitete, über Marbles.

Mit seinen Taktiken stand er indessen nicht allein da. Nach der Oktober-Versammlung und ihren scharfen Angriffen auf die Gewerkschaftsführung hörte ich zufällig mal mit, wie sich ein anderer Spitzenfunktionär mit einem älteren Arbeiter unterhielt, der sich noch lebhaft daran erinnern konnte, wie es bei Blancs aussah, als es noch keine Gewerkschaft gab. Durch diesen Rückblick offensichtlich ermuntert, fing der Funktionär plötzlich an zu schimpfen: „Und jetzt kommen welche von außen daher und wollen die Gewerkschaft aus den Angeln heben!“ Er ging genauso vor wie Marbles, der immer von „firmenfremden Agitatoren“ und „Unruhestiftern“ sprach. Die alten antikommunistischen Parolen aus den 40er und 50er Jahren haben sich im Arsenal der Gewerkschaft noch gehalten.

Nach Abschluß der Verhandlungen am Freitagnachmittag lief unsere Gewerkschaftsführung Seite an Seite mit ein paar Leuten der Betriebsleitung durch das Werk. Sie versuchten gemeinsam, den Kollegen den neuen Vertrag zu „verkaufen“. Einer der Funktionäre verteilte Kurzfassungen des Verhandlungsergebnisses und fragte jeden einzelnen: „Glaubst du, daß du damit hinkommst?“ Wenn dann einer mal nein sagte, fragte er weiter: „Glaubst du etwa, daß noch mehr drin gewesen wäre?“ Und wenn der dann mit den Schultern zuckte, sagte er: „Na also! Kommst du nun damit hin?“ Da wurde der reine Defätismus verbreitet mit dem einzigen Ziel, die Kollegen von dem Gedanken an Streik abzubringen.

Das waren die Methoden, mit denen uns die Gewerkschaftsführung über die Verhandlungsrunden brachte.

Die Aktivisten: Kampf auf verlorenem Posten

Während die Tarifverhandlungen mit all ihren Halbherzigkeiten, Abwiegeleien und Hinhaltetaktiken stattfanden, versuchte eine kleine Gruppe von Kollegen, zu der auch ich gehörte, sich über sämtliche anstehenden Fragen und Schritte auf dem laufenden zu halten. Wir wollten das Bewußtsein der anderen Arbeiter für die Einzelheiten schärfen, wir wollten ihre Kampfbereitschaft vergrößern, damit sie ihre eigenen Interessen besser verteidigen sollten. In den Pausen und in jeder freien Minute während der Arbeitszeit unterhielten wir uns mit einzelnen Kollegen. Nach der Schicht verteilten wir Flugblätter, und auf den Gewerkschaftsversammlungen meldeten wir uns zu Wort. Bei alldem ging es uns darum, eine größere Gruppe von Arbeitern auf die Beine zu kriegen – zum Informations- und Meinungsaustausch und um gemeinsame Vorgehensweisen zu vereinbaren.

Es gelang uns jedoch nie, eine herausragende Rolle als Aktivistengruppe zu spielen. Das lag an dem Bruch zwischen zwei selbsternannten kommunistischen Organisationen, die beide zur Neuen Linken gehörten. Die meisten Aktivisten im Betrieb schienen mit einer dieser Gruppen in Verbindung zu stehen. Unsere Unfähigkeit, uns selber schlagkräftig zu organisieren, machte es uns natürlich auch schwer, andere für ein gemeinsames Ziel und einen klaren Aktionsplan zu mobilisieren. Weil zugleich aus den Reihen der einfachen Gewerkschaftsmitglieder keine informellen Wortführer hervortraten, gab es im ganzen Werk einfach keine Alternative zu der seit langem herrschenden Gewerkschaftsführung. Die beiden schwarzen Reformer unter den Funktionären, die für eine solche Alternative vielleicht noch hätten sorgen können, waren schon zu sehr in die Verhandlungen am Grünen Tisch einbezogen. Auf Dauer und offen konnten sie daher diese Funktion auch nicht erfüllen.

Ich begann meine „Organisationsbemühungen" etwa einen Monat, nachdem ich bei Blancs angefangen hatte, und zwar genau am Tag nach der August-Gewerkschaftsversammlung. Dabei bezog ich mich auf drei Gruppen im Betrieb, nämlich auf einfache Gewerkschaftsmitglieder, auf Funktionäre und auf andere Aktivisten. Von den einfachen Mitgliedern wollte ich erfahren, welche Bedürfnisse sie selbst artikulierten, und außerdem suchte ich ihre Zusammenarbeit. Mit ihnen verbrachte ich die meiste Zeit und lernte auch am meisten von ihnen. Von den Gewerkschaftsfunktionären wollte ich vor allem Informationen bekommen. Und die Aktivisten drängte ich zu gemeinsamen Aktionen, durch die sowohl uns selber als auch den übrigen Arbeitern die Interessenkonflikte mit der Unternehmensleitung deutlicher und faßbarer werden sollten. Die Tarifverhandlungen waren dabei der vorrangige Ansatz, und es sollten mehr Arbeiter aktiv in dieses Verfahren miteinbezogen werden. Ohne Frage waren diese Ziele nur unter größten Schwierigkeiten zu erreichen. Die Tarifverhandlungen, die zwischen dem Labor Day (jeweils der erste Montag im September; Anm. d. Übers.) und dem 3. November alle Aufmerksamkeit auf sich zogen, wurden nämlich so durchgeführt, daß sie den Anschein einer grundsätzlichen Interessenharmonie zwischen Firma und Arbeitern erweckten. In Wirklichkeit waren die Arbeiter zur Teilnahmslosigkeit verurteilt und vom aktiven Eingreifen ausgeschlossen.

Mit meinen Vorstellungen über „politische Arbeit" im Betrieb tappte ich anfänglich völlig im Dunkeln. Ich hatte keine Ahnung, ob es noch andere Aktivisten bei Blancs gab und wo sie stecken könnten. Und wenn mir einer über den Weg liefe: könnte ich mich dann soweit mit ihm politisch identifizieren, wie das für eine Zusammenarbeit nötig ist? Außerdem bekam ich gerade erst langsam ein Gefühl dafür, wo die unterschiedlichen konkreten Interessen und Probleme der Arbeiter lagen. Auch das Verhältnis zu meinen unmittelbaren Kollegen in der Wartungsabteilung wurde damals erst nach und nach enger. Ganz intuitiv sprach ich in dieser Zeit Mitglieder aller drei Gruppen an. Was ich dabei erfuhr, war einfach erschreckend.

Die erste, die ich mehr oder weniger zufällig ansprach, war Sarah, eine junge schwarze Arbeiterin aus einer anderen Abteilung. Sie beklagte sich vor allem über „die alten Weiber", mit denen sie zu tun hatte, weil denen die Gewerkschaft völlig egal wäre. Sie gab mir aber auch den Tip, daß sich vielleicht ein paar schwarze Kollegen aus meiner Abteilung agitieren lassen würden. Ich ging also auf einige von ihnen zu, von denen ich wußte, daß sie sich kürzlich erst für eine Schmutzzulage bei besonders dreckiger Arbeit stark gemacht hatten. Auf der gestrigen Gewerkschaftsversammlung, an der sie auch nicht teilgenommen hatten, war ihre Forderung prompt nicht zur Sprache gekommen. Ich erzählte ihnen davon und redete ihnen zu, sich wegen ihrer Sache an Marbles und dessen Ausschuß zu wenden, der sonst für die Schmutzzulage herzlich wenig unternehmen würde. Vor allem aber forderte ich sie auf, beim nächsten Treffen mitzumachen, und sie stimmten auch zu, daß sie kämpfen müßten, wenn sie etwas erreichen wollten.

Ein paar Tage später hatte ich dann meine erste längere Unterhaltung mit Marbles. Eine ganze Reihe von Kollegen hatte mich schon vor ihm gewarnt, ich solle ihm bloß nicht trauen. Marbles tat so, als hätte er keine Hintergedanken, aber in Wirklichkeit horchte er mich zielstrebig nach meinen Eindrücken von der Gewerkschaftsversammlung aus. „Teils-teils", meinte ich zögernd, „die Formalitäten zu Beginn sind reine Zeitvergeudung, aber hinterher, als die Mitglieder zu Wort kamen, wurde es ja noch ganz gut." Er machte ein überraschtes Gesicht und antwortete nur, daß die Protokolle nun einmal verlesen und verabschiedet werden müßten. Dann kam das Gespräch auf den Inflationsausgleich – mein späteres Dauerthema. Ich wollte ihm die Prozentformel schmackhaft machen, und er erklärte mir wortreich, warum die jetzige Formel die beste aller Lösungen wäre. Niemand von uns gab nach, aber von nun an wußten wir in etwa, woran wir miteinander waren.

Noch vor Ende der Woche bekam ich auch zur dritten Gruppe Kontakt. Ich lernte Barbara kennen, von der ich schon gehört hatte, daß sie eine Aktivistin war. Wir stimmten in der Einschätzung überein, daß ein möglicher Streik nicht einfach per Abstimmung durchzuhalten ist, sondern unbedingt vorbereitet werden muß. Aber von wem? Den anderen Aktivisten gegenüber hatte Barbara ernsthafte Vorbehalte. Politisch schien sie der Oktober-Liga (OL) nahezustehen, die sich später zur Kommunistischen Partei/Marxisten-Leninisten umwandelte. Die OL lag jedoch im Streit mit der Revolutionären Union (RU), aus der später die Revolutionäre Kommunistische Partei hervorging und aus deren Reihen ebenfalls Aktivisten im Betrieb waren. Aufgrund dieser Auseinandersetzung hatte sie schwere Bedenken, mit Mitgliedern der anderen Organisation zusammenzuarbeiten. Barbara warf der RU Abenteurertum vor. Ihre früheren Erfahrungen liefen darauf hinaus, daß die RU „breite Sektoren der Arbeiterklasse" mit ihren besonders militanten Parolen immer wieder verschrecken würde, demzufolge keine „Massenbasis" hätte und nur kleine „Kadergruppen" organisieren würde, die sie dann besser beherrschen könnte. Eine Stunde später sprach ich mit Pete von der RU, und der wies die Vorwürfe weit von sich. Im Gegenteil räumte er von sich aus ein, daß man sich alle revolutionären Sprüche abschminken müsse, wenn man einen Streik organisieren wolle. Allerdings dürfe man dabei „die Tatsache des Klassenkampfes" nicht völlig unterschlagen: „Man kann und muß die Realitäten benennen, und die Arbeiter verstehen das auch." Pete wollte mit allen Aktivisten im Betrieb zusammenarbeiten. Trotz dieser Absichtserklärung dämmerte mir erstmals das Ausmaß dieses unproduktiven und sektiererischen Streits, der die meisten der ohnehin sehr wenigen Aktivisten absorbierte – eine absurde Lähmung gerade derjenigen, die doch im Betrieb nicht nur ihr Geld verdienen, sondern politisch arbeiten wollten.

Schon in dieser ersten Woche meiner eigenen Bemühungen zeichneten sich vage die Umrisse der drei Gruppierungen im Betrieb ab. Die Aktivisten redeten von der Organisierung der Arbeiter, konnten sich aber untereinander nicht verständigen. Die Masse der Kollegen sprach oft vom Kampf für ihre Bedürfnisse, schien aber viel zu respektvoll, eingeschüchtert oder träge, als daß sie hätte dauerhaft Druck auf die Gewerkschaftsfunktionäre ausüben können. Diese wiederum versicherten immer wieder, sie würden alles für die Interessen der Arbeiter tun, bemühten sich aber bei den Tarifverhandlungen praktisch nur darum, die schlechte Lage ein bißchen erträglicher zu machen, und lehnten jeden ernsthaften Konflikt mit der Unternehmensleitung ab.

In den folgenden Wochen verfestigten sich diese Eindrücke. Als ich Barbara das nächste Mal traf, schlug ich ihr vor, eine Betriebszeitung zu machen. Die der Gewerkschaft war vor nicht allzu langer Zeit eingestellt worden, nachdem die Unternehmensleitung mit Verleumdungsklagen gedroht hatte. Barbara fand den Vorschlag gut, wollte aber lieber noch die nächste Versammlung abwarten, denn sie glaubte nicht, daß die Kollegen jetzt, im Vorfeld der Tarifverhandlungen, schon an einer Zeitung interessiert wären. So warteten wir also ab – warteten gründlich ab bis zum kommenden Februar, als ich entlassen wurde. In der Frage des Inflationsausgleichs war Barbara anderer Meinung als ich. Sie hielt es nicht für gerecht, durch einen gleichen Prozentsatz für alle die eh schon besser Verdienenden zu bevorzugen. Hingegen wäre es fairer, wenn alle Löhne nach der bestehenden Formel um denselben absoluten Betrag an die Inflation angepaßt würden, weil die ärmeren Kollegen stärker darunter zu leiden hätten als die in den oberen Lohngruppen.

An dem Argument ist etwas dran, und ich war mir über die bessere Lösung nicht mehr so sicher. Nach meinen Idealvorstellungen sollte natürlich das Unternehmen für die gesamten Inflationsbelastungen aufkommen, unabhängig von den Schwankungen der Inflationsrate. Nur so wären die Löhne aller Arbeiter vollständig abgesichert. Überflüssig zu sagen, daß sich diese Maximalforderung nie durchsetzen lassen würde, aber trotzdem blieb für mich die wichtigste Frage des Tarifvertrages, daß verdeutlicht werden mußte, wer denn nun wirklich die Last der Inflation zu tragen hatte. Deshalb fand ich alle geheimnisvollen Ausgleichsformeln schlecht, die nur verschleierten, daß die Arbeiter draufzahlten – und eben auch unterschiedlich, also ungerecht, draufzahlten, weil es für alle Lohngruppen *einen* festen Anpassungsbetrag gab.

Ich redete mit mehreren Kollegen über diese Angelegenheit und diskutierte dann noch einmal mit Barbara darüber. Dabei schlug ich ihr einen Kompromiß vor, wonach der Ausgleich zwar grundsätzlich auf Prozentbasis berechnet, aber das von ihr verfochtene egalitäre Ziel ebenfalls berücksichtigt werden sollte. Ich hielt es bloß für falsch, die unausgeglichene Lohnstruktur zugunsten der benachteiligten unteren Lohngruppen auf dem Schleichweg über den Inflationsausgleich zu verändern, denn wenn solche Ungerechtigkeiten bestehen, dann sollten sie auch direkt angegriffen werden.

Im weiteren Verlauf unserer Debatte hatten wir beträchtliche Kommunikationsschwierigkeiten. Barbara meinte nämlich nun, der Konsumpreisindex könnte gar nicht als aussagekräftiger Maßstab für die tatsächliche Inflation angesehen werden, und wir müßten dafür einen Ersatz finden. So weit stimmte ich ihr zu, fand allerdings ihre Problematisierung nicht sonderlich sinnvoll, weil sie eine gänzlich neue Frage aufwarf, von der der vordringlichere Streitpunkt der Anpassungsformel unberührt blieb. Es wurde dann immer deutlicher: Barbara ging es im wesentlichen darum, in den Verhandlungen vom Betrag her möglichst viel für die Arbeiter herauszuholen, während sie die Berechnungsform genauso akzeptiert hatte wie Marbles. Ich weiß nicht genau, warum sie so argumentierte – vielleicht fand sie diese Lösung prinzipiell besser, vielleicht ging sie von der realistischen Einschätzung aus, daß sich weder Firmenleitung noch Gewerkschaftsführung auf eine Prozentformel einlassen würden, vielleicht stand sie auch einfach der Gewerkschaft und ihrer Politik schon zu nahe. Ich blieb dagegen bei meiner Auffassung, weil ich die Forderung nach prozentualem Inflationsausgleich für ein besseres Mittel der politischen Aufklärung hielt, weil sie mir deshalb im Falle eines Streiks eher als Voraussetzung von Einheit und Gemeinsamkeit geeignet schien, und weil sie, wenn wir sie durchsetzen könnten, die materiell ertragreichste Lösung wäre. Der Streit war insofern grundsätzlicher strategischer Natur: Mir kam es darauf an, die unterschiedlichen Klasseninteressen in den Vordergrund zu rücken und durchsichtig zu machen sowie klarzustellen, wer die Last der Inflation trägt, und einen möglichst großen Anteil davon auf das Unternehmen zu wälzen – die von Barbara repräsentierte Linie wollte dagegen die am schlechtesten verdienenden Arbeiter etwas besserstellen und die Lohndifferenzen ein wenig verringern. Ich warf Barbara vor, sich zu stark von der Gewerkschaftslinie und ihrer Politik des „Rolltreppen-Effekts“ (jeder bekommt etwas mehr, jeder steigt etwas auf) vereinnahmen zu lassen. Egal, welche Summe sich die Gewerkschaftsführung auch ausgedacht hatte, um den Anstieg der Lebenshaltungskosten ausgleichen zu können, sie würde diese Summe auf keinen Fall durchsetzen, und bei der Urabstimmung würde keiner von uns genau wissen, wie hoch der Ausgleich denn nun tatsächlich ist. „Na gut", fragte Barbara, „wenn du soviel Wert auf Durchschaubarkeit legst: wie weit gehst du dann runter von einem hundertprozentigen Inflationsausgleich, um das Ergebnis noch akzeptabel zu finden?" Realer Lohnverlust hin oder her – der politischen Aufklärung wegen wollte ich mich mit 80 Prozent zufrieden geben.

In der ganzen Diskussion fiel mir auf, daß Barbara kein einziges Mal die Möglichkeit ins Auge faßte, mit mir oder den meisten anderen Aktivisten zusammenzuarbeiten. Ich fragte sie, ob sie etwa ohne Organisation im Hintergrund auf eigene Faust in den Betrieb gegangen wäre. Es schien so, jedenfalls ließ sie immer wieder durchblicken, für wie „bankrott" sie eine solche Ausgangsbasis hielt. Mir gegenüber war sie sehr zugeknöpft. Sie würde mich zu wenig kennen, um eine „Basis wechselseitigen Vertrauens" herstellen zu können. Darüber hinaus teilte sie offenbar nicht meinen Eifer, ausgerechnet die anstehende Tarifverhandlung und den möglichen Streik zum Ausgangspunkt weiterer Aktionen zu machen. Für sie war der neue Tarifvertrag nur ein einzelner Schritt in einem lang andauernden und übergreifenden Prozeß. Solange dieser Standpunkt abstrakt blieb, mußte er allerdings zu einer völlig anderen Einschätzung dessen führen, was bei den Verhandlungen auf dem Spiele stand, und entsprechend bekamen dann auch alle Aktionsmöglichkeiten einen anderen Stellenwert. Barbara und ich trafen uns häufig, und mit der Zeit verhärtete sich mein Verdacht, daß ihr vor allem daran gelegen war, sich ihr Renommee zu bewahren, das sie sich über ihre Mitarbeit in der Gewerkschaft erworben hatte. Sie bewegte sich schon weitgehend im Rahmen des „Machbaren", den die Firma und die Gewerkschaftsführung vorgegeben hatten, und wollte lediglich innerhalb dieses Rahmens möglichst viel für die Arbeiter herausholen. Pete von der RU nannte sie spöttisch einmal „eine progressive Gewerkschaftlerin".

Auch Sarah entpuppte sich als Aktivistin, als ich sie zwei Tage nach dieser längeren Diskussion mit Barbara wieder traf. Sarah litt unter jener chronischen Krankheit, die irgendwann alle Aktivisten befiel, der Resignation. „Es ist zum Verzweifeln! Wie sollen die Arbeiter nur zusammenkommen bei all dem amerikanischen Rassismus und Egoismus!" Sie klagte, sich nicht einmal auf ihre Kollegen verlassen zu können. „Wie kommt das nur, daß ich weiß, was Sache ist, und die anderen wissen das alle nicht?", fragte sie wütend und zugleich auch nachdenklich im Bewußtsein ihrer eigenen Isolation. Das waren Ausbrüche, auf die ich auch keine Antwort wußte. Ich konnte ihr nur vorschlagen, alle uns bekannten Aktivisten anzusprechen, damit wir uns mal vor der nächsten Gewerkschaftsversammlung zusammensetzen und die wichtigsten Fragen des Tarifvertrages auf eine gemeinsame Taktik hin durchdiskutieren könnten. Von einem Mann der RU hörte ich dann ein paar Stunden später, daß Sarah inzwischen ihn und einige andere Aktivisten zu einem Treffen am Samstagabend in ihrer Wohnung aufgeforderte hätte. Mich fragte keiner, also ging ich auch nicht hin. Und offenbar fand die Zusammenkunft dann auch gar nicht statt. So ging schließlich die Gewerkschaftsversammlung im September vorüber, ohne daß die Aktivisten groß von sich reden gemacht hätten.

Mehr noch: Von einigen Ausnahmen abgesehen, kamen wir bis zum Abschluß des Tarifvertrages Anfang November nicht aus unserem desolaten Zustand heraus. Wohl oder übel beschränkten wir uns auf drei Dinge: Wir hatten zahllose Diskussionen mit einzelnen Kollegen, wir verfaßten und verteilten eine Reihe von Flugblättern und wir hielten auf den Versammlungen ein paar öffentliche Reden. Während dieses ganzen Zeitraums traf ich mich nach der Arbeit mehrmals mit Sarah und Barbara, die beide mit der OL sympathisierten, sowie mit Pete von der RU. Wir besprachen alle wichtigen Fragen, aber immer nur jeweils zu zweit, nie setzten wir uns alle zusammen. Ich hatte großes Interesse daran, unsere „einzelkämpferischen“ Anstrengungen zu koordinieren und gemeinsame Aktivitäten zustande zu bringen, aber ich bekam nicht einmal ein Treffen aller Aktivisten auf die Beine. Als Unorganisierter saß ich zwischen allen Stühlen und pendelte erfolglos zwischen den beiden Fraktionen hin und her.

Am Tag nach jener September-Versammlung, bei der die Streikbilligungsabstimmung wegen Beschlußunfähigkeit ins Wasser gefallen war und ich meine erste Rede über Lebenshaltungskosten und Inflationsausgleich gehalten hatte, kamen etwa 20 Kollegen spontan zu mir, um mich zu beglückwünschen. Das war durchaus keine einheitliche Gruppierung, sondern Männer und Frauen, Weiße und Schwarze, Fortschrittliche und Konservative. Fast alle hielten es auch für gut und richtig, daß ich den Gewerkschaftsvorstand angegriffen hatte. Einige hoben als besonders positiv hervor, daß ich mit meinem „Auftritt“ nun selber gewerkschaftlich aktiv geworden war. Einer sagte: „Wir *können* die Gewerkschaft ändern, wir müssen nur am Ball bleiben!“ Ein anderer: „Paß auf, die Firma schmeißt dich jetzt raus oder versucht, dich zu kaufen. Die kann es nicht leiden, wenn jemand mit Scheiße nach ihr wirft.“ Ein paar schlugen mir ganz konkret vor, ich sollte mich um einen Posten in der Gewerkschaft bewerben. Ein Kollege aus meiner Abteilung war regelrecht stolz darüber, daß ausgerechnet „unser Müllkutscher“ die Dinge so treffend darstellen konnte. Fast alle ließen erkennen, daß sie die objektive Situation durchschauten, d. h. das Unternehmen als Hauptgegner ansahen und die Gewerkschaftsführung als schwach und unzuverlässig, wenn nicht gar als Kollaborateur. Und sie fanden es eben gut, daß endlich mal einer „die Dinge beim Namen genannt“ hatte. Diese wahre Flut der Zustimmung bestätigte meinen generellen Glauben, wie wichtig der Kampf um den Tarifvertrag war, um Interesse, Bewußtsein, Wut und Aktivität der Kollegen zu mobilisieren – nicht nur eines guten Tarifabschlusses wegen. Noch wichtiger war, die Gewerkschaft zurückzuerobern, damit die Arbeiter ein neues Bewußtsein ihrer Macht entwickeln konnten.

Mit dieser Überzeugung, die ich auch heute noch grundsätzlich für richtig halte, konnte ich eigentlich gar nicht anders, als mich im Dunstkreis der Verhandlungen zu engagieren. Schon wenige Tage später erhielt ich auch Gelegenheit dazu: Pete zeigte mir den Entwurf für ein Flugblatt und bat mich um einen Kommentar. Es sollte das erste Flugblatt einer ganzen Serie werden. Ich fand es nicht besonders gut, es war mir inhaltlich zu blaß und sprachlich zu gestelzt. Das sagte ich Pete auch und schlug ihm zugleich vor, einige bestimmte Kernfragen mit aufzunehmen. Das Flugblatt wurde am Freitag, dem 13. September, verteilt, und große Änderungen waren dann doch nicht mehr vorgenommen worden. Hier der Text:

WILL DIE GEWERKSCHAFTSFÜHRUNG FÜR UNS WIRKLICH EINEN GUTEN VERTRAG DURCHDRÜCKEN?

Am letzten Sonntag kamen rund 350 Blancs-Kollegen auf eine Versammlung, um vorab einen Streik zu billigen, falls wir bis zum 1. November keinem Vertrag zustimmen. Diese Kollegen kamen, obwohl die Versammlung nur sehr kurz vorher (2 Tage!) angekündigt worden war. Sie alle fanden die Frage äußerst wichtig, was wir eigentlich tun könnten.

Es waren jedoch nicht genug Mitglieder da, um die Abstimmung durchführen zu können. Damit haben wir uns ein blaues Auge geholt. Denn die Firma kann jetzt sagen: ‚Diese Arbeiter können uns nichts anhaben – die bekommen nicht einmal ihre eigenen Leute zusammen.‘

WIE KONNTE DAS PASSIEREN?

Tank sagte, es kümmert sich eben keiner um die Verhandlungen, und den Leuten ist das alles egal. Aber das ist doch nur die alte Masche. Er will die Misere auf die Kollegen abwälzen, anstatt sich zu fragen, was er und seine Spezis anstellen.

– Weshalb haben die Funktionäre die Versammlung so spät angekündigt, so daß die Leute Schwierigkeiten hatten, sich noch darauf einzurichten?

– Warum bekommen die Kollegen keine klare Antwort auf die Frage, wie hoch eigentlich die Geldforderungen sind?

– Warum sitzen im Streikausschuß nur sechs Leute, während es mindestens 15 sein müßten?

Der Sonntag hat uns zurückgeworfen. Aber es ist nicht schwer, das wieder aufzuholen. Die von uns, die gekommen waren, waren ganz außer sich und werden die übrigen Kollegen drängen, auf die nächste Versammlung mitzukommen. Aber das wird nicht alles sein.

Wir haben die schlafmützigen Methoden des Gewerkschaftsvorstandes, mit denen wir alle nur Schiffbruch erleiden werden, satt. Wir werden ein Feuer entfachen, in dem diese ‚Kameraden' entweder verbrennen oder das sie zum Springen bringt.

Engagierte Blancs-Kollegen

Größere Reaktionen auf das Flugblatt konnte ich nicht feststellen, doch lag das vielleicht auch daran, daß es erst gegen Ende der Woche verteilt wurde und ich am Samstag (zum ersten Mal) frei hatte. Während dieser Zeit beschäftigte ich mich (auch in meinen freien Minuten) fast durchgängig mit der Frage, wie wohl die unterschiedlichen Gruppierungen im Betrieb zu einer gemeinsamen Koalition vereinigt werden könnten, um wenigstens bestimmte Minimalforderungen durchzubringen. Im vergangenen Jahr war spontan solch eine Koalition zustande gekommen, aber sie blieb brüchig. Auch damals war der Ausgangspunkt eine Vielzahl verschiedener Forderungen und Bedürfnisse gewesen, die sich nur so lange zusammenhalten und vereinheitlichen ließen, bis das Firmenangebot zurückgewiesen und der Streik beschlossen worden war. Wenn wir in diesem Jahr erfolgreich sein wollten, dann mußte eine stärkere und haltbarere Koalition aufgebaut werden, und dazu wäre eine Strategie zu entwerfen, mit der gleichermaßen alle Betriebsgruppierungen angesprochen werden könnten. Ich stellte mir vor, daß die Aktivisten zur Absprache und Vorbereitung eines solchen Bündnisses eine größere Gruppe von Arbeitern zusammenbringen sollten, eine Gruppe, die bereits das erforderliche breite Spektrum repräsentieren müßte. Deren Mitglieder würden dann auch unsere eigenen Einschätzungen durch zusätzliche Blickwinkel verbessern und unsere Kapazität vergrößern können, die Masse der Kollegen mit unseren Agitationsversuchen zu erreichen.

Mit Barbara diskutierte ich einige Möglichkeiten, wie diese erweiterte Gruppe aussehen könnte. Doch dabei stellten sich nur neue Differenzen zwischen unseren Standpunkten heraus. Sie war entschieden dagegen, den Gewerkschaftsvorstand anzugreifen, und verlangte Einigkeit gegenüber dem Unternehmen fast um jeden Preis. Natürlich lag mir auch nichts an leichtfertigen Attacken auf die Gewerkschaftsführung, aber sie schienen mir dann sinnvoll, wenn dadurch bei gravierenden Meinungsverschiedenheiten die jeweiligen Streitfragen verdeutlicht und der Ärger über die Funktionäre, den viele Arbeiter allein mit sich herumschleppten, mobilisiert werden konnte. Barbara war betroffen, daß ich in diesem Punkt der RU nahestand. Sie beharrte noch einmal darauf, daß sie es sich kaum vorstellen könnte, mit den Mitgliedern dieser Organisation zusammenzuarbeiten. Ich fragte mich, ob sie das auch mit mir überhaupt noch wollte. Jedenfalls entzog sie sich gut der Hälfte aller Aktivisten im Betrieb.

Weil ich mit Barbara kaum weiterkam, hielt ich mich mehr an Pete, mit dem ich auch das nächste Flugblatt gemeinsam vorbereitete. Trotzdem zeigte ich Barbara und auch Sarah einen Vorentwurf. Sarah fand ihn gut. Barbara hielt ihn für zu lang und vermißte den rechten Schwung darin. Vor allem hatte sie den Verdacht, daß das Flugblatt eher auf die ohnehin schon Unzufriedenen als auf jene, die einen Streik fürchteten, zugeschnitten wäre. Das stimmte schon, doch niemand von uns hatte eine Idee, wie man die Eingeschüchterten ansprechen sollte.

Nachdem ich die Endfassung des Flugblattes formuliert hatte, verließ ich mich auf Pete, der den Druck und die Verteilung zu organisieren versprach. Das war ein Fehler. Es dauerte über zwei Wochen, bis es schließlich am 8. Oktober, einem Dienstag, verteilt wurde. In der Zwischenzeit bekam ich es mit der Angst zu tun, die Gewerkschaftsführer könnten dem Text ablesen, daß ich daran mitgeschrieben hatte. „Präventiv“ unterhielt ich mich mit Marbles, was mich nicht weiter beruhigte, mir aber einen bemerkenswerten Ausspruch bescherte: „Wenn einer die Gewerkschaft auf Trab hält, dann sind es die Funktionäre. Und wenn einer Schuld hat, daß nicht alles so klappt, dann sind das die Mitglieder.“ Endlich machte ich Pete wieder ausfindig, den ich wegen der Verzögerung kritisierte. Ich beschimpfte ihn als „lahme Ente“, und er entschuldigte sich damit, krank gewesen zu sein. Mir blieb unklar, wie gut die RU wohl organisiert war, wenn sie nicht einmal ein einseitiges Flugblatt in zehn Tagen rausbringen konnte. Das Flugblatt hatte folgenden Wortlaut:

WILLKOMMEN DAHEIM, TANK!

Wir hoffen, daß die Zeit wenigstens schön war, die Du auf unsere Kosten in Wisconsin verbracht hast, während wir hier bei der Arbeit waren und darauf warteten, daß Du endlich die versprochene Streikbilligungsabstimmung einberufen würdest. Es wäre aber besser gewesen, wenn Du nicht nach Wisconsin gefahren wärst, um dort auf einem Seminar zu lernen, wie man Tarifverträge macht. Denn hier läuft unser Tarifvertrag gerade aus und die wichtigsten Verhandlungen der kommenden drei Jahre fangen gerade an; die Streikbilligungsabstimmung ist daneben gegangen, und wir müssen uns auf einen möglichen Streik vorbereiten.

DU SOLLST FÜR UNS KÄMPFEN!

Dein Problem ist es doch nicht, daß Du keine Ahnung von Tarifverhandlungen hättest. Ihr Gewerkschaftsführer wißt doch ganz genau, wie man mit Blancs verhandeln muß, aber Ihr kämpft nicht für die Forderungen der Mitglieder. Da helfen auch keine Seminare in Wisconsin.

Wir sind für Einigkeit in der Auseinandersetzung mit der Firma. Aber wir unterstützen nur eine Einigkeit, die sich auf harten Einsatz für die Interessen der Kollegen stützt. Und wir sind gegen eine Einigkeit, die nur Unterwerfung unter die Firmeninteressen bedeutet.

WIR WOLLEN MEHR ALS EINE MILDE GABE!

Wir werden weiterhin für eine Einigkeit eintreten, die sich auf die Bedürfnisse der Kollegen stützt. Und wir werden auch weiterhin offen die Frage der Lebenshaltungskosten ansprechen, die der Vorstand auf den Versammlungen kaum diskutiert.

Ihr müßt Euch darüber im klaren sein, daß sich die Blancs-Kollegen in diesem Jahr nicht wieder mit den Brosamen abspeisen lassen, die vom gedeckten Tisch der Firma abfallen. Wenn Ihr noch einmal versucht, uns einen solchen Vertrag in den Hals zu schieben, dann kotzen wir ihn Euch und den Firmenbossen ins Gesicht.

WIR FORDERN!

Zunächst fordern wir:
1) Mindestens 75 Cent mehr pro Stunde im ersten Jahr des Vertrages und etwa genausoviel in jedem weiteren Gültigkeitsjahr.
2) Einen Inflationsausgleich, der den Anstieg der Lebenshaltungskosten wirklich abdeckt und der für jeden durchschaubar ist. Wir haben diese verwirrenden Formeln satt, mit denen Ihr Gewerkschaftsführer nur verbergen wollt, daß Ihr unsere Löhne nicht völlig vor der Inflation gesichert habt.
3) Das Recht auf Ruhestand nach 25 Jahren Arbeit. Die Rente muß ebenfalls den steigenden Lebenshaltungskosten angeglichen werden, damit sie am Ende auch noch etwas wert ist.

UND DAS IST NOCH LANGE NICHT ALLES! ES GIBT NOCH EINE GANZE REIHE VON FORDERUNGEN. UND BEI DEN WICHTIGSTEN WERDEN WIR NICHT ZURÜCKSTECKEN. DIESES JAHR MÜSST IHR SCHON MEHR TUN, ALS NUR DEM ANGEBOT DER FIRMA ZUSTIMMEN, IHR MÜSST FÜR UNS KÄMPFEN UND GEWINNEN!

Engagierte Blancs-Kollegen

Am nächsten Tag gab es die unterschiedlichsten Reaktionen auf das Flugblatt; die meisten, die ich mitbekam, waren zustimmend. Eine ältere Frau aus der Inspektionsabteilung, die alles andere als eine Aktivistin war, fragte ausgerechnet mich, was ich denn davon hielte. Ihr selbst gefiel es gut und sie meinte fast verzweifelt: „Ist schon ein hartes Leben, gell?" Sie wollte auch am nächsten Sonntag zur Gewerkschaftsversammlung kommen, sie müßte nur noch jemanden finden, der währenddessen auf einen kranken Verwandten aufpassen könnte. Eine andere, sehr eifrige und progressive Frau fand das Flugblatt schlicht „schön". Ein altgedienter Arbeiter hielt es für „richtig", obwohl er offensichtlich alle Einzelheiten nur überflogen hatte. Für einen weiteren, sehr konservativen Kollegen kam es „aus der linken Ecke" und war damit abgetan. Und ziemlich viele hatten es überhaupt nicht zu Gesicht bekommen. Barbara erzählte mir, die Reaktionen, die sie aufgeschnappt hätte, wären durchweg zustimmend gewesen. Aber richtigerweise fügte sie hinzu: „Es kommt gar nicht so sehr darauf an, wie das Flugblatt aufgenommen wird. Der springende Punkt ist, was für Ergebnisse es bringt.“ Sie bestand darauf: „Die Arbeiter müssen angeleitet werden, sie brauchen eine Vorhut.“ Ich widersprach ihr nicht, war mir aber unsicher, was das konkret heißt. „Die Passivität der Arbeiter“, antwortete ich, „ist nur dadurch zu überwinden, daß sie ihre eigene Führung entwickeln und unterstützen. Und eine Möglichkeit, ihnen dabei zu helfen, ist, ihre Wut und ihren Ärger zu mobilisieren und ihm eine Richtung zu geben.“

Während ich noch auf das alte Flugblatt wartete, hatte ich schon im Hinblick auf das kritische Oktober-Treffen am kommenden Sonntag ein neues vorbereitet, um es sofort verteilen zu können. Ich schrieb einfach den Entwurf, den Pete mir früher gegeben hatte, völlig um und gab dann die neue Fassung an Sarah und Barbara weiter. Sarah war wieder einverstanden. Aber Barbara fand immer noch die Taktik falsch, Tank und die Gewerkschaftsbosse pauschal anzugreifen, das würde nur zur Spaltung führen und kleinere Funktionäre würden sich mit angegriffen fühlen. Nach ihrer Erfahrung ginge es immer daneben, wenn man sich auf Firma und Gewerkschaft gleichzeitig einschießen würde, „denn die Gewerkschaft ist alles, was die Arbeiter haben“. Dem letzten Punkt stimmte ich zwar zu, war aber mit Barbaras Taktik nicht einverstanden. Dennoch veränderte ich den Text noch einmal, um nur die großen Gewerkschaftsbosse namentlich ins Visier zu nehmen. Neben unseren taktischen gab es weiterhin die fraktionellen Differenzen. Für mich war es politisch unverantwortlich, wenn die Aktivisten der verschiedenen Fraktionen nicht zusammenkämen, sich z. B. auf der anstehenden Gewerkschaftsversammlung nicht gemeinsam verhalten würden. Barbara wiederholte ihre entschiedene Weigerung, mit RU-Mitgliedern zusammenzuarbeiten, obwohl die umgekehrt bereit zu sein schienen, mit ihr zu koalieren.

Am Freitag, dem 11. Oktober, zwei Tage vor der Gewerkschaftsversammlung, kam das letzte Flugblatt raus. Es lautete:

WIR WERDEN UNS MIT DEM AUSVERKAUF NICHT ABFINDEN!

Kommt alle zur Gewerkschaftsversammlung an diesem Sonntag, 10 Uhr, in die Edmondson High School. Stimmt für den Streik! Wir müssen jetzt schon im voraus einem möglichen Streik zustimmen; nur dann zahlt uns die Gewerkschaft eine Streikunterstützung, sofern wir Ende Oktober tatsächlich den Streik beschließen. Wichtiger noch: Je mehr Leute zu der Versammlung kommen und für den Streik stimmen, desto ernsthafter muß sich die Firma mit unseren Forderungen beschäftigen.

EIN WENDEPUNKT

Diese nächsten paar Wochen können für uns ein Wendepunkt sein in der Verteidigung und Verbesserung unseres Lebensstandards und in der Stärkung dieser Gewerkschaft.

Wir kennen zwei wichtige Tatsachen. 1. Von Blancs kriegen wir nie etwas geschenkt. Dabei macht Blancs gerade Rekord-Profite und kann es sich leisten, uns eine Menge mehr Geld zu bezahlen. 2. In diesem Jahr frißt uns die Inflation von unseren Löhnen 15–20 % weg. Und alles spricht dafür, daß es im nächsten Jahr mindestens ebenso schlecht wird. D. h., um unsere Löhne überhaupt nur der Inflation anzugleichen, brauchen wir bei einem Stundenlohn von z. B. 3,50 Dollar eine Erhöhung von 52–70 Cent pro Stunde. Dann stehen wir uns also immer noch um gar nichts besser!

WER BEZAHLT FÜR DIE INFLATION?

Darauf wird sich der Hauptkampf zwischen uns und der Firma zuspitzen. Wir müssen für die Absicherung unserer Reallöhne kämpfen, und die Firma soll für die Inflation bezahlen. Wir brauchen im neuen Vertrag eine Klausel über die Lebenshaltungskosten, die uns unseren Lebensstandard garantiert.

EINIG ZUM KAMPF!

Wir wissen, daß es nicht leicht sein wird. Die oberste Gewerkschaftsführung will nicht, daß wir streiken – auch dann nicht, wenn nichts anderes weiterhilft. Die Gewerkschaftsbosse liegen mit der Firma in einem Bett und wollen sich in ihrer Bequemlichkeit von uns nicht stören lassen.

Das bedeutet: Tank, Syd Ryan und die anderen werden weiterhin versuchen, uns hinzuhalten, uns zu verwirren und uns Angst einzujagen. Je mehr wir uns der tatsächlichen und endgültigen Streikabstimmung nähern, desto nachdrücklicher wird uns unsere ausverkaufte Gewerkschaftsführung vorbeten, wie gut die Firma auf einen langen Streik vorbereitet ist, daß sie mit Produktion und Auslieferung jetzt schon alle Fristen unterboten hat. Sie werden uns alles auftischen, von dem sie denken, daß es uns entmutigen, uns spalten und uns ruhighalten wird.

ABER WIR KÖNNEN DIE FIRMA UND UNSERE ABTRÜNNIGEN GEWERKSCHAFTSFÜHRER SCHLAGEN, WENN WIR UNS EINIG SIND UND GEMEINSAM KÄMPFEN. WIR HABEN NOCH EINEN LANGEN WEG VOR UNS UND MÜSSEN NOCH VIEL ERREICHEN. LASST UNS AUF DIESER VERSAMMLUNG EINEN ERSTEN SCHRITT MACHEN.

STREIKVERSAMMLUNG – SONNTAG 10 UHR – EDMONDSON HIGH SCHOOL

Engagierte Blancs-Kollegen

Die Flugblätter wurden am Werkstor von RU-Leuten vor und nach der Tagesschicht verteilt. Ich bekam das erst mit, als ich an einem der Schwarzen Bretter vorbeiging, wo irgendjemand ein Flugblatt ausgehängt und gleich noch den Namen eines weiteren Gewerkschaftsführers draufgeschrieben hatte. Offen herum lagen nur wenige Flugblätter, aber es wurde reichlich über sie geredet, wenn auch nicht auszumachen war, was sie bewirken würden. So meinte z. B. ein etwa 45-jähriger Schwarzer aus meiner Abteilung, er fände das Flugblatt zwar ganz gut, würde aber deshalb noch lange nicht zu einer Gewerkschafts-Versammlung gehen. Als mich ein älterer Weißer ganz wohlwollend fragte, ob ich wüßte, wer das „Ding" geschrieben hätte, schüttelte ich den Kopf. Und ein anderer Kollege, ein weißer Facharbeiter aus meiner Abteilung, schien ganz begeistert zu sein: „Es verbreitet sich schon wie eine Seuche über die ganze Fabrik!" Er schaffte schon seit mehr als zehn Jahren bei Blancs, war früher aktiver Gewerkschaftler und auch mal Betriebsrat gewesen, hatte sich aber in den letzten Jahren weitgehend zurückgezogen. Seine Meinung war uns besonders wichtig, weil wir hofften, ihn für eine Zusammenarbeit mit uns Aktivisten gewinnen zu können. Seine politischen Vorstellungen gingen etwas durcheinander und reichten von ausgeprägtem Reformismus bis zu dem Credo seiner Ansteck-Plakette: „America, love it or leave it." Auf jeden Fall wäre er für uns eine Bereicherung, denn er war erfahren und intelligent und dachte wie ein betriebspolitischer Organisator. Als wir so herumstanden und das Flugblatt sowie die allgemeine Situation in der Fabrik besprachen, sagte er, als gehörte er schon zu uns: „Wir müssen rauskriegen, was die Kollegen wollen, und es ihnen geben. Dann kommen sie zu uns." Und er distanzierte sich gleich wieder: „Ihr müßt sie halt bei der Versammlung auf Trab bringen."

Natürlich waren nicht alle Reaktionen positiv. Zufällig belauschte ich ein paar Tage später zwei weiße Arbeiter, die über die drei Flugblätter diskutierten. Der Jüngere teilte unsere Besorgnis über die Lebenshaltungskosten und die stillschweigend schrumpfenden Reallöhne, aber er fand seltsamerweise unsere 75-Cent-Forderung zu hoch. Der Ältere mißbilligte offenbar alle Flugblätter, vor allem das letzte: „Das gibt Ärger. Und warum? Weil es die Einfaltspinsel, die hier schaffen, zum Streik überreden will" – was er eindeutig nicht wollte. Statt dessen zog er hämisch über seine Kollegen her: „Das Flugblatt ist zu professionell gemacht. Das kann nicht von einem dieser Tröpfe hier sein. Wahrscheinlich kommt es von den Hippies. Hoffentlich wird das schön kalt heute nacht, damit die sich alle zu Tode frieren."

Nachdem das Flugblatt verteilt worden war, ging es mir darum, alle Aktivisten zusammenzutrommeln. Das mußte ganz schnell und kurzfristig geschehen, wenn wir uns noch gemeinsam auf die Gewerkschaftsversammlung vorbereiten wollten. Wie nicht anders zu erwarten, weigerte sich Barbara weiterhin kategorisch, sich mit den RU-Leuten an einen Tisch zu setzen. Sie warf mir sogar vor, ich würde versuchen, sie zu Politikvorstellungen zu überreden, mit denen sie nun mal nichts am Hut hätte. Ich meinerseits war frustriert und sagte ihr: „Es kotzt mich an, immer hinter dir herzurennen, um dich zur Zusammenarbeit zu überreden." Jetzt kam sie mir ein Stück entgegen, indem sie vorschlug, daß sie und Sarah und ich uns allein treffen sollten, obwohl sie meine Angriffe auf die Gewerkschaftsführung nach wie vor als „reine RU-Politik" ansähe. Schon richtig, an diesem Punkt stimmte ich mit der RU überein. Aber schließlich hatte ich auch Pete kritisiert, als der mir die Gewerkschaft zu pauschal anzugreifen schien und als er seine Organisations-Zeitschriften gleichzeitig mit unseren Flugblättern verteilen ließ.

Das alles setzte ich Barbara ziemlich hitzig auseinander, aber vergaß, sie auf den springenden Punkt anzusprechen. Wenn sie nämlich wirklich Interesse an einem Treffen hätte, dann wäre es auch ihre Sache, sich dafür einzusetzen. Ärgerlich ging ich zu Sarah, die zwar meine Enttäuschung nachvollziehen konnte, aber trotzdem die sektiererische Haltung ihrer Freundin Barbara unterstützte. Da war wohl nichts zu machen: beide argumentierten, man dürfte sich auf die RU nicht einlassen, weil dann die ganze Linke hoffnungslos in die Isolation abrutschen würde. Im Gegenteil müßte man versuchen, die „Mitte" für sich zu gewinnen. Darin waren wir uns nun wieder einig – und trotzdem konnten wir einfach nicht unseren Streit über die richtigen Schritte überwinden und hakten uns immer wieder an der RU fest sowie an der Frage, ob es weiterhilft, die Gewerkschaftsführung zu attackieren. Sarah war zudem pessimistisch in jeder Beziehung und schätzte die Aussichten auf einen Streik als sehr gering ein. Für mich waren diese Aussichten weit offener; sie hingen ab vom Angebot der Firma, von der Reaktion des Vorstandes und von dem Einfluß, den wir, die Aktivisten, bis dahin noch erringen würden. Und dieser Einfluß wiederum hing ab von unserer Fähigkeit zur Kooperation.

Diese Diskussionen fanden noch am Freitag statt, und es kam wenigstens dabei heraus, daß wir uns zu dritt am nächsten Tag treffen wollten. Ich benachrichtigte Pete davon und schilderte ihm die Gründe, warum die beiden Frauen von ihm und seiner Organisation nichts wissen wollten. Er war ziemlich sauer. „Was ist denn mit den anderen Leuten, die ich schon aufgefordert habe, zu einem gemeinsamen Treffen zu kommen?", fragte er. „Welche anderen Leute?", entgegnete ich ungläubig. „Du kannst doch nicht einfach irgend jemanden auffordern!" Ich fühlte mich dazu gezwungen, mich bei ihm für die beiden Frauen zu entschuldigen, aber ich wollte mich trotzdem zunächst mal allein mit ihnen treffen. Wir ließen es dabei.

Am Samstagabend hockten wir also zu dritt zusammen in einem *White-Coffee-Pot*-Restaurant nahe meiner Wohnung. Barbara redete am meisten, erzählte viel von ihren Betriebserfahrungen, und das war sehr informativ. Wir trafen auch einige Entscheidungen. Wir wollten von der Gewerkschaftsführung eine Absichtserklärung erzwingen, wenigstens zwei Tage vor der entsprechenden Versammlung, auf der u. U. der Streik beschlossen werden würde, das endgültige Firmenangebot zu veröffentlichen. Und auf der morgigen Versammlung wollten wir von dem Verhandlungsausschuß einen Bericht über die bisherigen Fortschritte verlangen. Und zuletzt kündigte Barbara an, daß sie gegen alle miesmacherischen Gerüchte im Betrieb vorgehen wollte. Sie hätte unwiderlegbare Beweise und wollte sie morgen dem Vorsitzenden präsentieren, daß Blancs mit Produktion und Auslieferung ziemlich im Rückstand wäre. Und davon müßte die Belegschaft unbedingt informiert werden.

Das waren gute Ideen, aber sie blieben Windeier. Nur eine einzige von ihnen ist jemals ausgeführt worden und hat ihren Zweck erfüllt – aber das war eine ganze Zeit später. An diesem Sonntag, auf dieser Versammlung passierte gar nichts. Weder gab der Verhandlungsausschuß einen Bericht ab, noch wurde der Vorstand zu irgendeiner Absichtserklärung gezwungen, noch der Produktionsrückstand erwähnt. Statt dessen kam es zu (den bereits geschilderten) langwierigen Beschwerden über diskriminierende Behandlung. Das war natürlich auch unsere Schuld und unser Fehler. Ich konnte danach wahrlich nicht stolz auf mein eigenes Auftreten sein, ebensowenig wie auf die Initiative und die Tatkraft meiner Mitaktivisten.

Am Montagabend trafen wir drei uns abermals, diesmal bei Barbara, um über die Versammlung und mögliche Aktionen in den kommenden Wochen zu diskutieren. Prompt tauchten unsere alten Differenzen wieder auf. Sarah und Barbara schätzten die Diskriminierungsdebatte als legitim und überfällig ein, ich sah darin hauptsächlich ein Ablenkungsmanöver gegenüber den offenen Vertragsstreitpunkten. Immerhin fanden wir es gleichermaßen bescheuert von Bert, zu der körperlichen Konfrontation mit Tank beigetragen zu haben. Dann planten wir ein neues Flugblatt, in dem unsere Mindestforderungen noch einmal zusammengefaßt werden sollten. Ich plädierte für einen Text, mit dem der Vorstand und der Verhandlungsausschuß unter Druck gesetzt werden konnten – Barbara wollte die Angriffe auf die Gewerkschaftsführung von vorneherein abschwächen. „Also gut“, meinte ich leicht resigniert, „dann schreib' du mal einen ersten Einwurf.“

Im Betrieb war ein paar Tage lang die „Gewalttätigkeit“ auf der Versammlung das herrschende Gesprächsthema. Erst allmählich wurde die allgemeine Ungewißheit, was bei den Verhandlungen wohl vor sich ging und was am Ende herauskommen würde, wieder dominant. Die Stimmungslage schwankte dauernd zwischen „himmelhochjauchzend – zu Tode betrübt" – je nachdem, welche Gerüchte gerade kursierten. An einem Tag waren die Kollegen optimistisch und *up*, am nächsten pessimistisch und *down*.

Gegen Ende der Woche wartete ich gespannt auf den Flugblattentwurf, den Barbara austüfteln wollte. Sie rief mich am Donnerstagabend zu Hause an, sie wäre krank geworden und hätte nichts zu Papier bringen können. Bei der Gelegenheit informierte sie mich auch, daß viele Funktionäre darüber munkelten, Bert aus der Gewerkschaft zu werfen; und ein mittlerer Funktionär hätte angeregt, mich gleich mit zu überprüfen. Das kümmerte mich einen Scheißdreck, denn ich wollte weiterhin Druck auf die Gewerkschaftsführung ausüben, wo es nur ging.

Während dieser wichtigen Tage bekam ich aufgrund meiner Aktivitäten zum ersten Mal richtig mit, was es für eine tiefe und weitverbreitete Angst im Betrieb gab. Die Angst vieler Arbeiter vor Gewalttätigkeiten auf Gewerkschaftsversammlungen. Meine Angst, entlarvt und rausgeschmissen zu werden. Die Angst einer schwarzen Kollegin, mitten in die Auseinandersetzungen hineinzugeraten und gefeuert zu werden. Diese Angst, nämlich den Job zu verlieren, saß am tiefsten und war fast allgegenwärtig, mehr noch: sie war eine politische Tatsache. Wer als Radikaler oder Unruhestifter gebrandmarkt wurde, setzte damit schon seinen Job aufs Spiel – also zuckte fast jeder davor zurück, sich im Betrieb politisch zu betätigen.

Die Angst ist auch ein Kriterium für die Unterschiede zwischen der Revolutionären Union und der Oktober-Liga. Den RU-Mitgliedern schien es gleichgültiger als uns anderen zu sein, ob sie ihren Job nun behielten oder verloren. Das hatte seine guten und seine schlechten Seiten. Gut war, daß sie es eher darauf ankommen ließen, daß sie die Firma und die Gewerkschaftsführung vorbehaltloser attackierten. Schlecht war, daß sie dabei in den Augen der großen Mehrheit der Arbeiter oft als abenteuerlich erschienen. Die RU-Leute ließen Sprüche verlautbaren und nahmen Risiken auf sich, von denen sich die anderen Kollegen lieber fernhielten. Im Gegensatz dazu schienen die OL-Sympathisanten längerfristige Ziele zu verfolgen, d. h. sie waren mehr darauf angewiesen, ihre Jobs zu behalten. Auch das hatte seine guten und seine schlechten Seiten. Gut war, daß ihr Verhalten sich in etwa mit dem der Mehrheit der Arbeiter deckte, weil sie deren Angst teilten. Schlecht war, daß sie dadurch weniger geeignet waren, die Führung bei den Angriffen auf die Firma und den Gewerkschaftsvorstand zu übernehmen. Der Stein der Weisen lag offensichtlich auf der feinen Linie zwischen

Verschüchterung und Tollkühnheit. Aber um diesen Stein aufheben zu können, mußte man zunächst anerkennen, wie sehr die Angst die politischen Möglichkeiten innerhalb des Betriebs dominierte.

Daran mußte ich während der nächsten Woche andauernd denken, als ich versuchte, zwei Geschichten in Angriff zu nehmen. Erstens bereitete ich noch ein weiteres Flugblatt vor. Und zweitens wollte ich ein kleines Treffen auf die Beine stellen, um über die bevorstehende Urabstimmung zu diskutieren. Dabei wollte ich zum ersten Mal uns drei mit „ganz gewöhnlichen Arbeitern" zusammen an einen Tisch bringen: mit Alten und Jungen, Schwarzen und Weißen, Frauen und Männern.

Die erste Aufgabe lief schlicht darauf hinaus, den Flugblattentwurf, den Barbara wegen ihrer Krankheit nicht zu Ende bekommen hatte, weitgehend umzuarbeiten und den fertigen Text dann zum Drucker zu bringen. Ich holte mir diesmal zu ihrem Vorentwurf die Stellungnahmen von ein paar Kollegen ein und hob daraufhin in meiner Neufassung (mit Barbaras Einverständnis) die Urlaubsfrage und die mangelhaften Informationen hervor, die die Gewerkschaftsführung an die Basis weitergab. Und was das geplante Treffen anbelangt: Das legten wir für die folgende Woche fest, und zwar auf den Mittwoch, bevor der alte Tarifvertrag auslief. Wegen der verbreiteten Ängste hielten wir es für sinnvoller, das Treffen in einer Privatwohnung abzuhalten als in einer Kneipe. Vorher müßten wir dann noch eine grobe Tagesordnung vorbereiten.

An diesem Freitag ging ich wie gewöhnlich um 6 Uhr zur Arbeit – nur daß ich ungefähr 500 Flugblätter versteckt unter meiner Jacke in das Werk schmuggelte. Es war derselbe Tag, an dem uns die Gewerkschaftsführung mitteilte, daß der alte Vertrag in der nächsten Woche noch weitergelten würde, weil man sich in den Verhandlungen über den neuen noch nicht geeinigt hätte. Und ausgerechnet heute hatte mein Gabelstapler einen Platten, was mir wie gerufen kam. Denn so konnte ich die nächsten beiden Stunden zumeist damit verbringen, die Flugblätter rundherum zu verteilen: sie an Schwarze Bretter heften, kleine Stapel in den Umkleideräumen auslegen und sie den Arbeitern, die ich persönlich kannte, in die Hand drücken. Zuerst war ich sehr nervös und ging so verstohlen wie möglich vor, aber mit der Zeit wurde ich lockerer und routinierter. Ich achtete nur darauf, solchen eindeutigen „Betriebshanseln" wie z. B. Marbles auszuweichen, obwohl ich eigentlich nicht allzu viel zu befürchten hatte, weil das Flugblatt weder besonders militant noch radikal war. Ich kriegte eine Menge guter Reaktionen mit. Einige Arbeiter fragten nach mehreren Exemplaren, um sie selber weiterzuverteilen. In der Kantine sah ich einen

Kollegen, der ein paar andere ermutigte, das Flugblatt zu lesen. Und ein anderer Kollege, der sich gerade eins durchlas, meinte: „Da steht für jeden was drin“, was ja auch so gedacht war. Irgendwann fiel mir auf, daß Marbles im Werk herumspazierte und die Flugblätter von den Wänden riß. Jeder von uns drehte so seine Runden, bloß war nicht ganz klar, wer da hinter wem herlief. Von einer Betriebsrätin wurde mir zugetragen, daß sie sich sehr besorgt über unser Flugblatt geäußert hätte, was mir gerade recht war. Und über den Chefunterhändler der Firma erfuhr ich einige Tage später, daß er an diesem Freitag mit unserem Flugblatt wedelnd zur Tarifverhandlung gekommen wäre und lauthals wissen wollte, wer denn nun eigentlich für die Gewerkschaft verhandeln würde. Das hieß wohl im Klartext: „Könnt ihr eure Leute nicht unter Kontrolle halten?“ Wirklich großartige Reaktionen.
Hier der Text des Flugblattes:

EINEN GUTEN VERTRAG ODER STREIK!

Wir brauchen:

I. *Informationen darüber, was passiert*: D. h., die Gerüchte, das offizielle Schweigen und die Geheimniskrämerei müssen aufhören. Der Verhandlungsausschuß soll uns berichten, was los ist. Wir müssen rechtzeitig im voraus wissen, wann die Versammlung stattfinden wird, auf der wir urabstimmen.

II. *Die Möglichkeit, an wichtigen Entscheidungen teilnehmen zu können*: D. h., wenn der Verhandlungsausschuß dafür ist, den gegenwärtigen Vertrag über den 31. Oktober hinaus zu verlängern, dann soll er eine Gewerkschaftsversammlung einberufen, damit wir alle darüber entscheiden können. Und d. h. auch, daß wir das letzte Angebot der Firma einige Tage vor der Urabstimmung schriftlich vor uns liegen haben müssen, damit wir alle ausreichend darüber diskutieren können.

III. *Einen guten Vertrag*: D. h., folgende Mindestforderungen müssen erfüllt werden:

1. Eine *Lohnerhöhung* von mindestens 75 Cent pro Stunde, was wirklich nicht zuviel ist. Sogar *The Machinist*, die Zeitung der IAM, empfiehlt eine Steigerung von 15 %, was für einen 4-Dollar-Stundenlohn 60 Cent sind.
2. Eine *Lebenshaltungskostenklausel* mit vollem Inflationsschutz bei vierteljährlichen Anpassungen. Der Verhandlungsausschuß fordert eine vierteljährliche Lohnzulage von 1 Cent für jede 0,2 %-Erhöhung auf dem Index der Lebenshaltungskosten, was nur ein bißchen besser ist als das, was die Auto- und Stahlarbeiter schon kriegen.
3. Eine *Rentenerhöhung* auf 12 Dollar monatlich pro Arbeitsjahr, das bedeutet: 360 Dollar netto pro Monat für jemanden, der 30 Jahre lang bei Blancs geschafft hat. Auch für die Rente muß der Inflationsausgleich gelten. Die Pensionierung soll schon nach 25 Jahren möglich sein. Und die Kosten für die Sozialversicherung müssen völlig von der Firma übernommen werden.
4. *Bessere Sozialleistungen* mit ausreichenden Sanitätsräumen, Vorsorgeuntersuchungen für Zähne und Augen und medikamentöse Versorgung.

5. *Fünf freie Tage* bei Krankheit oder Privatangelegenheiten. Auch die Unfall- und Krankenversicherung muß angehoben werden – auf 100 Dollar die Woche, beginnend nach drei Fehltagen.

6. *Mehr Urlaub.* Zwei Wochen nach einem Jahr; drei Wochen nach fünf Jahren; und eine zusätzliche Woche für jeweils alle weiteren fünf Jahre.

7. *Schluß mit der Diskriminierung* und mit den Begünstigungen bei Beförderung und Ausbildung. Wir brauchen Schulungsprogramme, um den Kollegen in Jobs, die nicht mehr gefragt sind, um den Schwarzen und den Frauen eine faire Chance zum Weiterkommen zu geben.

8. Eine nur *18-monatige Tarifdauer* bis zum April 76, damit wir nicht wieder in der kalten Jahreszeit verhandeln müssen, was bei einem Streik ziemlich ungünstig ist.

ALL DIESE FORDERUNGEN SIND BEREITS VON ANDEREN GEWERKSCHAFTLICH ORGANISIERTEN ARBEITERN IN BALTIMORE ERKÄMPFT WORDEN. WIR MÜSSEN ZUSAMMENHALTEN, UM UNSERE FORDERUNGEN DURCHZUSETZEN – SCHWARZE UND WEISSE, ALTE UND JUNGE, MÄNNER UND FRAUEN. UND WENN WIR KEINEN GUTEN VERTRAG BEKOMMEN, DANN MÜSSEN WIR ERST RECHT ZUSAMMENHALTEN. DANN MÜSSEN WIR STREIKEN!

Komitee für einen guten Vertrag

Beflügelt durch das Verteilen und die Zustimmungen entschloß ich mich, noch an diesem Nachmittag jede freie Minute auf die Vorbereitung des geplanten Mittwoch-Treffens zu verwenden. Ich wollte damit anfangen, die Kollegen ins Vertrauen zu ziehen, auf die Barbara und ich uns geeinigt hatten. Zuerst wendete ich mich an einen Weißen, von dem ich wußte, daß er mit seiner Arbeit sehr unzufrieden war. Er wollte nicht mitmachen, und als ich ihn fragte: „Warum denn nicht?", redete er von allem möglichen, nur nicht davon, daß er schlicht Angst hatte, den Job zu verlieren. Er sagte: „Ach, was soll's, ich bin doch schon kurz vor der Pensionierung." Und dann sagte er: „Ach, was soll's, es bringt doch eh nichts." Er hatte Angst und hielt alles für zwecklos: eine tödliche Kombination, die sämtliche Versuche zunichte macht, Arbeiter zu aktivieren, damit sie in ihrem eigenen Interesse zusammenarbeiten. Leicht bestürzt legte ich ihm nahe, noch ein bißchen über seine Entscheidung nachzudenken, ich würde ihn Anfang nächster Woche noch einmal fragen. Er sollte sich dann wenigstens eingestehen, daß es „verdächtig" ist und daß es ihm deshalb nicht frei stand, sich mit anderen Kollegen außerhalb des Betriebs zu treffen, um Betriebsprobleme zu diskutieren. Danach erwischte ich meinen Freund mit der America-love-it-or-leave-it-Plakette und dem guten Gespür für organisatorische Arbeit. Seine Antwort war ausweichender, lief aber auf dasselbe raus. Er sagte: „Man würde uns garantiert als Radikale bezeichnen. Und außerdem ist jetzt nicht der richtige Zeitpunkt, sich privat zu treffen." Die ganze Zeit über stritt er ab, Angst um seinen Job zu haben und deswegen nicht mitmachen zu wollen. Muß er auch abstreiten, dachte ich bei mir, denn seine Angst ist absolut unvereinbar mit seinem Bild vom „freien“ Amerika, das er da auf der Plakette mit sich spazieren führt. Endlich, kurz bevor der Tag rum war, bekam ich doch noch eine Zusage von einem jungen schwarzen Kollegen.

Am Samstag machte ich weiter. Eine fortschrittliche Frau, die ich sehr respektierte, war generell interessiert, mußte sich aber zunächst mal einen Babysitter besorgen, weil ihr Mann nächste Woche Nachtschicht hätte und nicht auf ihr Kind aufpassen könnte. Ein junger Weißer, Vietnam-Veteran mit einer bestimmten Vorliebe für verbale Schnellschüsse auf die Gewerkschaftsführung, willigte ein. Und zuletzt fragte ich in meiner Abteilung zwei Schwarze mittleren Alters, von denen der eine ja und der andere nein sagte.

Am Montag hakte ich noch einmal nach, um den genauen Termin bekanntzugeben und um die Leute bei der Stange zu halten. Es gab noch immer Babysitter-Probleme und die beiden Weißen, die ich zuerst angesprochen hatte, ließen sich auch dann nicht umstimmen, als ich ihnen erzählte, daß wahrscheinlich auch ein Mitglied des Verhandlungsausschusses mitmachen würde.

Nach der Arbeit traf ich mich mit Barbara. Sie hatte nur eine schwarze Frau angesprochen, und die wollte kommen. Wir redeten über eine Tagesordnung für übermorgen und darüber, wie wir uns auf die Gewerkschaftsversammlung am Sonntag vorbereiten sollten. Wir waren uns z. B. nicht einmal sicher, wie groß bei der Urabstimmung der für einen Streik erforderliche Stimmenanteil sein mußte. Barbara versprach, die Gewerkschaftssatzung und -statuten zu überprüfen. Wir fanden es beide vordringlich, am Sonntag die halb-oppositionelle Minderheit innerhalb des Verhandlungsausschusses dazu zu bewegen, ihre Meinungen der Mitgliederschaft bekanntzugeben. Es war eine gute Diskussion, aber ich hatte zusehends den Eindruck, daß sich meine Genossin weder für das Mittwoch-Treffen noch für die Sonntag-Versammlung voll einsetzte.

Am Dienstag gab es im Betrieb großen Ärger. Das erste Lohnangebot der Firma sickerte durch: lumpige 13 Cent pro Stunde mehr. Selbst besonnene, gemäßigte und eingeschüchterte Kollegen sprachen heute von Streik. Mir kam die Vorgehensweise von Blancs sehr geschickt vor: zuerst ganz bewußt ein sehr niedriges Angebot unterbreiten, um dann alle späteren „Zugeständnisse“ in einem desto besseren Licht erscheinen zu lassen. Marbles schenkte den durchgesickerten Einzelheiten schlankweg keinen Glauben. Er stimmte mir ausnahmsweise mal zu, daß nämlich die Firma bis zuletzt eine Hinhaltetaktik verfolgen würde. Und genauso wie ich hielt er selbst eine Verdoppelung des 13-Cent-Angebots für „einen Witz". Bloß meinte er aufgrund seiner Erfahrungen, daß „ein so frühes Angebot" (drei Tage, bevor der alte Vertrag auslief!) noch gar nichts heißen wollte. Wir würden ohnehin erst Donnerstagmittag erfahren, was bei den Verhandlungen wirklich vor sich ging.

Es wurde Mittwoch – und mir damit klar, daß Barbara nicht viel für unser abendliches Treffen getan hatte. Sie hatte bloß eine einzige Kollegin angesprochen und gar nicht erst versucht, mit Leuten aus den anderen Blancs-Werken in Baltimore, die sie kannte, Kontakt aufzunehmen. Dann sagte auch noch ihre Kollegin ab, im Tonfall bedauernd und mit dem etwas zweifelhaften Argument, daß sie sich ausgerechnet heute abend im Krankenhaus untersuchen lassen müßte. Und mir teilte der schwarze Kollege aus meiner Abteilung ebenso bedauernd mit, er müßte heute abend unbedingt jemanden nach Hause bringen und würde entweder später oder gar nicht kommen. Sarah war krank und sowieso nicht da.

Nach der Arbeit fuhr ich zusammen mit dem jungen Schwarzen, der am Freitag sofort zugesagt hatte, zu dem verabredeten Treffpunkt, einer Privatwohnung. Ich war ungeduldig, frustriert, ärgerlich und schon ziemlich sicher, daß das Treffen ins Wasser fallen würde. Nachdem wir eingetroffen waren, mußten wir noch zwanzig Minuten auf Barbara warten. Wir waren jetzt zu viert, und dabei blieb es dann auch. Niedergeschlagen und mehr oder weniger leidend nahm ich an dem Gespräch teil, einer Diskussion, die unsere Bereitschaft und unsere Widerstandskraft nicht gerade beflügelte. Wir kamen überein, daß „mehrere" von uns – im Klartext: Barbara und ich – am Vormittag des 1. November unbedingt versuchen sollten, eine Zusammenfassung des letzten Firmenangebotes zu besorgen. Die Gewerkschaftsführung würde aus freien Stücken dieses Angebot wohl kaum vor der nächsten Versammlung veröffentlichen; sie mußte deshalb bloßgestellt und die Mitgliederschaft rechtzeitig informiert werden. Mitten in unser Gespräch platzte um 18.15 Uhr ein Telefonanruf des Verhandlungsausschuß-Mitgliedes, der eigentlich auch an unserem Treffen hatte teilnehmen wollen, aber nicht erschienen war. Jetzt fragte er, wer denn alles da wäre, und er würde in etwa einer Viertelstunde noch vorbeikommen. Ich hatte keine Lust mehr, darauf zu warten. Mürrisch entfernte ich mich, bevor er auftauchte.

Vom Kopf her wußte ich, daß meine Reaktionen emotional und politisch unreif waren, was sich politische Aktivisten eigentlich nicht leisten dürfen. Irgendwie wurde ich damit nicht fertig, daß sich eine politische Situation, die sich seit Jahrzehnten verschlimmert und verfestigt hatte, nicht einfach im Handstreich herumdrehen ließ. Was zählt, sind eben nicht nur richtige Analyse, oberflächlicher Mut und Militanz, sondern auch Geduld, Realismus und Ausdauer. Das mußte ich erst noch lernen.

Am nächsten Morgen ging es mir schon ein bißchen besser. Es war Donnerstag, der letzte Tag des alten Vertrages. Als ich mich an meinem ersten Müllcontainer zu schaffen machte, tauchte plötzlich die schwarze Kollegin auf, die von Barbara angesprochen worden war und dann abgesagt hatte. Es tat ihr offensichtlich leid, nicht gekommen zu sein, aber sie hatte tatsächlich mit ihrem Mann ins Krankenhaus gehen müssen. „Wir brauchen noch viele Treffen", sagte sie, „am besten wär's, wenn wir alle zusammen nach der Arbeit aus dem Betrieb rausgehen und uns irgendwo in der Nähe versammeln, damit sich niemand davonmachen kann. Die Firma, das sind zu 90 % *wir* – sobald es uns klar wird!" Das ging mir runter wie Honig.

Später meckerte ich Barbara an, weil sie so wenig getan hatte und so unpünktlich gekommen war. Sie rechtfertigte sich wortreich, aber ich empfahl ihr kurz und bündig, das nächste Mal ihren Zeitplan besser zu organisieren. In leicht gereizter Stimmung verabredeten wir für heute nacht einen weiteren Termin. Bis dahin sollte Barbara über ihre Gewerkschaftskanäle das letzte Angebot der Firma in Erfahrung bringen. Zwischen 2 und 5 Uhr morgens wollten wir uns dann beim Drucker treffen, der seinerseits zugesagt hatte, aufzustehen und zu uns zu helfen, um eilig ein Flugblatt zu schreiben und zu vervielfältigen: mit einer Übersicht über die Firmenvorschläge, einigen Fragen und Kritiken daran und einigen Anregungen für die auf uns zukommende Gewerkschaftsversammlung. Das wollten wir dann bei Schichtbeginn verteilen.

Kurz vor Mitternacht rief ich Barbara noch einmal an. Sie hatte sich inzwischen über das Firmenangebot informieren lassen. In der Tat waren die erwarteten Zugeständnisse gemacht worden. Sie blieben natürlich unbefriedigend, aber sie machten immerhin einen Streik weitgehend unwahrscheinlich. Barbara hatte auch erfahren, daß die Gewerkschaftsführung das Angebot doch morgen mittag schon bekanntgeben würde, und argumentierte jetzt: „Eigentlich genügt es ja auch, wenn wir bis dahin unser Flugblatt fertig haben." Ich war natürlich auch nicht versessen darauf, mir die Nacht um die Ohren zu schlagen, und bestand deshalb nicht auf unserer Verabredung. Im Rückblick denke ich: ich hätte darauf bestehen sollen. Denn wir ließen eine Möglichkeit zu politischer Aufklärung verstreichen, und als am Mittag unser Flugblatt endlich herauskam, war alles schon zu spät. Da hatten schon die Funktionäre und alle „informellen Abwiegler" zu erfolgreich versucht, der breiten Masse der Kollegen das Angebot nahezubringen. Nichts konnte mehr die

Wucht wettmachen, die aufgeboten worden war, um das Angebot durchzudrücken.

Die allgemeine Reaktion auf das Angebot war deshalb größtenteils positiv, wenngleich das oft auf den engen, eigenen Interessensbereich beschränkt blieb. Niemand, mit dem ich sprach, hielt die Basislohnerhöhung für sonderlich gut, aber für jede Lohngruppe gab es irgendwelche Rosinen, die den ganzen Brei versüßten – für die höheren Lohngruppen z. B. extra Fertigkeitszulagen. Den ganzen Tag über verkauften uns die Funktionäre, zusammen mit einigen Geschäftsführern der Firma, den neuen Vertrag. Wenn einmal Vorbehalte gegenüber bestimmten Einzelbedingungen angemeldet wurden, dann wurden sie übertönt und unterdrückt nach dem Motto: nimm's hin oder laß es bleiben! Und so fanden die meisten Beschäftigten, das Angebot wäre nicht so schlecht, als daß man nicht „damit leben" könnte. Das war die allgemeine Einstellung, die auch am Sonntag mit in die Versammlung geschleppt wurde. Auf dieser Versammlung sagte Barbara kein einziges Wort. Das Angebot wurde akzeptiert, der Vertrag kam durch.

In diesem Zeitraum vor dem 1. November hatten wir als einzige konsequent versucht, die Arbeiter zu mobilisieren und einen Gegendruck auszuüben. Wir waren nicht sonderlich wirkungsvoll dabei. Aber niemand außer uns stellte Flugblätter her und verteilte sie, niemand außer uns bemühte sich darum, außerhalb des Betriebs eine Gruppe von Arbeitern zusammenzubringen, wohl kaum jemand diskutierte so kontinuierlich die anstehenden Fragen. Angesichts unserer eigenen Unzulänglichkeiten und all der Hindernisse, die uns entgegenstanden, konnten wir nicht einfach die Situation umkehren. Diese Hindernisse sind nichts anderes als ein Ausdruck der kaum sichtbaren, liberal-integrativen Gewaltherrschaft. Was das konkret heißt, verdeutlichte sich noch mehr im Zusammenhang mit den bevorstehenden Gewerkschaftswahlen.

Wenn schon die Gewerkschaft viel dabei zu wünschen übrigläßt, wie sie ihre Mitglieder gegenüber der Firma vertritt und wie sie ihren Mitgliedern die laufenden Tarifverhandlungen vermittelt – wie gut funktioniert sie dann wenigstens intern, also bei ihren inneren Angelegenheiten, ihren eigenen Mitgliedern gegenüber?

Eine gute Veranschaulichung dafür ist das zweitwichtigste gewerkschaftliche Jahresereignis, die Aufstellung und Wahl der mittleren Ortsfunktionäre. In unserer liberal-demokratischen Gesellschaft begründet dieses Wahlverfahren erklärtermaßen die gewerkschaftliche Legitimität, und entsprechend glauben die meisten Leute, innerhalb des Systems die Gewerkschaftspolitik zu beeinflussen und auf die Gewerkschaftsführung einzuwirken. Deshalb, und insbesondere wegen der großen Unzufriedenheit der Mitglieder mit ihrer Organisation, müßte man eigentlich erwarten, daß sich nun alle an dem Wahlvorgang beteiligen würden. Dem ist aber nicht so. Die meisten Mitglieder nahmen keine Notiz davon. So wie ein großer und noch zunehmender Anteil ihrer Mitbürger bei den Bundes-, Staats- und Kommunalwahlen trafen sie die Wahl, sich in die Wahl besser nicht verwickeln zu lassen.*

Im Gegensatz zu ihnen nahm ich an diesem Vorgang in dreifacher Weise teil. Erstens stimmte ich mit ab. Zweitens war ich mehr als nur beiläufig interessiert an der Aufstellung und Wahl bestimmter Kandidaten; vielmehr leistete ich ihnen, wenn auch begrenzt und informell, Wahlhilfe. Drittens wollte ich Betriebsratsvertreter meiner Abteilung werden. Die überwältigende Mehrheit der Gewerkschaftsmitglieder, die nichts dergleichen machte, hatte zweifellos schon gelernt, was ich durch meine aktive Beteiligung erst noch lernen mußte.

Meinen Entschluß, für den Betriebsrat zu kandidieren, fällte ich in den letzten Oktobertagen, nachdem ich mitbekommen hatte, wie sich die oberste Gewerkschaftsführung und meine eigenen Vertreter während der Tarifverhandlungen verhielten. Bei meinem Entschluß war mir klar, daß ich – sofern erfolgreich – verpflichtet wäre, die volle (einjährige) Amtsperiode durchzuhalten. Ich müßte dann über mein Forschungssemester hinaus in der Fabrik bleiben – und genau dazu war ich bereit. Natürlich habe ich heute meine

* Bei den nationalen Wahlen liegt die Wahlbeteiligung noch viel höher als bei den Gewerkschaftswahlen. Trotzdem werden auch da die siegreichen Kandidaten nur von einer Minderheit der Wähler gewählt. Für Jimmy Carter stimmten z. B. 1976 nur 26 % der Wahlberechtigten.

Zweifel an diesem Entschluß, weil ich nicht genau weiß, welche Gründe dabei im Vordergrund standen: den wirklichen Interessen meiner Kollegen zuliebe oder eher wegen meiner Phantasievorstellungen darüber, was ich dachte, beisteuern zu müssen? Damals war ich mir sicher. Und auf jeden Fall wurde ich durch meine Entscheidung tiefer in einen Vorgang einbezogen, der mir die Arbeitsweise der Gewerkschaften und deren Auswirkungen auf die Arbeiter noch mehr erhellte.

Zum einen wollte ich also Betriebsratsvertreter werden, weil sich die gegenwärtige Gewerkschaftsführung bei den Tarifverhandlungen so bloßgestellt hatte. Zum anderen brachten mich einige konkrete Ereignisse seit Anfang September allmählich zu meinem Entschluß. Das war z. B. die Reaktion meiner Kollegen auf meine erste Rede bei einer Gewerkschaftsversammlung; am 8. September hatte ich da über die Lebenshaltungskosten gesprochen. An jenem Tag gratulierte mir Fred, ein weißer Elektriker mittleren Alters aus der Wartungsabteilung, und sagte: „Es ist wichtig, daß du dich auf die Gewerkschaft einläßt." Ein mir fast unbekannter Schwarzer aus einer andern Abteilung – auch so um die 45 Jahre und, wie ich später erfuhr, der Akkordbeste im Werk – sagte: „Das war eine gute Rede. Ich fänd's gut, wenn du dich um irgendeinen Posten bewirbst." Und ein junger Schwarzer aus dem Versand meinte zu mir: „In vielleicht fünf Monaten könntest du schon Vertrauensmann sein." Eine junge schwarze Frau, mit der ich noch nie länger geschwätzt und die selbst noch nicht einmal die Versammlung besucht hatte, kam extra zu mir: „Ich habe gehört, daß du gestern auf der Versammlung wirklich scharfe Sachen von dir gegeben hast. Alle reden darüber." An diesem Tag, so erinnere ich mich, begann ich zum ersten Mal darüber nachzudenken, ob ich wirklich kandidieren sollte.

Während ich noch versuchte, die spontanen Reaktionen meiner Kollegen einzuschätzen – d. h., die darin enthaltenen Anerkennungen und Bedürfnisse –, fing ich an diesem Montag schon zögernd damit an, mich über die Gewerkschaftsvertreter zu informieren. Zunächst erfuhr ich von den Leuten der Wartungsabteilung, daß sie über Tommie Saunders, unseren jetzigen Vertrauensmann, herzogen, weil er in den Betriebsrat „aufsteigen" wollte, wenn Marbles im Januar 1975 in Rente gehen würde. Tommie, so wurde mir erzählt, war wie alle Vertrauensmänner im Betrieb nicht von der Basis gewählt, sondern vom betreffenden Betriebsratsmitglied (also von Marbles) ernannt worden. Alle hielten ihn für einen erstklassigen Elektriker, aber er war weder sonderlich beliebt, noch schienen ihn die Männer seiner Abteilung als Gewerkschaftsvertreter zu schätzen. Z. B. war ein großer Teil von ihnen ziemlich darüber aufgebracht, daß er am Vortag noch nicht einmal die Gewerkschaftsversammlung besucht hatte, weil er es statt dessen vorzog, sonntags zu arbeiten, um doppelt zu kassieren. Tommie galt tatsächlich – was durch spätere Ereignisse nur bestätigt wurde – als ein auf den eigenen Vorteil bedachter „Mann der Firma". Und doch sollte er, der Vertrauensmann, uns gegenüber dieser Firma vertreten und war drauf und dran, nach den Dezember-Wahlen auf den noch wichtigeren Stuhl des Betriebsratsmitglieds zu klettern. Mir wurde immer klarer, daß Tommie daran gehindert werden mußte.

Um rauszukriegen, wie ich eine Gegenkandidatur zu Tommie aufbauen könnte, sprach ich mit meinem Hauptinformanten in Sachen Gewerkschaft – mit dem Mann, der Tommie ernannt hatte: Marbles. Er bestätigte, was ich schon wußte: Vertrauensmänner werden ernannt, Betriebsratsmitglieder von ihren Abteilungen gewählt. Aber darüber hinaus erzählte er mir, daß man für jedes Amt bestimmte Qualifikationen vorweisen muß. „Beschäftigte", sagte er, „müssen mindestens seit einem Jahr in der Gewerkschaft sein, bevor sie einen Posten bekommen können. Das ist so, damit keine Außenseiter ankommen und gleich den ganzen Laden übernehmen können."

Einige Tage später sprach ich mit Fred, dem kenntnisreichen, langgedienten Gewerkschaftsmitglied der Abteilung. Ich wollte mehr über Tommie Saunders herausfinden, mehr über mögliche Alternativkandidaten und über die erforderlichen Qualifikationen. Während unserer kurzen Diskussion forderte ich Fred auf, selbst gegen Tommie zu kandidieren. Er lehnte entschieden ab, mit der Begründung, er hätte keine Lust, sich zum Bestandteil des Gewerkschaftsapparates machen zu lassen. Er hielt es überhaupt für unwahrscheinlich, daß bei der Betriebsratswahl irgend jemand gegen Tommie antreten würde. Es sah so aus, als ob niemand sonst den Posten wollte, und Fred bezweifelte ohnehin, daß außer ihm noch irgendwer die zweite Qualifikation erfüllen könnte. Womit ich also erfuhr, daß ein Gewerkschaftsmitglied mindestens fünf ordentliche Versammlungen in dem Jahr besucht haben muß, das der Nominierung vorangeht, um sich wählen lassen zu können.

Trotz seiner Zweifel bedrängte mich Fred, daß wir uns bemühen sollten, bessere Bewerber ausfindig zu machen. „Tommie", sagte er, „ist eigentlich erledigt, und das weiß er auch. Wir müssen uns anstrengen. Dann werden uns viele der farbigen Kollegen unterstützen." Wenn seine Einschätzungen stimmten – und sie wurden durch die folgenden Ereignisse wiederholt bestätigt –, wenn also die meisten Leute gegen Tommie waren, aber niemand gegen ihn antreten wollte, dann wäre Tommies Wahl eine reine Unterlassungssünde. Unter diesen Umständen sah ich zunehmend meine eigene Kandidatur als die Lösung des Problems an, da unsere Abteilung nicht ausreichend repräsentiert wurde. Auf Gedeih und Verderb wurde *ich* der Gegenkandidat, nach dem ich gesucht hatte. Ich war also in der unangenehmen Situation, meine *eigene* Kandidatur vorbereiten und vorantreiben zu müssen.

Als ich ungefähr eine Woche später diese Angelegenheit wiederum mit Marbles diskutierte, spielte ich dann darauf an, daß ich mich für den Posten eines Betriebsratsmitglieds interessieren würde. Marbles, gerissen wie eh und je, ließ sich nicht ködern. Er bekräftigte schlicht die Fristen- und Versammlungskriterien und fügte hinzu, daß die von den gewählten Betriebsräten vorgeschlagenen Vertrauensleute vom örtlichen Vorstand der Gewerkschaft (dessen Mitglied er war) gebilligt werden müssen. Dieses Gremium könne zwar „in bestimmten Fällen" auf die Erfüllung der Kriterien verzichten, aber für Marbles war es ein klarer Fall, daß sein Nachfolger im Betriebsrat Tommie Saunders heißen würde.

Im Laufe des September fand ich durch viele Gespräche heraus, daß tatsächlich niemand Lust hatte, Vertrauensmann oder Betriebsratsmitglied zu werden. Unklar blieb mir weiterhin, ob außer Tommie noch irgend jemand wählbar war, da keiner an den erforderlichen fünf Versammlungen teilgenommen hatte.

Dieses Kriterium hört sich in der Theorie ganz vernünftig an, ist es praktisch aber nicht. Denn es trägt wirksam dazu bei, die jeweilige Führung in Amt und Würden zu halten, die sich dann im allgemeinen (wenn sie auch sonst nichts unternimmt) darauf beschränken kann, ihrer eigenen Anwesenheitspflicht zu genügen. Alle anderen Gewerkschaftsmitglieder müssen sich erst zu einem höheren Grad an Selbstdisziplin aufraffen, wenn sie die Versammlungen besuchen wollen – eine Anstrengung, der sich kaum jemand unterzieht. Es gibt nur zweierlei Ausnahmen: erstens ein paar persönlich ehrgeizige Männer und Frauen, die es in der Gewerkschaft „zu etwas bringen" wollen; und zweitens die kleine Gruppe der Reformer, die das Mitspracherecht der Basis wenigstens etwas vergrößern will und darum bereit ist, den ganzen Gewerkschaftsklimbim durchzustehen. So kommt es, daß die überwiegende Mehrheit der Arbeiter – ob sie nun 5 oder 25 Jahre im Betrieb gearbeitet hatten – für gewerkschaftliche Ämter nicht in Frage kam.

Marbles legte diesem betriebspolitischen Problem gegenüber das typisch managerhafte Verhalten der Gewerkschaftsführung an den Tag. Er sagte: „Ich kann Abweichler und unzufriedene Leute nicht ausstehen und möchte sie am liebsten alle zum Teufel jagen." Und er fuhr fort, er hätte genau beobachtet, mit wem ich am meisten geschwätzt hätte; dann zählte er die Namen auf, und es waren wirklich fast alle Aktivisten und Reformer dabei, mit denen ich mich irgendwie in Verbindung gesetzt hatte. Unvermittelt kam er auf die (eingeschlafene) Betriebszeitung der Gewerkschaft zu sprechen, die wieder erscheinen müßte, und seinetwegen auch wieder unter der Leitung von Joanne Tower (einer Reformerin, die sie früher schon herausgegeben hatte), nur sollte jetzt der Vorstand alle Beiträge überprüfen und zensieren. Was Marbles also wollte, war eine Betriebszeitung als Hausorgan der Gewerkschaftsführung. Und entsprechend verlangte er von allen „Neuankömmlingen" in der Gewerkschaft, daß sie zur Führungsclique hielten. Weil er sich das von mir nicht vorstellen konnte, versuchte er mich gleich zu entmutigen, indem er bekräftigte: „Ziemlich unwahrscheinlich, daß der Vorstand ausgerechnet dich für wählbar erklärt, auch wenn es sonst in unserer Abteilung nur einen Kandidaten gibt."

In den folgenden Wochen bekam ich nach und nach heraus, daß es unter meinen Kollegen zwei genau entgegengesetzte Meinungen über die Wahlen und über die Gewerkschaftsführung gab. Die eine schien bei den Weißen mittleren Alters vorherrschend zu sein. Sie hielten zur gegenwärtigen Führung – gar nicht so sehr aus Überzeugung, sondern eher, weil sie befürchteten, daß Tank, wenn er nicht wiedergewählt würde, u. U. durch einen Schwarzen (wie z. B. seinen Stellvertreter) ersetzt werden könnte. Die andere wurde mehrheitlich von jüngeren Arbeitern und besonders von Schwarzen vertreten. Sie waren begierig darauf, den ganzen Haufen der Führer rauszuwerfen. So sagte mir ein junger Schwarzer aus der Auslieferungsabteilung: „Mein Betriebsratsvertreter taugt weniger als Scheiße, aber kein anderer will den Job, und so wird er halt mühelos wiedergewählt werden."

Das war offensichtlich ein weitverbreitetes Problem – und deswegen entschloß ich mich, meine eigene Kandidatur in der Wartungsabteilung gegen Tommie Saunders zu erzwingen. Erst einmal mußte ich sehen, ob und wie ich an den geforderten Qualifikationen vorbeikam. Ende Oktober riet mir ein Kollege, ich sollte dem Vorstand eine Petition einreichen. Diese Petition müßte von den Kollegen meiner Abteilung unterschrieben werden, um meinem „Ersuchen auf Befreiung von den Wählbarkeitskriterien" den nötigen Nachdruck zu geben.

Mein Hauptproblem dabei war das Fristenkriterium. Zum Zeitpunkt der Nominierung, am zweiten Sonntag im November, wäre ich erst seit drei Monaten Gewerkschaftsmitglied, also neun Monate zu wenig. Und dann hatte ich zwar seit meinem Eintritt jede ordentliche und außerordentliche Gewerkschaftsversammlung besucht, aber das wären bis zum Stichtag nur vier, also eine zu wenig. Als wäre das alles noch nicht kompliziert genug, mußte ich noch bedenken, daß es auf der nächsten Versammlung am 3. November, auch wenn das eigentlich nicht zu erwarten war, zu einem Streikbeschluß kommen könnte. Wenn ich wirklich von einer Petition Gebrauch machen wollte, dann mußte sie vorher aufgesetzt und unterschrieben sein. Käme es nämlich zum Streik, wäre es sicher sehr schwierig, Unterschriften zu sammeln.

Folgerichtig fragte ich Fred (zu dem ich einen guten persönlichen Draht hatte) schon zwei Tage, *bevor* der alte Tarifvertrag ablief, ob er mich als Kandidaten für den Betriebsrat vorschlagen würde. Er war hocherfreut über diese Idee und ohne Zögern damit einverstanden, meine Petition herumzureichen. Mit seiner Hilfe verfaßte ich folgenden Text: „Wir, die unterzeichnenden Mitglieder der Wartungsabteilung (Werk Baltimore-Süd), rufen den Vorstand unseres Ortsbezirkes Nr. 1.784 auf, die Qualifikationskriterien für die Nominierung zur Betriebsratswahl in der Wartungsabteilung (Werk Baltimore-Süd) für Ric Pfeffer, Betriebsnummer 52.365, außer Kraft zu setzen, damit er in der Dezember-Wahl kandidieren kann."

Kurze Zeit später kam jedoch Fred wieder auf mich zu, um mir mitzuteilen, was er von Marbles erfahren hatte: Der Vorstand könne nicht beide Kriterien verwerfen, nur eines. Außerdem hatte Marbles anscheinend Fred aufgefordert, doch lieber selbst zu kandidieren als sich für mich die Hacken abzulaufen. Dazu war Fred nach wie vor nicht bereit, aber mir kam es jetzt so vor, als würde er auch ganz sachte von der Idee abrücken, meine Petition herumzureichen, auch wenn er das nicht zugab. Auf jeden Fall waren wir beide einer Meinung, daß der Vorstand wahrscheinlich mit meinem Antrag machen konnte, was er wollte. Und wir mußten zumindest ganz genau über die Kriterien Bescheid wissen.

Also suchte ich noch einmal Marbles auf. Der hatte zwar seine Vorurteile mir gegenüber, aber er war doch der zugänglichste und gewiefteste Gewerkschaftsfunktionär, den ich kannte. Wie nicht anders zu erwarten, wiederholte er, daß der Vorstand wahrscheinlich stur bleiben würde. Ich versuchte ihm klarzumachen, daß mir eigentlich nur *ein* Kriterium erlassen werden müßte, nämlich das der Dauer der Mitgliedschaft. Bislang war ich zwar nur auf vier Versammlungen gewesen, und daran würde sich auch bis zum Nominierungstermin nichts ändern, aber am Wahltag im Dezember hätte ich alle fünf zusammen. Marbles war davon nicht beeindruckt. Er konnte sich nur an einen Fall erinnern, wo der Vorstand nach Gutdünken für eine ganze Abteilung auf das Versammlungskriterium verzichtet hatte, weil sonst niemand hätte kandidieren können. Aber immerhin ging es dabei um „langgediente" Arbeiter.

Über meine angestrebte Kandidatur ließ sich Marbles sonst nicht weiter aus. Für ihn war es keine Frage, Tommie Saunders vorzuschlagen. Als ich behauptete: „Ist doch gut für die Gewerkschaft, wenn es eine richtige Wahl gibt, so wie beim Zwei-Parteien-System", antwortete er unbestimmt: „Na ja, vielleicht kandidiert ja auch noch einer." Und dann – berechnend wie immer – setzte er plötzlich hinzu: „Aus dir könnte man eigentlich einen Vertrauensmann machen. Ich werde mal Tommie vorschlagen, daß er dich in Betracht ziehen soll."

In der Zwischenzeit war Fred mit der Petition herumgelaufen und dabei zu reiflicheren Überlegungen gekommen. Organisatorische Anstrengungen im Betrieb sind oft enttäuschend, aber Fred hatte mehr als nur die gewöhnlichen Probleme. Zuerst war er bei seinen Kollegen herumgegangen, den Facharbeitern, von denen ich die meisten kaum kannte. Drei Elektriker hatten sich geweigert zu unterschreiben, und die beiden Querulanten unter ihnen (sehr konservative Weiße) beschimpften mich als „Radikalen". Auch die zwei weißen Wartungstechniker, zu denen ich ein bißchen mehr Kontakt hatte, lehnten es ab. Und außerdem schien Tommie, der ja auch Elektriker war, höchst aufgebracht über Fred zu sein. Er fragte ihn, warum er für mich Propaganda machte: „Na, was hat er dir dafür versprochen?"

Es gab natürlich auch Lichtblicke. An *einem* Vormittag brachte Fred in unserer 52-Mann-Abteilung 15 Unterschriften zusammen: die eines sehr konservativen weißen Klempners mittleren Alters, der beiden gleichaltrigen weißen Tischler und von 12 anderen Kollegen. Ungefähr die Hälfte von denen, die unterschrieben hatten, waren Weiße, obwohl die Schwarzen in unserer Abteilung weit überwogen. Und ich wußte auch, daß ich unter den Schwarzen, weil ich enger mit ihnen zusammenarbeitete, stärkere Unterstützung hatte. Gegen Mittag jedoch hatte Fred seinen Sinn für Humor verloren und war entschlossen, die Sache hinzuschmeißen. Er war zu sehr angeschossen worden – großenteils von seiner eigenen Gruppe, den Elektrikern, die zu den privilegiertesten Mitgliedern unserer gesamten Abteilung gehörten.

Fred gab mehrere Gründe vor, warum er keine Lust mehr hatte. Einmal hatte ihm Marbles abermals versichert, daß ich vor dem Vorstand überhaupt keine Chance hätte. Dann meinte er, daß Tommie ihn „irgendwie am Wickel" kriegen würde, wenn er mich weiterhin unterstützte. Und zum dritten hielt er mir jetzt vor, daß ich ja nun wirklich noch ein Jahr warten könnte. Mehrere Arbeiter, die meine Position nur zögernd unterschrieben hätten, wären der Ansicht: „Der Junge hat's zu eilig!" Das war nicht zu leugnen.

Ich verstand Freds Position. Er hatte viel mehr zu verlieren als ich, und das sagte ich ihm auch. Ich wollte aber wenigstens, daß er seine Angst zugab. Das äußerste Zugeständnis, das ich ihm schließlich abnötigte, war: „Ich kenne dich nicht gut genug. Ich will nicht meinen Hals hinhalten für jemanden, der erst seit ein paar Monaten hier ist und jederzeit wieder abhauen kann." Dahinter stand natürlich seine Angst, sich zu fest mit jemandem einzulassen, der als „radikal" verschrien war. Für Fred waren schon Jimmie Hoffa und die Teamsters „Kommunisten", also der Inbegriff alles Bösen. So konnte ich mir seine Besorgnisse beim Unterschriftensammeln gut vorstellen. Ich dankte ihm für seine Hilfe und beobachtete den restlichen Tag über, daß er sich zaghaft an Tommie heranmachte – als wollte er wieder etwas gut machen.

Kurz vor Feierabend versuchte ich noch, jemand anders zum Unterschriftensammeln zu überreden. Hilfesuchend wandte ich mich an Jerry, einen schwarzen Freund aus meiner Abteilung. Er sah sich die 15 Namen auf meiner Petition an, hielt sie für ziemlich überzeugend und wollte selber noch unterschreiben. Ich hatte allerdings gehofft, daß Jerry von sich aus losziehen würde, um weitere Unterschriften zu sammeln. Jetzt mußte ich es ihm erst nahelegen. Ohne Begeisterung sagte er „o.k.", und wir schwätzten darüber, bei wem man es noch versuchen könnte. Ich strebte 30 Unterschriften an, etwa 60 % der Abteilung, und hoffte, daß Jerry wenigstens 10 weitere Unterschriften bekommen würde.

Ich wußte wohl, daß es mit der nötigen Unterstützung nicht leicht werden würde. Erstens galt ich als Vorkämpfer der unqualifizierten Kollegen gegenüber der Gewerkschaftsführung und hatte mir deswegen einige Feinde gemacht (natürlich auch Freunde). Zweitens trieb mich die Tatsache an, daß ich nur für zwei Forschungssemester von der Universität freigestellt war. Ich konnte einfach nicht geduldig auf die Gewerkschaftswahlen des nächsten Jahres (1976) warten, weil ich nur dann über den Sommer (1975) hinaus in der Fabrik bleiben wollte, wenn da neben meinem Job noch etwas anderes für mich herausspringen würde. So mußte ich also einfach in Kauf nehmen, daß einige Kollegen, die mich ansonsten respektierten, mich als „zu eilig" empfanden und deshalb nicht unterstützten.

Trotzdem hatte ich Tommie gegenüber einige Vorteile. Er konnte nur auf die kleine Gruppe seiner Elektriker zählen, während vor allem die Schwarzen und die Zimmerleute zu mir hielten. Wenn ich erst zur Kandidatur zugelassen wäre, dann würde ich mit großer Wahrscheinlichkeit auch gewinnen. Marbles war in diesem

Punkt noch nachdrücklicher als ich. Tommie hatte sich nämlich zuvor bei der Betriebsratswahl gegen ihn beworben und nur sehr wenige Stimmen bekommen. „Wenn er gegen dich antreten muß", sagte Marbles, „geht er unter."

Deshalb war und blieb mein Problem: ich mußte als wählbar anerkannt werden. Auf den guten Willen der Gewerkschaftsführung konnte ich dabei nicht rechnen. Ich konnte nur versuchen, sie trotz ihrer Machtvollkommenheit zum Einlenken zu bewegen, indem ich demonstrierte, wie sehr mich die Kollegen in meiner Abteilung unterstützten. Käme es allerdings hart auf hart, dann könnten auch sämtliche einfachen Gewerkschaftsmitglieder dem Vorstand wohl kaum ihre Meinung aufzwingen.

Am 3. November wurde der neue Tarifvertrag gebilligt; jetzt richtete sich die allgemeine Aufmerksamkeit auf die bevorstehenden Nominierungen und Wahlen. Schon einen Tag später, am 4. November, fing mich Marbles bei der Arbeit ab, um mir eine Neuigkeit zu stecken. Jetzt verkündete er, das Fristenkriterium wäre Teil der nationalen Gewerkschaftsstatuten, also könnte es vom Vorstand auf örtlicher Ebene beim besten Willen überhaupt nicht außer Kraft gesetzt werden. Und auch auf das Versammlungskriterium wäre bislang nur für Vertrauensleute, nicht aber für gewählte Funktionäre verzichtet worden. Ich war reichlich verblüfft, und er druckste herum: „Na ja, vielleicht habe ich das vorher nicht ganz richtig draufgehabt."

Bei dieser Informationspolitik blieb mir nichts anderes übrig, als die Regeln selbst zu überprüfen. Die Ortssatzungen waren erst vor einem halben Jahr ergänzt, aber in dieser neuen Form der Mitgliedschaft immer noch nicht zugänglich gemacht worden. Ich verlangte daher von Marbles, mir seine (den Funktionären vorbehaltene) Kopie zu geben. Zunächst stritt er ab, daß er eine hätte, was aber schlicht gelogen war. Dann sagte er, daß er keine Zeit hätte, sie mir zu besorgen. Und zuletzt redete er sich damit heraus, daß es sein persönliches Exemplar wäre und nicht für den Gebrauch anderer Leute bestimmt. Alles in allem ein Haufen dünner und stockender Entschuldigungen. Verärgert hielt ich ihm vor: „Verdammt, du bist *mein* Betriebsratsvertreter, und ich verlange von dir, daß du mir *meine* Ortssatzungen zeigst!" Woraufhin er nur meinte, daß die bei der nächsten Gewerkschaftsversammlung ohnehin verteilt würden. Das hatte ich auch schon vorher gehört.

In diesem Informationsvakuum schien alles, was ich für mich tun konnte, die Petition zu sein. Jerry war jedoch sehr zurückhaltend mit ihr umgegangen. Er hatte mehrere Tage gebraucht, um nur vier weitere Unterschriften zu sammeln. Nicht einmal Fred hatte unterschrieben. Und andere Kollegen, von denen ich mir gut vorstellen konnte, daß sie meine Kandidatur unterstützen würden, hatte Jerry noch nicht einmal angesprochen. Ich war ziemlich enttäuscht und rang mich mühsam dazu durch, selbst mit meiner Petition herumzugehen. In den verbleibenden zwei Stunden vor Feierabend unterschrieben acht weitere Leute. Nur ein älterer Schwarzer weigerte sich zu unterschreiben, weil er Angst hatte: „Nee, nee, das mache ich besser nicht mit. Hier kann mich eh keiner leiden. Die stänkern mich jetzt schon alle an."

Zu Hause sah ich mir dann die nationalen Gewerkschaftsstatuten durch. In der Tat bestätigten sich Marbles' letzte Neuigkeiten. Es sah also wirklich danach aus, daß ich mich, um zur Kandidatur zugelassen zu werden, wegen des Versammlungskriteriums an den örtlichen Vorstand und wegen des Fristenkriteriums an die nationale Zentrale wenden mußte. Ich war förmlich lahmgelegt. Trotzdem und hartnäckig reichte ich am nächsten Morgen weiter meine Petition herum. Mehrere Leute, die bislang mit ihrer Unterschrift gezögert hatten, gaben sie jetzt, als sie sahen, daß die Liste länger und länger wurde. Am Ende der Woche hatte ich 60 % der Abteilung beisammen – ein Prozentsatz, der weit über dem der bisherigen Wahlbeteiligungen lag!

Jetzt mußte ich mich noch darum kümmern, jemanden zu finden, der mich am Sonntag, bei der nächsten Gewerkschaftsversammlung, nominieren würde. Es war nämlich gut möglich, daß niemand aus meiner Abteilung dahingehen wollte, und es fiel mir nicht leicht, irgendeinen Kollegen zu bitten, meiner Kandidatur zuliebe einen Sonntagmorgen zu opfern. Während ich noch darüber nachdachte, empfahl mir Fred, daß ich lieber versuchen sollte, Tommie zu einem Tausch zu überreden: wenn er mich zu „seinem" Vertrauensmann ernennen würde, dann würde ich darauf verzichten, bei der Betriebsratswahl gegen ihn anzutreten. Ich war damit ganz einverstanden – eben wegen meiner Schwierigkeiten, als wählbar anerkannt zu werden. Bloß kannte Tommie die natürlich auch, so daß ich ihm nicht viel zu bieten hatte. Fred hatte schon mit Tommie über solch einen Kompromiß gesprochen und hatte mich als „den besten Mann" für diesen Posten empfohlen. Tommie hatte anscheinend sehr ausweichend auf Freds Vorschlag reagiert, indem er sagte, er wolle erst mal sehen, was die anderen Burschen davon hielten.

Trotzdem fing ich Tommie nach der Arbeitszeit ab, um mit ihm zu verhandeln. Er wollte sich nicht festlegen: „Du bist zwar bis jetzt der einzige, der diesem Job hinterher ist. Aber ich muß erst die anderen Typen fragen, was sie dazu meinen." Das hörte sich ganz fair an, und so zeigte ich ihm meine Unterschriftenliste, um ihm zu beweisen, daß ich von 60 % unserer Kollegen unterstützt wurde. Tommie wollte immer noch auf nichts eingehen. Angesichts meiner Schwierigkeiten bei der Nominierung blieb er unerschütterlich und sagte, wenn ich Lust hätte, mich bei der Betriebsratswahl zu bewerben, dann sollte ich das ruhig tun. Und dann fügte er bitter hinzu: „Weißt du, ich bin hier schon seit 25 Jahren. Ich bin hier nicht gerade eben erst reingestolpert." Ich wollte auf jeden Fall eine Konfrontation vermeiden und meinte begütigend: „Wir könnten uns doch ganz gut ergänzen. Du hast die Erfahrung und das technische Wissen, und ich setze mich aktiv für die Kollegen ein." Aber Tommie ging nicht darauf ein: „Es ist keine Ehre, Vertrauensmann zu sein oder im Betriebsrat zu sitzen; es bringt nur Arbeit und ein kleines bißchen Geld. Mir sind andere Sachen wichtiger. Ich weiß nicht mal, ob ich am Sonntag nominiert werden will. Zumindest kämpfe ich nicht darum."

Das war unaufrichtig. Er mußte wissen, daß Marbles seit Monaten plante, ihn zu nominieren. So hatte er es auch gar nicht nötig, für sich die Wahltrommel zu rühren. Und außerdem hatten mir mehrere Arbeiter gesteckt, daß Tommie mindestens zwei Leute gefragt hatte, ob sie nicht Vertrauensmann werden wollten – zum einen Fred, zum anderen ausgerechnet einen weißen Facharbeiter, der in der Abteilung so ziemlich den schlechtesten Ruf hatte. Es sah also mit meiner Kandidatur nur noch zwei Tage vor der Versammlung schlecht aus. Ich hatte immer noch niemanden gefunden, der mich nominieren würde. Mir waren darüber hinaus immer noch nicht die Kriterien erlassen worden. Und der Mann, der höchstwahrscheinlich mein nächster Betriebsratsvertreter werden würde, machte nicht den Eindruck, als wollte er mich zu seinem Vertrauensmann ernennen.

Am Freitag kurz vor Feierabend kam mir die Idee, noch eine andere Möglichkeit auszuprobieren. Ich rief das Bundesarbeitsministerium in Washington an und sprach mit einem nachgiebigen Beamten über die Rechtmäßigkeit der gewerkschaftlichen Wählbarkeitskriterien. „Die entscheidende Frage ist", sagte er, „ob sie vernünftig sind." Und ob sie als vernünftig gelten könnten, hinge wiederum von ihren praktischen Auswirkungen für die Wählbarkeit der Mitglieder ab. So weit, so gut – aber dann kam der Clou. Er erklärte mir nämlich, ich müßte innerhalb der Gewerkschaft a) nominiert worden sein, und b) alle regulären Berufungsinstanzen durchgemacht haben, *bevor* ich überhaupt berechtigt wäre, mich in Sachen gewerkschaftlicher Wählbarkeit an das Ministerium zu wenden und eine diesbezügliche Klage vorzubringen. Diese Vorschriften liefen also hinaus auf den bekannten Kalauer: „Das geht alles seinen bürokratischen Gang." Ich sollte mich erst auf eine offenkundig zwecklose Prozedur innerhalb der Gewerkschaft einlassen, um dann die gleiche Ochsentour mit den Bundesbehörden zu wiederholen.

In der Praxis reduziert dieses Verfahren – wie auch immer seine Rechtfertigungen heißen mögen – drastisch die Anzahl der Klagen, die von den Arbeitern bei den Bundesbehörden vorgebracht werden. Sofern nicht einer von Anfang an plant, seine Beschwerde zu einem grundsätzlichen Testfall zu machen, hat er fast oder gar keine Gründe, die gewerkschaftlichen Instanzen durchzumachen – denn eher legt eine Kuh Eier, als daß er dort erfolgreich ist. Auf diese Weise trägt das ganze System dazu bei, sich selbst und seinen Status Quo aufrechtzuerhalten – worauf denn auch genau die folgende Gewerkschaftsversammlung am Sonntag hinauslief.

Diese Versammlung, auf der die Betriebsrats-Kandidaten nominiert wurden, stellte sich als eine einzige Farce heraus. Es waren vielleicht 75 Beschäftigte da; die meisten von ihnen Gewerkschaftsfunktionäre nebst Anhang, den sie mitgebracht hatten, um sich aufstellen zu lassen. Tommie Saunders bemühte sich nicht einmal, selber zu erscheinen: Er war auf einem Fortbildungslehrgang, um seine ohnehin schon bemerkenswerten Elektrikerfertigkeiten weiter aufzustufen. Aus meiner Abteilung waren tatsächlich nur drei Leute gekommen: Marbles, ich und ein schwarzer Vorarbeiter, der zwar meine Petition unterschrieben hatte, aber nicht hundertprozentig zuverlässig war. Trotzdem fragte ich ihn, während die Versammlung schon in vollem Gange war, ob er mich nominieren würde. Er willigte ein. Als aber die Wahlvorschläge aufgerufen wurden, hatte er es irgendwie geschafft, schwätzend im Hintergrund zu sitzen und den Aufruf zu überhören. So blieb mir nichts anderes übrig, als mich mit gemischten Gefühlen selber vorzuschlagen, eine Praxis, die mir von verschiedenen anderen „selbsternannten“ Kandidaten soeben vorgemacht worden war.

Die meisten Abteilungen schlugen nur einen Kandidaten vor, in einigen von ihnen der jetzige Amtsinhaber sich selber. Ein oder zwei Abteilungen brachten nicht einmal eine Nominierung zustande. Für unsere Abteilung schlug Marbles den abwesenden Tommie vor – und ich mich selber. Von den insgesamt acht Abteilungen waren es nur zwei andere, wo Mitglieder der jungen gewerkschaftsinternen Reformfraktion Gegenkandidaten zu den Amtsinhabern aufgestellt hatten, wo es also zu einer echten Wahlentscheidung kommen würde. Reformer waren ebenfalls nominiert worden für die übergreifenden und auch im Firmenmanagement (auf höherer und mittlerer Ebene) verankerten Positionen eines „Bevollmächtigten“ und eines „Vermittlers“, die unbegreiflicherweise im Gewerkschaftsvorstand sitzen.

Derart kamen also die Nominierungen zur Betriebsratswahl zustande: Auf einer Versammlung, auf der schätzungsweise 5 % der örtlichen Mitgliedschaft anwesend waren, wurde festgelegt, daß es für die meisten Posten, die besetzt werden mußten, keine Konkurrenz geben würde. Auch bei einer regen Wahlbeteiligung könnten die einfachen Gewerkschaftsmitglieder im nächsten Monat doch nur über die Namen abstimmen, die ihnen per Stimmzettel vorgesetzt wurden. Das spiegelt handgreiflich wieder, wie wenig die Arbeiter mit ihrer eigenen Gewerkschaft zu tun hatten. Tommie z. B. würde – wenn man mich nicht zur Wahl zuließe – nur aufgrund *einer* Nominierungsstimme (der von Marbles) unser neuer Betriebsratsvertreter werden.

Ich wartete nun auf die Nachricht, ob ich als Kandidat anerkannt wurde oder nicht. Angeblich sollte diese Entscheidung innerhalb der nächsten fünf Tage gefällt werden. Währenddessen wurde mir klar, daß ich immer noch nicht wußte, wie ich gegen die zu erwartende Erklärung meiner Unwählbarkeit Berufung einlegen konnte. Am Dienstag hatte ich außer wilden Gerüchten noch nichts erfahren. Ohne große Hoffnung wandte ich mich an Tank, um ihm immerhin unter die Nase zu reiben, daß ich mich nicht widerstandslos ablehnen lassen würde. Er hielt mir nochmals den gewerkschaftlichen Kompetenzwirrwarr vor, daß der örtliche Vorstand bezüglich der erforderlichen einjährigen Mitgliedschaft keinen Beschluß fassen könne und daß ich mich mit meinen Beschwerden an die nationale Zentrale in Washington zu wenden hätte. Ich bluffte: „Wenn ihr meine Beschwerde abschlagt, dann gehe ich hin und lasse eure Wählbarkeitskriterien überprüfen!“ Wie nicht anders zu erwarten, ließen diese Aussichten Tank kolossal gleichgültig. Zweifellos im klaren über den Aufwand an Zeit und Energie, den ich für diese Herausforderung aufbringen müßte, und über die geringe Erfolgschance, antwortete er leichthin: „Das ist dein gutes Recht.“

Ich dachte wirklich noch ernsthaft daran, die Beschwerde durchzuziehen, und überlegte, wie ich das anstellen sollte. Zumindest die Versammlungsklausel war ziemlich anfechtbar, denn sie schloß praktisch die große Mehrheit der Gewerkschaftsmitglieder von allen Ämtern aus. Außerdem war das Gewerkschaftshaus, in dem die Versammlungen stattfanden, so weit von unserem Betrieb und den üblichen Wohngegenden der Kollegen entfernt, daß die Bedeutung der Stimmen, die sich die Funktionäre zugute halten konnten, nachhaltig eingeschränkt wurde.

Während ich noch hin und her überlegte, passierten ein paar widersprüchliche Geschichten. Einerseits fragten mich mehrere Arbeiter aus anderen Abteilungen anteilnehmend, wie es denn mit meiner Kandidatur stünde. Eine Gruppe älterer weißer, einfacher Gewerkschaftsmitglieder erneuerte ihre Zusage, daß sie bei einer späteren Wahl dazu beitragen wollte, mich zum Gewerkschaftspräsidenten zu machen. Andererseits pöbelten mich ein paar andere Arbeiter wegen meiner Anstrengungen und wegen meines Engagements an. Ein weißer Werkschutzmann am Haupttor beschuldigte mich als „großen Agitator". Und ein junger weißer Arbeiter, der wie ein Hippie aussah, sagte mir, er hätte von einem älteren Kollegen gehört, daß ich Kommunist wäre und nun bald wieder abhauen würde, weil die Arbeiter den neuen Tarifvertrag angenommen und nicht gestreikt hätten. Er war auch deshalb mißtrauisch, weil ich „zu intelligent für einen Handlanger" wäre. Da gab ich ihm recht und versuchte ihn damit zu beruhigen, daß ich schon weiterkommen, aber erst einmal auf mein Zwischenzeugnis warten wollte, um für einen Antrag irgendetwas in der Hand zu haben.

Eine Woche verging. Am folgenden Montag war ich immer noch nicht förmlich vom Stand der Dinge unterrichtet worden. Ohne einen formellen Bescheid konnte ich auch keine formelle Beschwerde einlegen. Ich begann mich zu fragen, ob die Gewerkschaftsführung einfach ineffizient war oder ob sie versuchte, mich hinzuhalten. Es wurde Mittwoch – keine Nachricht. Ich fühlte mich zunehmend niedergeschlagen und war schon drauf und dran, die erwartete Entscheidung einfach hinzunehmen. Aber an diesem Vormittag passierte etwas, das mich augenblicklich wieder aufrüttelte. Da machte mir nämlich eine schwarze Arbeiterin mittleren Alters, von der ich sehr viel hielt, Komplimente: Sie hätte sich gestern mit einer Kollegin aus ihrer Abteilung, die eigentlich nicht besonders fortschrittlich wäre, unterhalten; und dabei hätten beide übereinstimmend festgestellt: „Wir kriegen niemanden dazu, gegen Tank als Präsidenten anzutreten – außer vielleicht diesem neuen Müllkutscher. Der hat alles drauf. Der weiß, wann's losgeht und wann man wieder aufhören muß." Ich schätzte es ungemein, so geschätzt zu werden, was ich ihr auch gestand. Aber diese Wahl um den Gewerkschaftsvorsitz sollte erst in zwei Jahren stattfinden, und ich wies darauf hin, daß ich zunächst mal Vertrauensmann oder Betriebsratsvertreter werden müßte, um meine Erfahrungen mit der Organisation zu sammeln. Worauf sie antwortete: „Dann häng' dich da rein. Wir brauchen dich." Ich beschloß, es weiterhin zu versuchen.

Kurz danach stieß ich in der Kantine auf Tank und fragte ihn, wann ich nun endlich meine Benachrichtigung bekäme. Er sagte, ich würde im Laufe der Woche noch einen Brief kriegen, und darin könnte ich dann nachlesen, daß man mich „wegen Nichterfüllung beider Kriterien" nicht zur Kandidatur zuließe. Als ein Tag nach dem anderen verstrich, kam es mir zusehends unwahrscheinlicher vor, daß ich mich auch bei einer erfolgreichen Beschwerde noch an den Wahlen (8. Dezember!) beteiligen könnte. Folglich trockneten diese Verzögerungen – was immer auch ihre Gründe waren – meinen Elan zum Widerstand aus.

Dienstag, 26. November: immer noch keine Benachrichtigung. Auf die Fragen meiner Kollegen, was denn nun los wäre mit meiner Kandidatur, konnte ich nur mit den Schultern zucken. Am Mittwochmorgen behauptete Tank, der Brief wäre als Einschreiben längst losgeschickt worden. Als ich nicht locker ließ, händigte er mir mittags eine Kopie aus. Und abends fand ich zu Hause im Briefkasten das Einschreiben vor.

Ich war nicht der einzige, der nicht zur Kandidatur zugelassen worden war. Eine bereits nominierte Reformerin scheiterte an der Versammlungsklausel. Ich fragte sie – in der Hoffnung, mich mit ihr zusammentun zu können –, ob sie vorhätte, gegen diese Entscheidung anzugehen. Wenn überhaupt, dann mußten wir jetzt sofort handeln, um diese doppelte Ochsentour bei der Gewerkschaft und beim Arbeitsministerium noch fristgerecht absolvieren zu können. Aber sie zögerte, und auch die Leute, mit denen ich mich regelmäßig unterhielt, unterstützten mich nicht sonderlich. Am Donnerstag, dem 5. Dezember, entschloß ich mich dann, die Entscheidung zu akzeptieren. Ich hatte meine Lektion gelernt: Realismus und Resignation.

Mehr als an meinem Fall waren die aktiveren Kollegen verständlicherweise an den beiden bevorstehenden Wettkämpfen zwischen reformistischen Kandidaten und konservativen Amtsinhabern interessiert. In beiden Abteilungen war die entscheidende Frage, ob die Kandidaten genügend Leute dazu überreden könnten, die Wahlversammlung zu besuchen und dort für sie abzustimmen. Marbles sagte voraus, daß die jetzigen Amtsinhaber beide wiedergewählt werden würden. Allerdings gab er zu, daß der bisherige Betriebsratsvertreter der Inspektionsabteilung die Wahl gegen Joanne verlieren würde, wenn – ja, wenn die Wahl im Betrieb stattfände, wo alle Arbeiter anwesend sind. „Aber Joannes Leute werden nicht auf die Versammlung kommen“, prophezeite er.

Wie nicht anders zu erwarten, war die Wahlbeteiligung am Sonntag nur gering. Einer der reformistischen Kandidaten, der sich in einer Abteilung von annähernd 300 Arbeitern bewarb, verlor mit 20 gegen 7 Stimmen. Joanne verlor mit 23 zu 11 (sie focht danach die Wahl an, blieb aber erfolglos). Und die Wahl für den „Bevollmächtigten“, bei der alle Abteilungen abstimmen konnten, wurde 99 zu 45 entschieden, wobei der Sohn des örtlichen Vorstandssekretärs – ein junger Speichellecker mit kaum anderen bemerkenswerten Qualifikationen – ebenfalls einen reformistischen Konkurrenten schlug.

Diese Resultate bestätigten zwei Schlußfolgerungen, die ich bereits früher angedeutet habe. Erstens ist es sehr schwer, die etablierte Gewerkschaftsführung an der Wahlurne zu schlagen. Zweitens sind die Wahlen für die überwältigende Mehrheit der Gewerkschaftsmitglieder von nur geringem Interesse. Nur 5 % der Mitgliederschaft rafften sich auf, um an den Nominierungen teilzunehmen – und kaum mehr als 10 % stimmten dann ab. Die Kandidaten, die „viele" Stimmen einheimsten, wurden tatsächlich auch nur beiläufig unterstützt: von vielleicht 7–8 % aller Mitglieder. Soviel zur Legitimität der Wahlen.

Als die Wahlen vorüber waren, mußten nur noch die Posten der Vertrauensleute besetzt werden. Noch schien in meiner Abteilung niemand außer mir erpicht darauf oder auch nur bereit dazu zu sein. Tommie, unser frisch gewählter Betriebsratsvertreter, sollte erst ab Januar sein neues Amt antreten und ließ verlauten, daß er sich vorher keinen Vertrauensmann aussuchen würde. Meine eigenen Aussichten dabei sahen nicht rosig aus. Tommie stand noch treuer zur Firma als Marbles – eine Einschätzung, die übrigens von Marbles selber kam. Und der schwarze Vorarbeiter, der ironischerweise von Tommie zum Vertrauensmann auserkoren wurde, nachdem ich entlassen worden war, meinte über ihn: „Der würde seine eigene Mutter verraten." Tommie war ein geschickter Elektriker und der Firma derart sympathisch, daß sie ihn schon vor langer Zeit zum Meister gemacht hatte. Trotzdem hielt sich das Gerücht, die Firma hätte ihn mehrere Male übergangen zugunsten von Leuten, die neu eingestellt worden waren, weil er „nicht gut mit Menschen umgehen kann". Das war also nun unser neuer Betriebsratsvertreter. Und obwohl ich Vertrauensmann werden wollte, hatte ich nicht den besonderen Wunsch, ausgerechnet mit ihm zusammenzuarbeiten.

Dieser Unlust leistete Marbles von einer anderen Warte aus Vorschub. Er hatte Tommie nämlich geraten: „Du mußt vor allem jemanden ernennen, mit dem du gut zusammenarbeiten kannst." Im Klartext sollte das wohl heißen: Verschaff' dir einen Vertrauensmann, der keine unabhängige Basis hat, der nicht von den Kollegen unterstützt wird, von dem es nicht zu erwarten ist, daß er unabhängig handelt. Kurz: Ernenne jemanden, der so ist wie du selber – verläßlich und nachgiebig. Und mir sagte Marbles, Tommie hätte offensichtlich Angst vor mir; ich sollte ihm am besten beteuern, daß ich als sein Vertrauensmann „mit ihm am selben Strang ziehen" würde. Hätte ich bei Tommie Erfolg, dann würde sich der Vorstand meiner Ernennung wohl kaum widersetzen. „Und wenn schon", schloß Marbles, „du wirst im nächsten Jahr sowieso in den Betriebsrat gewählt. Die Männer finden dich jetzt schon gut.“ Das klang ja nicht schlecht, brachte mir aber den Job nicht näher. Ich mußte halt darauf warten, bis Tommie etwas unternehmen würde.

Mitte Januar, ohne weitere Vorankündigungen, stellte sich heraus, daß Tommie in der Tat etwas unternommen hatte. Da spazierte eines Tages ein Kollege aus unserer Abteilung in die Kantine und trug plötzlich das Abzeichen des Vertrauensmanns. Dieser Kollege war ein Weißer, war mittleren Alters, ganz angenehm, aber nicht sonderlich respektiert und häufig die Zielscheibe freundschaftlicher Späße. Die Arbeiter waren verblüfft über die offensichtliche Ernennung und zogen über Tommie her, selbst die gewöhnlich loyalen Elektriker. Einer der Tischler schrie: „Tommie, du bist ein verdammter Idiot!“ Und der Vorarbeiter, der dann anschließend zum Vertrauensmann ernannt wurde, wollte sogar eine Petition aufsetzen: „Ich lasse mich doch von diesen beiden Dummköpfen nicht vertreten!“ Dem armen Mann mit dem Abzeichen sagte ein schwarzer Freund von mir: „Hör mal, ich kann dich ja persönlich ganz gut leiden, aber zum Vertrauensmann will ich lieber Ric haben.“

Mit gemischten Gefühlen und entgegen meiner besseren Einsicht ging ich direkt auf Tommie zu und fragte ihn, ob er den Kollegen wirklich zum Vertrauensmann gemacht hätte. Wie nicht anders zu erwarten, wich er aus. Zuerst sagte er, das wäre ein Spaß; der Mann hätte unbedingt einen Tag lang das Abzeichen tragen wollen, und er hätte ihn gelassen. Dann änderte er seinen Standpunkt: „Du weißt doch – es dauert immer ein bis zwei Wochen, bis alle Leute mit so einer Ernennung zufrieden sind.“ „Also hast du ihn ernannt!“, hakte ich nach, „Die meisten von uns finden das nicht sehr komisch.“

Wir waren fast geschlossen dagegen, bloß glaubten die meisten nach wie vor an einen dummen Witz von Tommie. Ich sah das eher so: Tommie wollte einfach mal ausprobieren, ob er damit durchkommen würde. Er hatte wenig Mut, da brauchte er jemanden, den er leicht kontrollieren konnte, aber gleichzeitig schreckte er ganz bestimmt davor zurück, mit seiner Ernennung anzuecken. Deshalb bedrängte ich meine Kollegen, sie müßten Tommies Wahl ernst nehmen und sich ihr widersetzen. Andernfalls müßten sie sich mit diesem Mann abfinden, denn einen anfänglichen Sturm im Wasserglas würde Tommie bestimmt überstehen.

Am nächsten Tag stellten mehrere Kollegen den Mann mit dem Abzeichen zur Rede, und der bestritt nun rundherum, daß die ganze Sache ein Spaß gewesen wäre. „Tommie“, sagte er, „hat mir den Posten mehrmals angeboten. Ich wollte gar nicht, aber er hat von mir verlangt, ihn anzunehmen.“ Als Marbles von dem Vorfall erfuhr, wollte er es erst gar nicht glauben. Er hielt Tommies Wahl schlicht für „eine Katastrophe", selbst der Vorstand würde das wahrscheinlich nicht billigen. „Aber wen kann denn Tommie sonst ernennen?", fragte ich Marbles, „Wer ist ihm denn sonst zuverlässig genug?" Marbles zählte die Elektriker und die Tischler auf, aber ich wußte, daß Tommie bereits mehrere von ihnen gefragt hatte und bei allen abgeblitzt war. Wenn Tommie mich nicht nehmen wollte, dann brauchte er wenigstens einen Ersatzmann. „Er kann nicht jemanden mit niemandem schlagen", dachte ich damals.

Und wirklich gab es immer wieder Kollegen, die Tommie vorschlugen, mich zu ernennen. Ein Mechaniker fragte ganz direkt: „Warum gibst du den Job nicht dem einzigen Mann, der ihn wirklich will?" Woraufhin Tommie zurückschoß: „Ich bin hier der einzige, der auswählt, der irgendetwas will – nicht Ric." Er hatte lange Zeit auf seine Chance gewartet, jetzt wollte er sich nicht mehr reinreden lassen. Ich entschloß mich, es noch einmal zu versuchen. Als ich ihn auf dem Weg in die Kantine traf, redete ich beruhigend auf ihn ein: „Ich verstehe ja, daß ich nicht deine erste Wahl bin. Ist auch deine Sache. Aber ich bin noch interessiert an dem Job. Wenn du mich ernennst, würden die Männer das ganz sicher gut finden. Und ich würde auch bestimmt gut mit dir zusammenarbeiten." Das letzte war ziemlich geschwindelt. Tommie hörte sich alles mit unbewegtem Gesicht an.

Um die ganze Geschichte zu komplizieren, hing ich von Tommie noch in anderer Hinsicht ab. Ich brauchte so langsam mein längst überfälliges Zwischenzeugnis, bevor ich meine Höherstufung in einen anderen Job beantragen konnte. Tommie war dabei mein zuständiger Gewerkschaftsvertreter, dessen Hilfe ich brauchte, um das Zeugnis vom Management loszueisen. Ende Januar erzählte ich ihm davon. Er wollte daraufhin sofort bei Ron vorstellig werden, dem Abteilungsleiter. Tatsächlich ging er aber nur zum Vorstandssekretär unserer Gewerkschaft, wie ich später von dem selber erfuhr. Am folgenden Morgen teilte mir Tommie jedoch in der Frühstückspause mit, als hätte er mit einem Sachbearbeiter der Personalabteilung gesprochen: „Du hast gar keinen Anspruch auf ein Zwischenzeugnis. Hast du denn deinen Arbeitsvertrag nicht gelesen? Da steht nichts drüber drin." Als ich zugab, den Vertrag nicht genau zu kennen, erklärte er mir, daß Zwischenzeugnisse „in das Belieben des Managements gestellt" wären. Das war eine falsche Auskunft. Aber Tommie fügte unbeirrt hinzu: „Solange du keine Klagen hörst, hältst du dich am besten ganz still beiseite." Unglaublich! Das war der allzu typische Rat unseres Gewerkschaftsvertreters.

Auch wenn ich damals noch nicht wußte, daß Tommie mir eine

falsche Auskunft gegeben hatte, so kam mir doch die ganze Episode nicht ganz geheuer vor. Deshalb ging ich gegen Ende der Pause noch einmal rüber an den Tisch, an dem Tommie mit ein paar Kollegen saß, und sprach ihn abermals auf die Zwischenzeugnisse an. Nach einigem Hin und Her wurde Tommie etwas kleinlauter, bis er sich endlich unaufgefordert dazu durchrang, mit mir gemeinsam zu Sam, meinem Meister, zu gehen. Als die Pause um war, stand er schnell auf und verließ kommentarlos die Kantine. Seine sitzengebliebenen Kollegen drängten mich, hinter ihm herzulaufen, um mich zu vergewissern, ob er jetzt auch wirklich zu Sam ging. Ich folgte ihm also, und gemeinsam kamen wir in Sams Büro an. Sam war nicht da. Wir warteten zehn Minuten. Gerade als Tommie meinte, daß wir es besser am Nachmittag noch einmal versuchen sollten, tauchte Sam endlich auf. Tommie erkundigte sich dann bei ihm, ob es irgendeine Vorschrift über regelmäßige Zwischenzeugnisse gäbe. Ich war sprachlos – ein Gewerkschaftsfunktionär, der gerade die Rechte eines Arbeiters vertreten sollte, *fragte* den Vertreter der Firmeninteressen, welche Rechte den Arbeitern laut Betriebsvorschriften eigentlich zuständen! Natürlich sagte Sam: „Nein, da gibt es keine Vorschrift." Tommie war's zufrieden und meinte nur, daß ich aber an einem Zwischenzeugnis interessiert wäre. Sam erwiderte, er wäre mit Arbeit überladen, versprach jedoch, das Zwischenzeugnis übers Wochenende auszustellen – woraufhin sich Tommie mir zuwandte und sagte: „Na, mehr kannst du nicht verlangen."

Auf dem Rückweg, nicht sonderlich zufrieden mit meinem kleinen Erfolg, hakte ich gleich nach und wollte offen von ihm wissen, ob er mich zum Vertrauensmann ernennen würde. Er wich aus; er brachte es offensichtlich nicht über sich, mich direkt abzulehnen. Er redete abermals darüber, daß er „die schnellen Jungs, die mal eben hier hereinschneien, nicht leiden" könnte, und über die „moralische Verpflichtung" dem Mann gegenüber, dem er zuerst das Abzeichen gegeben hatte. Das wäre der einzige gewesen, der ihn damals bei der Wahl im Gewerkschaftshaus unterstützt hätte. Aufgebracht erwiderte ich: „Der ist doch überhaupt nicht dabeigewesen, der hat doch meine Petition mit unterschrieben! Außerdem will er den Posten gar nicht und hat dir das Abzeichen längst zurückgegeben." Und dann kam es raus: Tommie war beleidigt und verärgert, weil ich ihn bei der Betriebsratswahl herausgefordert hatte. Es kam ihm wohl so vor, als hätte ich seinen Sieg besudelt: „Ich mache den ganzen Dreck hier jetzt seit 25 Jahren – und noch nie ist da einer hergekommen und hat verlangt, daß es bei einer Wahl mehrere Kandidaten geben muß!" „Die Zeiten ändern sich eben", antwortete ich, „du weigerst dich also, mich zu ernennen?“ Auch jetzt noch weigerte er sich, es so direkt abzulehnen, und redete unbestimmt von „Männern, die die Leute aufhetzen“. „Meinst du mich?“, fragte ich. Jetzt hatte er seinen mutigsten Moment: „Nun, bis du etwa kein Aufwiegler?“ Ich versuchte ihm klar zu machen, daß die Männer wegen ihrer Jobs schon aufgebracht genug wären und es kaum nötig hätten, aufgewiegelt zu werden. Ich behielt besser für mich, daß das nur eine halbe Wahrheit war. Während wir weiterstritten, kapierte ich allmählich, daß Tommie, wie viele amerikanische Politiker, seinen Posten als Privateigentum ansah. Er sagte: „Ich weiß, daß ich im Betriebsrat von den Managern angeschossen werde. Aber deshalb brauchen mich doch die Kollegen nicht gleich auch noch anzuschießen.“ Und ich sagte: „Du bist aber von ihnen gewählt worden, um sie zu vertreten. Das gibt ihnen das Recht, dich zu kritisieren. Marbles ist auch die ganze Zeit kritisiert worden, bloß konnte er damit umgehen.“ Tommie versuchte nun zunehmend, sich von mir loszureißen. In einer letzten, zwecklosen Anstrengung, ihn meiner Loyalität zu versichern, bot ich ihm an, nach sechs Monaten freiwillig zurückzutreten, wenn er bis dahin unzufrieden mit meiner Arbeit wäre. Tommie war nicht so leichtgläubig, als daß ich ihn damit überzeugt hätte, und er hütete sich, sich festzulegen: „Ich laß’ mir das mal durch den Kopf gehen.“ Ich schlug ihm dann vor, mir am nächsten Freitag Bescheid zu sagen. Unerwarteterweise willigte er ein. Als wir uns trennten, war ich mir selber zuwider wegen meiner Versuche, mich einem solch saftlosen, ausweichenden und hinterhältigen Speichellecker als akzeptabel hinzustellen.

Am folgenden Dienstagmittag bekam ich von Sam ein Zwischenzeugnis, das sich ganz günstig und vielversprechend anhörte. Drei Stunden später wurde ich von demselben Sam davon in Kenntnis gesetzt, daß man mich am Freitag entlassen würde. Am Mittwoch kam Tommie vorbei und sagte: „Letzte Woche, als wir miteinander geredet haben, habe ich von deiner Entlassung wirklich noch nichts gewußt.“ „Schon möglich, Tommie“, antwortete ich verbittert, „aber sicher bin ich mir nicht. Genausowenig wie die anderen Kollegen habe ich einen Grund, das, was du sagst, für bare Münze zu nehmen. Wir sind dir gegenüber alle mißtrauisch – weil du uns nicht die Wahrheit erzählst, weil du die ganze Zeit über Ron in den Arsch kriechst, weil du Angst hast, dich durchzusetzen.“ Tommie bemühte sich nicht einmal, meine Anschuldigungen abzustreiten. Statt dessen gab er bezeichnenderweise den folgenden Satz von sich, sorgfältig und effektvoll artikuliert: „Ich habe schon vor langer Zeit gelernt, daß der erste Typ, der das Boot zum Schaukeln bringt, auch der erste ist, der rausgeschmissen wird.“ Natürlich: Tommie überlebt – als einzelner und für sich.

Soviel über meine fruchtlosen Anstrengungen, einen Gewerkschaftsposten zu bekommen, und über das Verfahren der Gewerkschaftswahlen, das weitgehend für Funktionäre sorgt, die nicht für die Arbeiterinteressen kämpfen. Sogar in solch einer überschaubaren und interessensgleichen politischen Einheit wie der Ortsgruppe 1.784 erwies sich die liberale Demokratie in erster Linie als ein Mittel zur Bewahrung des Status quo. Ohne das deutlich zu machen, tragen die scheinbar „demokratischen" Institutionen und Satzungen dazu bei, daß das Gewerkschafts-Establishment seine Macht und Amtsgewalt verteidigen kann. Die Gewerkschaft ist heute so wie eh und je ein verschanzter und schwerfälliger Apparat, gleichzeitig Gegenstand eines weitverbreiteten Zynismus, der unter Umständen an Fatalismus grenzt – und verkörpert doch irgendwie die Bedürfnisse und Hoffnungen der Arbeiter sowie deren Legitimität. Gerade deswegen scheint aber die Gewerkschaft die Arbeiter eher zu demoralisieren und zu frustrieren, als daß sie sie dazu ermutigen würde, ihre Arbeit und ihre Lebenswelt selbst zu kontrollieren und zu bestimmen.

Die Fabrikversion der liberalen Herrschaft war für mich damit zu Ende. Für die anderen Männer und Frauen im Betrieb gehen Arbeit und Leben weiter – wie zuvor, bis zu diesem Augenblick.

Schlußfolgerungen: Liberalismus und Diktatur

„Gino's gives you freedom of choice."
Slogan einer Schnellimbiß-Kette zur
200-Jahr-Feier der USA, 1976

Wir stellen uns das Leben in den USA gewöhnlich als zutiefst human und „liberal" vor. Aber die vorherrschende Fabrikwirklichkeit ist weder human noch „liberal", zumindest nicht im gängigen Wortsinn.* Das Arbeitsleben ist inhuman, und es ist „liberal" nur in einem anderen Sinn, in welchem der Liberalismus erst noch verstanden werden muß – nämlich als die eine Seite der kapitalistischen Medaille, deren andere die Diktatur ist.

Im Liberalismus gipfeln Ideologie und Mythologie der amerikanischen Gesellschaft. Liberale Ideologie gründet sich auf Individualismus, Konkurrenz, Privatbesitz an Produktionsmitteln, formellen wirtschaftlichen und politischen Freiheiten, Rechtssicherheit, verbrieften Grundrechten, nomineller Chancengleichheit und formeller Demokratie. Liberale Ideologie verlangt danach, diese Ideale als die höchsten menschlichen Werte anzuerkennen und sich auf sie zu verpflichten. Liberale Mythologie macht geltend, daß diese Ideale in unserer Gesellschaft tatsächlich praktiziert werden und deshalb zu unserem sozialen und individuellen Wohlergehen beitragen.

Die Wirklichkeit ist von der Ideologie und vom Mythos weitgehend unterschieden. Der Liberalismus ist notwendigerweise vom Kapitalismus großgezogen worden.** Und innerhalb des kapitalistischen Rahmens sorgen liberale Konzepte heute dafür, ein soziales

* Obwohl der Terminus „liberal" heute in den USA oft gebraucht wird, um gewisse Politiker von anderen zu unterscheiden, die dann entweder als „konservativ" oder „gemäßigt" gelten, beinhaltet dieser Terminus im breiteren Sinne doch alle Hauptströmungen der amerikanischen Politik. Sog. Konservative sind im großen und ganzen einfach Liberale aus dem Repertoire des 19. Jhs. Sog. Liberale sind die eigentlichen Liberalen des 20. Jhs. und des Wohlfahrtsstaates. Und sog. Gemäßigte sind Liberale, die beide Spielarten miteinander mischen. Für eine exzellente, liberale Diskussion amerikanischer Politik in diesem Sinn, s. Louis Hartz, *The Liberal Tradition in America* (Cambridge, Mass.: Harvard University Press, 1955).

** Die Beziehung zwischen Liberalismus und frühem Kapitalismus ist brilliant dargestellt in C. B. Pherson, *The Political Theory of Possessive Individualism* (London: Oxford University Press, 1962).

System zu legitimieren, das sicherlich einige positive Aspekte aufweist, das sich aber auf das soziale und individuelle Wohlergehen zerstörerisch auswirkt, und das nur unzureichend der Mehrheit seiner Mitglieder dient. Am deutlichsten wird das in den Fabriken. Dort stellt sich der Liberalismus tagtäglich als eine kaum verhüllte Klassenherrschaft dar; eine Klassenherrschaft, die – wenn auch subtiler – *alle* Lebensbereiche in den USA dominiert. In den Fabriken werden der Liberalismus und seine hochgepäppelten Werte zu heimtückischen Waffen in den Händen der Wenigen, die die Vielen auf Trab bringen – und sie deshalb aufspalten, durcheinanderschütteln, demoralisieren, hinhalten und befrieden müssen. So gesehen ist der Liberalismus nicht einfach eine Kollektion miteinander verbundener Ideale, die unsere Gesellschaft einzulösen versucht, wenn auch leider meistens vergeblich. Sondern so gesehen ist der Liberalismus ein Reservoir, aus dem Sozialisierung und Indoktrination geschöpft werden können, damit die Amerikaner, zumal die amerikanischen Arbeiter, die politische Ökonomie des Kapitalismus akzeptieren. Die liberalen Institutionen (damit meine ich Körperschaften *und* Verfahrensweisen) funktionieren dann als Mechanismen, mit denen die amerikanische Arbeiterklasse als Klasse auf dem ihr zugewiesenen Platz festgehalten werden soll.

Wenn es seltsam anmutet, das liberale Amerika als Diktatur zu beschreiben, wenn auch als die historisch höchstentwickelte Form der Diktatur, dann hängt das mit dem Einfluß zusammen, den der Liberalismus auf uns selber ausübt. Wir tendieren dahin, uns nur zwei Formen der Diktatur vorstellen zu können: persönlichkeitszentrierte Diktaturen, in denen eine Person offen, willkürlich und unvorhersehbar eine fast absolute Macht ausübt; und „totalitäre", monolithische Ein-Parteien-Diktaturen. Bei diesen beschränkten und selbstdienlichen Konzeptionen kann das liberale Amerika in all seiner konstitutionellen Pracht und Herrlichkeit kaum als Diktatur begriffen werden; und es ist in unserer eigenen Geschichtsschreibung auch immer als deren genauer Gegensatz begriffen worden.

Vor unserem mythologischen Hintergrund, in dem u. a. Gewaltenteilung, Wahlen, Verfassungsrechte und Gesetzlichkeit eine große Rolle spielen, müssen aber drei weitere Dinge angesprochen werden. Erstens: Unsere Vorstellung von Diktatur läuft einseitig auf sogenannte „öffentliche", „politische" Führer und Institutionen hinaus; „private" Wirtschaftsführer und Institutionen, die einen noch größeren Einfluß auf unser tägliches Leben haben, werden in der Regel ignoriert. Zweitens: Wir pflegen unser liebgewordenes Stereotyp von Diktatoren mit absoluter Macht und reiner Willkür und halten uns demgegenüber das Image Amerikas hoch, wo nicht Männer regieren, sondern Gesetze. Aber auch die Macht von Diktatoren ist immer eingeschränkt gewesen, sie brauchten wenigstens einen Apparat, auf den sie sich stützen konnten, und mußten alle möglichen Faktoren in Rechnung stellen. Und drittens: Diktaturen zeichnen sich gar nicht so sehr durch Willkür und persönliche Machtausübung aus, sondern vielmehr dadurch, daß die Mehrheit der Menschen nicht über ihr eigenes Leben bestimmen kann. Dort werden ihnen die Lebensbedingungen „diktiert".

Unsere liberalen Vorstellungen von Diktatur müssen also revidiert werden. Wir müssen schon dann von Diktatur sprechen, wenn eine viel größere Gruppe von Menschen in der Gesellschaft Gewalt ausübt, wenn z. B. eine Klasse über eine andere herrscht. Und das ist tatsächlich über die meisten Zeiträume unserer Geschichtsschreibung hindurch der Fall gewesen. Gewaltherrschaft kann durch komplexe Institutionen, kann viel diffuser und subtiler ausgeübt werden, als wir es uns mit unseren konventionellen Versionen von Diktatur zugestehen. In dem Maße, in dem die Gesellschaften komplexer und „rationaler" geworden sind, sind auch die Formen der Diktatur komplexer und „rationaler" geworden. Unkalkulierbarkeit, Unberechenbarkeit und Unvorhersagbarkeit mußten eingeschränkt werden. Dazu bedurfte es formeller Institutionen, die der Mehrheit des Volkes Selbstbestimmungsrechte zu garantieren scheinen, in Wirklichkeit aber nur die Konturen der Diktatur bemänteln und abmildern. Das gilt insbesondere für den Bereich, der für den Kapitalismus am kritischsten ist, nämlich für das Reich gesellschaftlicher Produktion zugunsten privaten Profits. Hier bleibt die kapitalistische Diktatur gravierend und schlimm, hier bleibt sie beobachtbar, sofern man nicht krampfhaft die Augen schließt.

Angesichts fortgesetzter Gewaltherrschaft in unserer Gesellschaft spielt der Liberalismus eine kaum zu überschätzende Rolle. Nicht nur, daß er die bestehenden Institutionen legitimiert und die Menschen entsprechend sozialisiert: Er stellt den Kapitalismus mit all seinen materiellen und nichtmateriellen Aspekten als derart unumgänglich hin, daß wir uns gar kein anderes System mehr vorstellen können. Die Sichtweise von der Welt und der menschlichen Natur, die uns eingeimpft wird, läßt es uns nicht mehr für möglich halten, daß zum bürgerlich-demokratischen Kapitalismus irgendeine vertretbare Alternative existieren könnte. D. h., die Menschen sind nur so, wie wir sie erleben und erfahren – sie können gar nicht anders sein, sie sind „natürlich" für eine Lebensweise der Kooperativen, der Partizipation und der egalitären Gesellschaft schlecht geeignet. Und wer etwas anderes behauptet, ist eben naiv.

Da müssen die Gesellschaften, die sich als sozialistisch ausgeben, zum Beweis der Naivität herhalten. Sie werden als „wirkliche Diktaturen“ hingestellt, als Systeme, wo die Rechte, derer wir uns erfreuen, mit Füßen getreten werden. So läßt sich demagogisch der Traum von einer alternativen Gesellschaftsordnung dingfest machen und in einen Alptraum überführen. Diese Argumentation mündet dann in dem minimalistischen Standpunkt, den Churchill sinngemäß einmal so umrissen hat: Wenn unsere Gesellschaft auch nicht die beste aller denkbaren Welten ist, so ist sie doch tatsächlich die am wenigsten schlechte, und deshalb die beste mögliche.

Wenn also der Liberalismus gar nicht darauf angelegt ist, die kapitalistische Diktatur aus der Welt zu schaffen, sondern genau im Gegenteil, sie in dieser Welt zu etablieren, dann sind die Illusionen, die er in uns erzeugt, sein eigentliches Metier. Eine dieser Illusionen ist die der Wahlfreiheit. Realiter erstreckt sich unsere Wahlfreiheit nur auf die Alternative zwischen dem einen oder dem anderen miesen Job. Oder sie erstreckt sich auf die Qual der Wahl zwischen einem Modell von Ford und einem von Chevrolet – ohne daß wir uns ein Auto kaufen könnten, das wirklich billig, sicher, dauerhaft, komfortabel, zuverlässig und wirtschaftlich ist. Der Illusion der Wahlfreiheit steht daher nur eine triviale Wirklichkeit gegenüber, aber gerade deswegen erfüllt sie eine doppelte Schuldigkeit. Einerseits reduziert sie das Gefühl, ohne Entrinnen an einem verlorenen Spiel teilzunehmen, einem Spiel, das keine Hoffnung und keine Aussicht auf Befriedigung bietet. Solange wir noch glauben, eine freie Wahl zu haben, glauben wir auch, uns ein besseres Leben machen zu können. Andererseits produziert die Illusion der Wahlfreiheit (in Kombination mit dem ebenfalls hohlen Postulat des Individualismus) bei der großen Mehrheit der Arbeiter Gefühle der Selbstschuld. Sie haben es eben „zu nichts gebracht“, und sie müssen sich für dieses Versagen selber beschuldigen. Denn ein soziales System, in dem angeblich jeder seines eigenen Glückes Schmied ist, das den Erfolg belohnt und das so tut, als habe es jedermann generös mit allen denkbaren Chancen ausstaffiert – ein solches System kann einfach nicht fundamental falsch sein.

Für die meisten Amerikaner steht die Wirklichkeit quer zu diesen Illusionen – und wenn sie dennoch so verbissen an ihnen festhalten, dann ist das nur ein beredtes Zeugnis für die Tragweite, mit der sich Indoktrinationen in Menschen verankern können. Die meisten der amerikanischen Beschäftigten, mehrere Zehnmillionen, sind ungelernte oder angelernte Blue- und White-Collar-Workers. Selbst nach konventionellen Standards sind ihre Jobauswahlmöglichkeiten begrenzt. Und wenn man dann noch solche Kriterien wie Entfaltung, Mit- oder Selbstbestimmung, Sinnhaftigkeit hinzunimmt, dann gibt sich die proklamierte Wahlfreiheit praktisch als bestenfalls halber Selbstbetrug preis. Es ist eine empirische Tatsache, daß sich Arbeiter – nach einer relativ frühen Periode ihres Arbeitslebens – im allgemeinen nicht mehr auf qualitativ lohnendere Jobs verändern und sich eben nicht mehr verbessern können. Von den Jobs, die gemeinhin als erstrebenswert gelten, bleiben sie in der Regel weit entfernt. Versuchen sie trotzdem, ihrem „Klassenschicksal" zu entrinnen, indem sie z. B. eines Aufstiegs wegen häufig und freiwillig ihren Arbeitsplatz wechseln, dann müssen sie mit der Zeit eine besondere Buße zahlen. Die Wahrscheinlichkeit, auch nur noch einen gleichwertigen Job zu finden, wird immer geringer, weil die Unternehmer keine „unzuverlässigen" Arbeiter schätzen und, in engen Grenzen, nur „Standhaftigkeit" honorieren. Firmentreue gilt als Tugend, die mit dem tarifvertraglich abgesicherten Senioritätsprinzip kodifiziert worden ist. Mit der Dauer der Betriebszugehörigkeit wachsen auch relativer Kündigungsschutz (first hired – last fired), Betriebsrenten, Aussichten auf Höherstufungen und bestimmte Vergünstigungen. Damit sind auch schon die individuellen Aufstiegsmöglichkeiten erschöpft.

Und trotzdem bleibt die Illusion allgemeiner freier Wahl aufrechterhalten. Je nach Biografie und Persönlichkeitsstruktur neigen die Arbeiter demgegenüber zu einem von drei dominanten Reaktionsmustern. Entweder hoffen sie weiterhin auf konventionelle Verbesserungen; oder sie reagieren eskapistisch (ergeben sich z. B. dem Alkohol, dem Fernsehen, der Religiosität, dem Konsumerismus); oder aber sie resignieren wegen eines Mißerfolgs, dessen Gründe sie bei sich selber suchen und dessen „Schuld" sie sich selber anlasten. Keines dieser drei Reaktionsmuster trägt natürlich dazu bei, das System zu ändern, aber jedes erfüllt den mildtätigen Zweck, daß die Arbeiter sich der harten Erkenntnis nicht auszusetzen brauchen, wie abhängig sie von „ihrer" Firma sind. So kann man weiterhin verbal seine eigene Unabhängigkeit beteuern und so reden wie einer meiner ehemaligen Kollegen, der mir sagte: „Ich brauche diesen Job nicht. Ich bin 35 Jahre lang ohne ihn ausgekommen, und das kann ich auch wieder tun." Behauptungen ändern jedoch keine Tatsachen. Und eine Tatsache des Arbeitsalltags ist, daß die Arbeiter die Macht der Unternehmen verhaltenspraktisch anerkennen und deren Ansprüchen gefügig sind, auch wenn sie schulterzuckend (sich selber) davon ablenken wollen, mit Sätzen wie: „Es ist halt nur ein Job", oder: „Ich muß halt meine Zeit rumkriegen."

Wenn ihnen unterschwellig klar ist, daß es zu ihrem gegenwärtigen Arbeitsleben keine Alternativen gibt, und wenn ihnen erst recht die Phantasie genommen worden ist, sich ein alternatives Gesellschaftssystem vorzustellen, dann können sich die Arbeiter manchmal sogar und paradoxerweise als „zufrieden“ mit ihrem Job beschreiben. Befriedigung ist relativ und unabdingbar an verfügbare oder auch nur denkbare Alternativen gekoppelt. Insofern ist es nicht überraschend, daß sich Arbeiter, die in Wirklichkeit durch ihre Passivität oder ihren Eskapismus eine tiefe Unzufriedenheit ausdrücken, als dennoch „zufrieden“ ausgeben.

Wir brauchen uns gar nicht bei der Frage aufzuhalten, ob die herrschende Klasse Amerikas diese geschilderten Syndrome des durchschnittlichen Arbeiterbewußtseins konspirativ ausgeheckt und initiiert hat. Es genügt festzustellen, daß ihr vom Effekt her kaum etwas dienlicher sein könnte. Mit und in ihrer Passivität akzeptieren die Arbeiter de facto das vorgesetzte Produktionsregime mit all seinen Antagonismen. Die daraus resultierenden Frustrationen, ihre erlittenen Demütigungen und ihren extremen Widerwillen gegenüber dem Job sowie dem gesamten Arbeitsleben, münzen die Arbeiter in *ein* vorherrschendes Wunschziel um, nämlich „so schnell wie möglich aus dieser gottverdammten Fabrik rauszukommen“. Gleichviel, ob es sich dabei wirklich um die Fabrik, oder auch z. B. das Kaufhaus oder das Büro handelt: Unwissentlich, aber eifrig geben die Arbeiter den einzigen Bereich der amerikanischen Gesellschaft auf, wo sie die Möglichkeit zur eigenen Macht haben.

Darüber hinaus verhalten sich die meisten Arbeiter bei ihrem Job so, als wären sie desinteressiert an den Rechten und Freiheiten, die der Liberalismus angeblich hegt und pflegt und schützt. Dahinter steht natürlich die Angst, den Job zu verlieren; und dahinter steht auch die richtige, wenn auch meist unterschwellige Empfindung, daß sich die Ansprüche der Unternehmer und die eigene Inanspruchnahme liberaler Postulate ab einem gewissen Punkt widersprechen. Eher weichen die Arbeiter auf liberale Illusionen aus, die sich umstandslos mit den Unternehmensinteressen in Einklang bringen lassen, was dann zu seltsamen Resultaten führen kann. So kämpfen sie z. B. für die vertraglich abgesicherte Möglichkeit, freiwillig Überstunden machen zu dürfen – als ob mit formellen Garantien der Wahlfreiheit die Überstunden, die aus Gründen der Auftragslage und/oder des eigenen Lebensunterhalts ohnehin abgeleistet werden müssen, leichter zu ertragen wären. Die Arbeiter reden also nicht davon, welche Umstände sie zu Überstunden nötigen; was zählt, ist die formelle liberale Freiheit, sie ableisten zu dürfen (wovon in der Regel auch ein überwältigender Gebrauch gemacht wird). *Durch den Zwangscharakter ihrer praktischen Voraussetzungen schrumpfen die liberalen Freiheiten bis hin zur formellen Bedeutungslosigkeit.*

Das gilt auch für die Redefreiheit, die Organisationsfreiheit und das Streikrecht. Solange ein Arbeiter privat und im kleinen Kreis seine eigene Meinung äußert, wird kaum je irgendeiner daran Anstoß nehmen. Aber sobald er politisch effektiv zu sein versucht, sobald er anfängt, durch öffentliche Reden derartig subversive Ziele zu verfolgen wie die Gründung einer basiskontrollierten und firmenunabhängigen Gewerkschaft, setzt er sich unwägbaren Risiken aus. Wer als Dissident auftritt – ganz gleich, ob er sich dabei mit seinen Forderungen immer noch innerhalb des liberalen Spektrums bewegt –, wird unweigerlich zur Zielscheibe von Vergeltungsmaßnahmen. Deshalb zogen es auch meine Blancs-Kollegen vor, nicht dabei gesehen zu werden, wie sie Flugblätter verteilten – und viele lasen sie noch nicht einmal öffentlich. Das sind alles große Schwierigkeiten, wenn man politisch eingreifen und etwas ändern will. Die Firma braucht gar nicht sehr offen und eindeutig vorzugehen, um den Arbeitern klarzumachen, daß von ihnen erwartet wird, nicht aus der Reihe zu tanzen und das Maul zu halten. Sie muß nur den hervorgetretenen Aktivisten mit den fadenscheinigsten Gründen kündigen. Barbara, Sarah, Pete und andere, die sich damals mit mir exponiert hatten, sind inzwischen rausgeschmissen worden. Was immer die vorgeschobenen Gründe waren – die Belegschaft hat die Botschaft wohl verstanden.

Auch meine eigene Kündigung läßt sich nur schwerlich als Resultat einer Kette unglücklicher Zufälle interpretierten. Viele Kollegen waren mit mir einig, daß die Firma mich wegen meiner Wortführerschaft rausgeschmissen hatte. Ein hoher Gewerkschaftsfunktionär gab sogar unumwunden zu, daß die Firma mich loswerden wollte und daß Tank, der Ortsgruppenvorsitzende, sich geweigert hatte, meine Beschwerde über die Kündigung zu unterstützen. Deshalb ist auch mein eigener Fall ein Beweis dafür, daß öffentliche Reden in unserer Gesellschaft so frei nicht sind, daß die Redefreiheit ernsthaft nicht geschützt wird. Der Unterschied zwischen „privaten" und „öffentlichen" Institutionen ändert dabei nichts Wesentliches an dieser Tatsache.

Wenn schon die genuin liberalen Grundrechte verkümmert sind, bzw. sich nie richtig haben durchsetzen lassen, so gibt es andererseits in der Fabrik drei zentrale Bereiche, in denen sich der Liberalismus trügerischer und heimtückischer auswirkt als alle ungeschminkten Gewaltverhältnisse. Diese Bereiche sind die Gewerkschaftswahlen, das Beschwerdewesen und die besondere Errungenschaft dieses Jahrhunderts, der „freie Vertrag" oder der kollektive Tarifvertrag. Was die Wahlen anbelangt, so habe ich oben exemplarisch ausgeführt, daß Demokratie, Verständnis und Verantwortlichkeit weitgehend auf Wahlformalien reduziert worden sind. Das

Beschwerdewesen, obwohl es zweifellos einige positive Aspekte mit sich bringt, ist im großen und ganzen alles andere als ein Garant wirklicher Gerechtigkeit, sondern wirkt sich eher als eine weitere Barriere aus. Und der Kollektivvertrag, trotz seiner angeblichen Vorteile, operiert als ein hochentwickelter Mechanismus, um am Arbeitsplatz „Gesetz und Ordnung" durchzusetzen – wenn auch unter der Maske des Einvernehmens.

Nehmen wir zunächst das Beschwerdewesen. Dessen Zweck ist es, kurz gesagt, bestimmte Arbeiterinteressen durch ihre formalisierte Einklagbarkeit zu schützen. D. h., mit der Zeit ist ein komplexes Regelwerk und sind institutionalisierte Verfahrensweisen erkämpft worden, die den Arbeitern nicht einfach nur Rechte geben, sondern sie auch dazu ermuntern sollen, diese Rechte in Anspruch zu nehmen. Und zweifellos bietet das Beschwerdewesen den Arbeitern auch in etlichen Fällen die Möglichkeit, individuell erlittene Rechtsverletzungen einzuklagen. Aber die Kosten, die für einen solchen Schutz gezahlt werden müssen, sind extrem hoch. Das liberale System legt besonderes Gewicht auf *individuelle* Abhilfe und auf umständliche Prozeduren. Es hat ein Regime der Verfahrenstechniken etabliert, das es den Arbeitern *als Klasse* erschwert, ihre eigenen Interessen zu verteidigen. Die Klagen der Arbeiter werden individualisiert und partikularisiert, ihre Schlichtung wird hinausgezögert. Die Initiative und das Durchhaltevermögen liegen bei einem einzelnen, was sich auf alle von vorneherein entmutigend und abschreckend auswirkt. *Der kumulative Effekt dieser Prozeduralisierung handfester Konflikte ist Befriedung.*

Wenn früher einmal ein Arbeiter von einem Vorgesetzten ungerecht und willkürlich behandelt wurde, konnte es viel eher passieren, daß alle Arbeiter dieses Betriebes darauf sofort, direkt und kollektiv reagiert haben – z. B. durch eine Arbeitsniederlegung, eine Protestdemonstration oder einen Sitzstreik. Heute hingegen wird der ungerecht behandelte Arbeiter, ohne daß seine Kollegen daran teilnehmen könnten/wollten, in das Korsett eines formellen Beschwerdeverfahrens gezwängt. Die liberale Prozeduralisierung modelt den Klassenkonflikt zwischen Unterdrückern und Unterdrückten unauffällig in ein Instanzen-Labyrinth um, das auch semantisch verkleidet wird, weil da nicht mehr von „Kampf" und „Konflikt" die Rede ist, sondern von „Rechten" und „Regeln". Die atomisierten Beschwerdeführer vergessen allzuleicht, daß Macht die Quelle ihrer Rechte ist und die Einheit aller Arbeiter die Quelle ihrer Macht. Sie gewöhnen sich daran, nicht gemeinsam zu handeln. So verschleiern die liberalen Rechte und Verfahrensweisen ihr mögliches (Geschichts-)Bewußtsein der ehemaligen Klassenkämpfe, denen sie genau diese Rechte und Verfahrensweisen verdanken. Hinzu kommt auch hier die Fiktion der Wahlfreiheit. Wer lieber darauf verzichtet, sich und seine Beschwerde dem langwierigen Instanzenweg zu unterwerfen, kann sich immer noch einreden, er hätte sich „frei“ dazu entschieden, seine „Rechte“ nicht in Anspruch zu nehmen. Ist diese individuelle „Wahl“ erst einmal getroffen und werden anschließend die aufgegebenen Rechte weiterhin unterdrückt, läßt sich kaum noch jemand dafür beschuldigen. Schuld sind dann die von Anfang an entmutigten Arbeiter selber.

Ein Beispiel dafür, wie sich diese Mechanismen auf die Arbeiter auswirken, ist die oben kurz erwähnte Beschwerde über Rassendiskriminierung. Einige Frauen hatten sie eingereicht, aber es war zu erwarten, daß sie vor allem von den Schwarzen recht einhellig unterstützt werden würde, sobald die erst einmal davon erfahren hätten. Auf der folgenden Gewerkschaftsversammlung (im Oktober) wurde die Beschwerde dann auch bekannt; der Vorstand versuchte, das Thema abzuwürgen, aber die Kläger bekamen eine breite Unterstützung. Hinter der prozeduralisierten Beschwerde stand auf einmal ein öffentlicher und kollektiver Druck – ein an sich schon seltener Fall.

Aber sobald die Versammlung vorüber war, geriet die Beschwerde einmal mehr aus dem öffentlichen Blickwinkel und verlor sich in Ausschüssen und Verfahrensfragen. Schon am Tag danach offenbarte eine Diskussion, die ich mit einigen weißen und teilnahmslosen Arbeitern hatte, wie das prozedurale Element ihr Verständnis des Falles eintrübte. Die Beschwerdeführerin hatte sich nämlich eines Formfehlers schuldig gemacht, und die Kollegen folgerten nun (ohne das irgendwie anstößig zu finden), daß die Diskriminierungsbeschwerde nun eigentlich vom Beschwerdeausschuß verworfen werden müßte. Als ich versuchte zu erklären, daß Gerechtigkeit etwas mit handfesten Problemen und nicht mit Formfragen zu tun hat, und als ich darauf hinwies, daß doch die eingereichte Beschwerde schlicht und nachträglich korrigiert werden könnte, blieben sie unbeeindruckt.

Einen weiteren Tag später tönte Marbles groß herum, daß sich der Beschwerdeausschuß selbstverständlich für Abhilfe einsetzen würde. Das Erlebnis der offenen Unterstützung durch die Mitgliederschaft war ihm wohl noch sehr deutlich in Erinnerung. Fünf Wochen später sicherte er mir zu, daß die Beschwerde nun bald eine Instanz weitergereicht werden würde, nämlich zur Vorschlichtung. „Bloß“, beeilte er sich zu sagen, „muß die Beschwerde noch einmal umformuliert werden. Jetzt geht es zu allgemein um Rassendiskriminierung. Darüber kann in der Vorschlichtung nicht verhandelt werden.“ Es stellte sich heraus, daß der gewerkschaftliche Beschwerdeausschuß seit der Oktober-Versammlung, auf der sich die öffentliche Unterstützung artikuliert hatte, nicht „in der Lage“ gewesen war, sich zusammenzusetzen und die Beschwerde so zu korrigieren, daß sie an die Vorschlichtung weitergereicht werden konnte. Das Schicksal der Beschwerde war damit vorgezeichnet: sie würde nicht durchkommen.

Und niemand würde das bemerken. Falls doch, und käme es gar auf einer anderen Gewerkschaftsversammlung noch einmal zu einer Diskussion darüber, dann aber sicher ohne das ursprüngliche Feuer und Engagement. Verfahrensfragen und -verschleppungen stumpfen ab. Sie stellen die zugrundeliegenden materiellen Probleme in den Schatten, zerren sie in Labyrinthe der Verborgenheit. Wo Beschwerden nur verwaltet werden, ist Solidarität und Mobilisierung so gut wie unmöglich.

Ein anderes Beispiel für die praktische Bedeutung liberaler Verfahrenstechniken ist das Zusammenspiel gewerkschaftsinterner Beschwerdeinstanzen und außergewerkschaftlicher Berufungsmöglichkeiten. Auch dadurch werden angeblich die individuellen Rechte der Arbeiter garantiert, in Wirklichkeit aber die Herrschaft über die Arbeiter als Klasse. Nehmen wir noch einmal mein Problem mit den gewerkschaftlichen Wählbarkeitskriterien und erinnern wir uns daran, daß ich, den amerikanischen Gewerkschaftsgesetzen zufolge, mit meiner Beschwerde zunächst alle Instanzen der Gewerkschaft hätte abklappern müssen, bevor ich befugt gewesen wäre, mich an eine außenstehende Körperschaft zu wenden. Ich habe die Energie dazu nicht aufgebracht, und ich stehe damit beileibe nicht alleine. Es ist eine überwältigende Tatsache, daß die meisten Arbeiter nicht gewillt sind, ihre Zeit für solche Geschichten aufzuwenden – und das macht das „Recht“, außerhalb der eigenen Organisation Berufung einlegen zu können, zu einer Farce für diejenigen, die Schutz am dringendsten nötig haben.

Je mehr Prozeduren für den durchschnittlichen Arbeiter erforderlich sind, um seine Interessen zu behaupten, desto weniger sind diese Interessen tatsächlich abgesichert. Ein Arbeiter sollte nicht unbedingt ein Fanatiker sein müssen, um seine Rechte durchzusetzen. Aber genau das wird von ihm heutzutage verlangt. Anders herum: Das Beschwerdewesen – dieses Hätschelkind des Liberalismus – degeneriert zu seiner eigenen Posse. Und das selbst in einer Institution wie meiner Ortsgruppe, die klein und übersichtlich genug ist, um direkte Demokratie praktizieren zu können.

Die Heuchelei des Liberalismus kommt ebenfalls im Tarifvertrag zum Ausdruck. Das kollektive Aushandeln der Arbeitsbedingungen und -vergütungen wurde vorgeblich institutionalisiert, um die stark ungleichgewichtigen Verhandlungspositionen zwischen den aufkommenden Kapitalgesellschaften und ihren einzelnen Beschäftigten einander anzunähern. Konfrontiert mit der groben ökonomischen Zwangsrealität hinter dem abstrakten Ideal individueller Vertragsfreiheit und unter dem Eindruck der kolossalen Arbeiterunruhen in den 30er Jahren, sprangen die Wohlfahrtsstaats-Liberalen noch schnell auf den abfahrenden Zug und machten den Kollektivvertrag zu ihrem eigenen Anliegen.

Der Kollektivvertrag hat aber kaum zu den proklamierten Ergebnissen geführt. Er hat auch nie dazu führen können, denn die Basis der Ungleichheit liegt im Klassencharakter der amerikanischen Gesellschaft, der durch Vertragsverhandlungen nicht überwunden werden kann. Gut, über die Abfolge der Tarifverträge hinweg sind für die Arbeiter materielle und immaterielle Verbesserungen erzielt worden. Aber die Arbeiter selber mußten diese Verbesserungen auch teuer bezahlen: Sie sind nicht mehr direkt an der Festlegung ihrer eigenen Arbeitsbedingungen beteiligt, und sie haben kaum mehr die Möglichkeit, ihre Bedürfnisse gegenüber den Unternehmern auf eine andere als der regulären Verfahrensweise durchzusetzen.

Der kollektive Tarifvertrag legt die Regeln für den Arbeitsplatz fest – Regeln, die, wenn nötig, vor Gericht eingeklagt werden können. Abgesehen von einigen rahmensetzenden Bundes- und Staatsgesetzen – wie Mindestlöhne (skandalös niedrig) und minimale Gesundheitsstandards (schändlich unvollständig und kaum durchgesetzt) – definiert der Tarifvertrag exklusiv und nachdrücklich jeden Job. Die Rechte eines Arbeiters sind begrenzt auf Buchstaben und Wortlaut des Vertrages. Und wenn die Arbeiter diesen Vertrag akzeptieren, dann stimmen sie im Grunde (zugunsten einiger oberflächlicher Vorteile) dem gesamten Regime der Produktion zu, das darin mit inbegriffen ist. Dementsprechend gab es bei Blancs innerhalb weniger Tage, nachdem der neue Vertrag unterzeichnet worden war, so gut wie keinen Ärger und keine Vorbehalte mehr. Die vorherigen Streitfragen, wie wohl ein „gerechter Lohn“ und eine „gerechte Rente“ aussehen müßten, waren für die nächsten drei Jahre wieder einmal vergessen, kaum daß die sanft revidierten Beschäftigungs-Grundregeln von der Belegschaft ratifiziert worden waren. Da wurde nicht mehr auf die „Anbiederei“ der Gewerkschaft gegenüber der Unternehmensleitung geschimpft, da ärgerte sich niemand mehr über die mangelhafte (sprich: rein nominelle) Beteiligung an den Vertragsverhandlungen. In den Augen der Arbeiter war ihre „freie“ und „freiwillige“ Absegnung des Vertragsangebots Legitimation genug für ihre fortgesetzte Ausbeutung. Am Ende triumphierte der sogenannte Arbeitsfrieden – zu Bedingungen, die letztlich die Firma diktiert hatte und die ihr alle Kontroll- und Machtmittel beließen; zu Bedingungen aber auch, die die Arbeiter bejaht hatten und in die sie also hineingezogen worden waren. Das ist die Lektion, die der liberale Kapitalismus auswendig gelernt hat: wieviel effektiver ist das Gesetz einer Diktatur dann, wenn ihr aus freien Stücken beigepflichtet wird!

Diese Art der Zustimmung läuft zunehmend darauf hinaus, daß von den Arbeitern erwartet wird, ihre Hauptwaffe in ihrem Kampf mit den Unternehmern auszuhändigen. Gilt der Vertrag erst, so haben sie fast alle verbrieften Rechte aufgegeben, während seiner Gültigkeitsdauer zu streiken. Und sofern es nach den Kapitalisten geht, dauern die Vertragsperioden länger und länger. Ohne fortwährend zugestandenes Streikrecht müssen Arbeiter, die trotzdem streiken, abenteuerlich handeln. Sie bekommen keine gewerkschaftliche Streikunterstützung und sie setzen sich der Zwangsgewalt der Gerichte aus – wie das z. B. die streikenden Kohlenarbeiter der UMW im September 1975 zu ihrem Schrecken erleben mußten. Wenn unter dem amerikanischen Kapitalismus die nächste Stufe in der Vervollkommnung der Arbeiterrechte darin besteht, den „Tarifpartnern" eine verbindliche Schlichtung von Vertragskontroversen und ein zwingendes Gebot zur Einigung aufzuerlegen, dann wird die Einverleibung der Gewerkschaften und die Befriedung der Arbeiter endlich nahezu komplett sein.

Einer kürzlich herausgegebenen Briefmarke, mit der des kollektiven Tarifvertrages gedacht werden soll, ist der angemessene Satz aufgedruckt: „Vom Konflikt zur Übereinstimmung." Natürlich steht da nicht: „Vom Klassenkonflikt. . ." Noch steht da: „. . . zur aufgedrängten Übereinstimmung." Aber das ist eben der historische Hauptzweck und ist die eigentliche Realität hinter dem Kollektivvertrag sowie anderen liberalen Institutionen: aus dem Klassenkonflikt einen Konsens zu machen, nach Maßgabe dessen, was den Kapitalisten am meisten in den Kram paßt. Liberale Institutionen in unserer Gesellschaft sind ein Herrschaftsmittel. Daß diese Institutionen das genaue Gegenteil behaupten, daß die liberalen Ideen individuelle Rechte, Freiheit und Chancengleichheit postulieren; daß die Diktatur derart verhüllt ist – das ist eine der Stärken des Liberalismus.

Nachwort

Durch die Ereignisse der 60er und 70er Jahre irritiert, versuchte ich, eine Welt zu begreifen, die vorher derart einsichtig gewesen war, daß es keinerlei Anstrengung bedurfte, sie zu verstehen. Diese Suche nach Verständnis hat mich zu einer „neuen" Theorie und zu einer neuen Praxis geführt.

Ich las Marx und marxistische Literatur, weil ich keine andere Analyse finden konnte, die unser Leben im kapitalistischen Amerika so klar untersuchte: meine gewohnte bisherige Art und Weise, die Welt wahrzunehmen, erschien mir nicht mehr „natürlich"; ich lernte, die allgemein bekannten Aspekte der sozialen Realität in einer völlig anderen und mehr erklärenden Art und Weise zu analysieren, die ich bis dahin nicht gekannt hatte.

Ich beschloß, wie es viele andere Radikale der Mittelklasse schon vor mir getan hatten, in eine Fabrik zu gehen, um aus erster Hand zu erfahren, wie die uns unbekannten Arbeitsbedingungen der großen Mehrheit eigentlich aussehen. Ich beschloß ebenfalls, solange ich in der Fabrik arbeiten würde, die Grenzen gewisser vorherrschender Institutionen auszuloten, so wie ich es auch schon in der Universität getan hatte. Ich benutzte mich selbst als Versuchsperson, um dieses System zu erforschen.*

Ich tat dies nicht nur aus persönlichen, sondern teilweise auch aus theoretisch formulierten Erwägungen heraus. Mir war doch vage klar, daß ich mit einer solchen Erfahrung besser begreifen könnte, was es mit Amerika auf sich hat, daß die Erfahrung „ganz gewöhnlicher" statt der sonstigen „Elite"-Arbeit entscheidende Aspekte unserer Gesellschaft zu Tage fördern würde, die sonst von meiner Position an der Universität aus unentdeckt blieben. Wenn ich noch nicht vollständig begriff, was es heißt, daß das gesellschaftliche Sein unser Bewußtsein bestimmt, so verstand ich doch zumindest, daß meine intellektuelle Arbeit fast überhaupt nicht mit der

* Teil III der amerikanischen Ausgabe dieses Buches beinhaltet eine gründliche Übersicht über die amerikanische Literatur auf diesem Gebiet; dieser Teil fehlt in der deutschen Ausgabe.

materiellen Welt und mit dem Leben der Mehrheit des amerikanischen Volkes in Verbindung stand.

Was ich in der Fabrik vorfand und dort lernte, war wie eine Erleuchtung für mich. Ich kam zu der Feststellung, daß der Kapitalismus in der Tat die grundsätzliche Ursache für unsere Probleme ist. Vor meiner Fabrikerfahrung hatte diese abstrakte Erkenntnis wenig Gehalt und Struktur. Die Arbeit in der Fabrik gab diesen abstrakten Überlegungen die materielle Basis.

Bei der Beobachtung meines Kindes, wie es so handgreiflich seine Welt wahrnahm, begriff ich schlagartig, daß wir alle sehr handgreiflich, sehr materiell lernen müssen: nämlich indem wir auf Dinge beißen, uns verbrennen, hinfallen. Der fortgesetzte und entscheidende Einfluß der wirklichen, dinghaften Realität auf unser Denken ist jedoch auch beeinträchtigt von unserem tradierten Bewußtsein, ausgenommen vielleicht zu Zeiten, in denen entscheidende Änderungen in unserer materiellen Existenz sich ereignen.

Der Dokumentarfilm „Harlan County, U.S.A.“ zeigt sehr beeindruckend die Kämpfe der Bergarbeiter und ihrer Familien für ein anständiges Leben gegen die Bergwerksbetreiber und ihre Verbündeten – die Polizei, die Truppen, Gerichtshöfe und die Kirche; als ich ihn sah, wurde ich nochmal bestärkt in meiner Einsicht, daß die materiellen Arbeitsbedingungen und die Produktionsverhältnisse im höchsten Maße die Gesundheit, Sicherheit, die Lebensdauer, das Einkommen, die Lebensbedingungen und die Familienbeziehungen bestimmen. In dem Fall der Bergarbeiter ist dies vielleicht unübersehbar, aber nicht so sehr anders als in anderen Fällen.

Als Kopfarbeiter ist das Wiedererkennen vielleicht schwerer. Kopfarbeiter stehen an der Spitze der amerikanischen Klassen- und Berufshierarchie und profitieren deshalb am meisten von ihr. In der Tat, obwohl sie im allgemeinen nicht die Produktionsmittel kontrollieren oder besitzen, wird den Kopfarbeitern beträchtliche Machtbefugnis zugestanden, und sie können sich wichtig fühlen bei ihrer Arbeit. Und sie ziehen, zumindest eine bestimmte Minorität von ihnen, einen wesentlichen Gewinn und gewisse Privilegien aus ihrer Arbeit – als Rechtsanwälte mit lukrativen Praxen, die Unternehmensinteressen dienen; als Ökonomen, die den Bankiers helfen, den Profit für einige wenige anzusammeln; als Ärzte, die kleine Vermögen scheffeln, indem sie die physischen und psychischen Krankheiten der Leute behandeln.

Menschen, die für die Regierung arbeiten, meinen vielleicht, sie arbeiteten für die Öffentlichkeit, für das Gemeinwohl. Handarbeiter, kaufmännische Angestellte, Teilzeitbeschäftigte und Beamte in der öffentlichen Verwaltung arbeiten für den Kapitalismus kaum weniger als ihre Gegenstücke in der freien Wirtschaft – aus dem einfachen Grund, weil unsere Regierung in erster Linie den Kapitalisten dient und nicht vor allem anderen das Wohl des Volkes im Auge hat. Amerikas Kapitalismus könnte nicht überleben ohne seinen Staat. Ebenso unterrichten Lehrer – wissentlich und unwissentlich –, was das System duldet oder fordert, um sich selbst aufrechtzuerhalten und um sich auszubreiten.

In vielen Fällen ist die Tatsache, daß man für den Kapitalismus arbeitet, verdeckt, und verschiedene liberale Ideologien vermögen die Verbindung zwischen unserer Arbeit und der kapitalistischen Ökonomie geschickt geheimzuhalten. Professoren mögen glauben, daß die Forschung, die sie betreiben, ihre ureigene Sache sei, oder daß sie die Lehre um ihrer selbst willen ausführen. Regierungsangestellte können glauben, daß in unserem System die Sozialleistungen oder die Verwaltungsaufgaben, die sie verrichten, von der kapitalistischen Ökonomie und Politik losgelöst sind (oder zumindest sein sollten). Das alles sind große Illusionen. Selbst Regierungsangestellte, die in gutem Glauben sich für die vielen Opfer des kapitalistischen Systems einsetzen – für die Krüppel, die die Industrie verschuldet hat, für die Arbeitslosen, für die Hungrigen, für die von der Wohlfahrt Abhängigen, für die sozialen Randgruppen – arbeiten für den Kapitalismus in einem symptomatischen Sinn: unser System kann nicht effektiv funktionieren, wenn, wie in den 30er Jahren, es zu viele offensichtliche, bewußte und empörte Opfer gibt, die sich nicht so leicht kontrollieren lassen, weil sie weder von einem Unternehmer noch von der Regierung abhängig sind. Das ist der Grundgedanke des sogenannten „Wohlfahrtsstaats".

Tatsache ist, daß der Kapitalismus jeden Tag mehr Opfer fordert als alle Hochstapler im ganzen Lande, Grizzlybären, Erdbeben und andere aufsehenerregende Katastrophen durchschnittlich im Jahr zusammengenommen es tun. So abgedroschen es ist, aber der Kapitalismus hat seine Opfer in der riesengroßen Mehrheit des amerikanischen Volkes, das sein Leben damit zubringen muß, Jobs zu verrichten, zu denen man keine Beziehung hat, in denen man keinen Sinn sieht und in denen man zu allem Überfluß auch noch als Produktionsfaktor und nicht als Mensch behandelt wird.*

* Zu den krassesten Opfern des Kapitalismus zählen die Männer und Frauen, die von ihrer Arbeit körperlich geschädigt oder krank wurden. Die meisten Verletzungen und Krankheiten wären vermeidbar, aber der Kapitalismus sorgt sich eben nicht so um die Menschen wie um den Profit. Ein Artikel auf der ersten Seite der *New York Times* vom 20. Dezember 1976 berichtet über einen kleinen Ausschnitt dieser Realität:
„100.000 Menschen sterben in den Vereinigten Staaten . . . an Verletzungen und Krankheiten, die sie sich bei der Arbeit holen." Darüber hinaus

Wir leben in einer kapitalistischen Gesellschaft, die einen historisch notwendigen und steten Niedergang erlebt, der sich allerdings nicht in einer geraden Linie vollzieht. Viele von uns ahnen dies und fühlen, daß irgendetwas ganz verkehrt läuft: Unsere Arbeit ist nicht befriedigend. Unsere Schulen lehren nicht gut. Für unseren Dollar kann man nicht viel kaufen. Unser Fernsehen ist nicht unterhaltend. Die Waren, die wir kaufen und konsumieren, erhöhen keineswegs unsere Lebensqualität. Die Wirtschaft kann Millionen Amerikaner nicht beschäftigen, kann ihnen keine regelmäßige Arbeit geben. Unsere Gefängnisse rehabilitieren nicht, unsere Familien – zunehmend gekennzeichnet von unerträglichen Spannungen, von Alkoholismus, Scheidung, Mißhandlungen und psychischen Schäden – können den Anstrengungen nichts entgegensetzen, die das tägliche Geldverdienen abverlangt. Unsere Ideologie inspiriert niemanden. Und unsere Regierung erweist sich als unfähig, diese sich ständig verschlimmernden Zustände zu verändern.

Wir haben aus kostspieligen Erfahrungen heraus gelernt, unter anderem den Ölgesellschaften, den Nahrungsmittelherstellern, den Automobilkonzernen, den Chemiewerken, den öffentlichen Einrichtungen, den Supermärkten, den Gewerkschaften, dem CIA, dem Pentagon, dem Präsidenten, dem Kongreß und dem Obersten Gerichtshof zu mißtrauen. Aber wir fühlen uns nicht wohl mit diesem Mißtrauen. Wir können nichts damit anfangen. Auf den ersten Blick scheinen eine Verschwörung oder gar ein Komplott für unsere Probleme verantwortlich zu sein. Etwas gründlicher nachzudenken ist noch beunruhigender, denn dann müssen wir das kapitalistische System selber für unsere Probleme zur Rechenschaft ziehen.

Dieses unterentwickelte Bewußtsein, eingepreßt in die gesellschaftlichen Widersprüche unseres täglichen Lebens, stößt dauernd mit unserem überkommenen liberalen Denken zusammen und

„erlitten im Jahr 1974 ca. 5,9 Millionen Arbeiter, das ist jeder Zehnte, Verletzungen oder Krankheiten durch die Arbeit." Etwas weniger direkt: „Eine erhebliche Anzahl von Krebsfällen ist den giftigen Dämpfen in den Fabriken und den anderen Arten der Umweltverschmutzung zuzuschreiben." Von den „365.000 Menschen, die 1975 an Krebs starben, 'ist die höchste Konzentrationsrate dieser Krankheitsfälle in den Industriegebieten zu verzeichnen." Angesichts dieser und unzähliger anderer Fakten geraten die armseligen Rechenschaftsberichte des Bundesgesundheitsministeriums und die politische Unbefangenheit, die aus ihnen spricht, zu einem Skandal.

Für eine kurze aber klärende Übersicht über die historische und die derzeitige Krise des absterbenden Kapitalismus siehe auch: John G. Gurley, *Challengers to Capitalism*, San Francisco 1976, S. 141–163.

konfrontiert die Ideologie mit der gesellschaftlichen Realität, die uns umgibt. Unser Alltag repräsentiert deshalb für uns die Bedrohung einer totalen Konfusion – eine Unfähigkeit, mit liberalen Kategorien zu begreifen, was eigentlich um uns herum vor sich geht.

Wir werden zwar immer mehr der Illusionen, was Amerika angeht, beraubt, aber wir haben nichtsdestoweniger noch nicht das Bewußtsein entwickelt, das uns erlauben würde, unser Leben zu verstehen und kollektiv zu verändern.

Realistisch gesehen, haben wir die Wahl. Wir können resignieren angesichts des Kapitalismus und seiner zunehmenden Enthumanisierung. Oder wir können die Notwendigkeit und aktive Arbeit nicht nur für fortschrittliche Reformen, sondern auch für eine amerikanische sozialistische Revolution erkennen.*

Diese Revolution wird kein Sofortheilmittel für alle unsere Probleme sein. Sie wird auch keineswegs frei von eigenen Problemen sein. Sozialismus ist keine Utopie. Er kann nicht über Nacht vollendet werden, einfach indem man die im Kapitalismus herrschende Klasse über den Haufen rennt und die Produktionsmittel verstaatlicht. Sozialismus ist vielmehr ein langdauernder Kampf, in dem die Menschen sich aktiv verändern werden in sowohl sozialer, humaner wie auch körperlicher Hinsicht. So wie seinerzeit der Kapitalismus, so wird der Sozialismus einen entscheidenden Fortschritt für die Menschheit bringen, indem er sie ihren geschichtlichen Möglichkeiten näherkommen läßt.**

* Da ja die Weltgeschichte sozialistischer Revolutionen gerade erst begonnen hat und da ja die sozialistische Gesellschaft sich noch aus keinem entwickelten kapitalistischen Land entwickelt hat, kann kein sozialistisches Land auch nur ein entfernt befriedigendes Modell für eine zukünftige amerikanische sozialistische Revolution liefern. Die Sowjetunion z. B. hat keine tiefgehende sozialistische Transformation der Produktionsverhältnisse durchgeführt, was zu dem Ergebnis geführt hat, daß die Produktivkräfte in einen Staatskapitalismus eingebunden sind. China unter der Führung Mao Tse Tungs scheint im Gegensatz dazu einen bemerkenswerten Fortschritt gemacht zu haben, aber die Produktivkräfte sind dort noch immer unterentwickelt. Es bleibt abzuwarten, ob China an beiden Fronten der sozialistischen Revolution und des sozialistischen Aufbaus voranschreitet oder stattdessen schon die Grenzen erreicht hat, die einem unterentwickelten Land gesetzt sind gegenüber einer Welt, deren Märkte und internationalen Beziehungen von kapitalistischen Kräften dominiert werden.

** Die Autoren eines beeindruckenden neuen Buches beschreiben den Sozialismus in nicht bedrohlich klingenden Ausdrücken „als eine Ausweitung der Demokratie von dem engen politischen in den ökonomischen Bereich". Sozialismus ist in dieser entscheidenden Hinsicht „die Demokratisierung ökonomischer Beziehungen: Gemeineigentum, die demokratische Beteiligung der Arbeiter an der Kontrolle des Produktionsprozesses, gleiche Auf-

Man kann in der Gesellschaft den Status quo aufrechterhalten, indem man wirkliche Alternativen irrational und bedrohlich erscheinen läßt, indem man den Ursprung aller Probleme allen anderen, nur nicht dem System selbst zuschiebt. Diese Vernebelung fordert immer wieder ihren Tribut. Das Bewußtsein der ungeheuren und negativen Wirkung des Kapitalismus auf unser Leben und ein bewußter Widerstand gegen das kapitalistische System in den USA ist nur wenig entwickelt; von den meisten Amerikanern wird der Kapitalismus als etwas Natürliches, Ewiges und Gottgewolltes angesehen, was sich in unserem Alltag immer wieder zeigt.

Aber diese Wahrnehmung, die geprägt wird von minimal erfüllten Erwartungen an unser tägliches Leben, ist unter veränderten Bedingungen auch veränderbar. Die Verschlechterung, die bereits die derzeitige Krise mit sich bringt, hat die Finanzprobleme des Staates vertieft, die gegenwärtige Basis für die dauernde vertrauensvolle Zusammenarbeit zwischen Gewerkschaften und kapitalistischem Management unterminiert und fängt an, die Behauptung, daß „passiert, was passieren muß" in Frage zu stellen.

Nach den Auseinandersetzungen in den 60er Jahren schienen die 70er Jahre ruhig zu verlaufen. Aber diese Ruhe ist nur scheinbar. Wir nähern uns einem Wendepunkt. Welchen Weg wir einschlagen werden, hängt von uns ab.

Mit dem offensichtlichen Zusammenbruch der verschiedenen Spielarten des Kapitalismus/Liberalismus im Laufe der siebziger Jahre ist wieder eine Suche im Gange nach einer neuen tragfähigen Ideologie und einer gesellschaftlichen Organisation, die den derzeitigen Verhältnissen entspricht, ihnen angemessen und in der Lage ist, den Kapitalismus aufrechtzuerhalten und zu legitimieren.

Die verschiedenen Spielarten von Kapitalismus und Liberalismus hatten sich aus dem „New Deal" entwickelt, sind aber von den zunehmenden, anwachsenden Widersprüchen des Kapitalismus über den Haufen geschmissen worden, obwohl die New Deal-Ideologie, die Praxis und die daraus resultierenden Bündnisse und Koalitionen so gut zusammengepaßt haben. Die Grundlagen sind angefressen. Wir leben in einer Zeit, in der die objektiven Bedingungen zu einer Zuspitzung der Klassenauseinandersetzungen führen. Die herrschende Klasse kann sich nicht länger mit dem Zugeständnis eines immer höheren Lebensstandards an die gewerk-

teilung der gesellschaftlich notwendigen Arbeit auf alle, die progressive Angleichung der Löhne und Gehälter und die Aufhebung der hierarchischen ökonomischen Beziehungen." Samuel Bowles und Herbert Gintis, *Schooling in Capitalist America*, New York 1976, S. 14 (dt.: *Pädagogik und die Widersprüche der Ökonomie. Das Beispiel USA*. Frankfurt/Main 1978).

schaftlich organisierten Teile der Arbeiterklasse loskaufen. Und der Staat kann nicht länger die anderen Millionen befrieden, indem er die Sozialleistungen immer weiter ausdehnt.

Heute versuchen die Regierung und die Wirtschaft, die Arbeiter für angebliche Auswege aus der kapitalistischen Krise zur Kasse zu bitten. Da die amerikanischen Gewerkschaftsführer einerseits mit diesen drängenden Versuchen und andererseits mit der wachsenden Unzufriedenheit der Basismitglieder konfrontiert sind, schwingen sie heute militantere Reden, drehen und wenden die veränderten objektiven Bedingungen hin und her und proklamieren ihre zu gelegener Zeit kommende Wiederentdeckung des tatsächlich existierenden Klassenwiderspruchs.

Auch wenn der Augenschein vielleicht dafür spricht, ist der Kapitalismus/Liberalismus des 19. Jahrhunderts keine Alternative. Diese Phase des Kapitalismus kann nicht wieder restauriert werden. Aber um die Arbeiterklasse zu gewinnen, ist eine eigene, andere Ideologie während der Zeit der zunehmenden Klassenauseinandersetzungen unbedingt vonnöten.

Um diesen Bedarf an einer neuen, tragfähigen Ideologie zu decken, gibt es zwei Möglichkeiten: entweder eine rückwärtsgewandte Neue Rechte, oder – und da wird es viel weniger populär – eine in die Zukunft weisende linksliberale Ideologie.

Obwohl diese Alternativen sich sehr unterschiedlich präsentieren, so ist beiden die notwendige Denzentralisierung von Macht und Autorität innerhalb des kapitalistischen Systems eigen. Die Neue Rechte meint mit Dezentralisierung vor allem die Ökonomie, wo die relevanten Entscheidungskompetenzen von der Regierung auf die Kapitalisten verschoben werden sollen. Und die linken Liberalen verstehen Dezentralisierung politisch als eine formale Ausweitung der Demokratie auf den Arbeitsplatz.

Die Neue Rechte doktert an den Symptomen der Probleme herum – starke Regierung, hohe Steuern, soziale Unordnung usw. Sie beruft sich darauf, weil die Lösungsvorschläge vorgeben, die von uns in der Tat als Verschlechterung unserer Lebensbedingungen erfahrenen Symptome beiseite zu schaffen. Aber ihre vorgeschlagenen Heilmittel sind nur dazu angetan, fundamentale, miteinander verflochtene Probleme unserer politischen Ökonomie zu verschlimmern. Arbeitslosigkeit, Armut, soziale Ungerechtigkeit, Ausbeutung, Autoritarismus, Entfremdung und Umweltverschmutzung werden sich dann intensivieren.

Im Gegensatz dazu sucht der linke Liberalismus nach der „Demokratie am Arbeitsplatz“ und „Mitbestimmung“ und befaßt sich mit bestimmten Problemen der Mitglieder an der Basis. Er verspricht, die Klassenauseinandersetzungen zu entschärfen, die

Entfremdung, die Ungleichheit und den Autoritarismus in der Produktion zu verringern, gleichzeitig aber die Produktion zu erhöhen und die Arbeiter wieder zu motivieren. Das ist natürlich vielversprechend und kommt gut an. Aber die schwerwiegende und weitgefächerte Praxis der mitbestimmenden Kontrolle der Arbeiter steht im Widerspruch zum Kapitalismus und verlangt nichts weniger als den Prozeß der revolutionären Umwälzung der kapitalistischen Arbeitsteilung. Linke Liberale, was immer ihre guten Absichten auch sein mögen, können deshalb nicht innerhalb des Kapitalismus das Versprechen der Arbeiterselbstverwaltung und der Mitbestimmung verwirklichen.

Somit sind beide aufgezeigten Möglichkeiten nicht in der Lage, unsere menschlichen Bedürfnisse zu befriedigen, d. h. wir müssen unsere eigenen Lösungen aus der kapitalistischen Krise finden.

Da die menschlichen Beziehungsstrukturen in den Vereinigten Staaten unter der sich intensivierenden Krise zusammenbrechen, müssen wir in unsere Alltagskämpfe das revolutionäre Bewußtsein integrieren. Wir müssen begreifen, daß die Gegenwart historisch entstanden, also veränderbar ist. Veränderbar von Männern und Frauen in Übereinstimmung mit ihrer Umwelt, von dem kollektiven Denken und Handeln dieser Menschen, die gemeinsam eine neue Zukunft aufbauen, genauso wie sie die Gegenwart und schon die Vergangenheit errichtet und verändert haben.

Wenn wir erfahren haben, daß wir die Geschichte bewußt lenken können, werden wir wissen, daß der Kapitalismus nicht das Ende aller Geschichte ist.